DER MOND

DER MOND

Mythos und Magie, Fakten und Fantasie
über einen himmlischen Körper

Diana Brueton

KNESEBECK

Titel der Originalausgabe
Many Moons

CIP-Titelaufnahme der Deutschen Bibliothek
Brueton, Diana: Der Mond
Mythos und Magie, Fakten und Fantasie
über einen himmlischen Körper /
Diana Brueton. Aus dem Engl. von Kristine Jong. –
München : Knesebeck, 1995
ISBN 3-926901-83-7

Deutsche Erstausgabe

Redaktion: Gerhard Theato
Producing: Bernhard Michalowski
Satz: Satz & Repro Grieb, München
Produced by Labyrinth Publishing (UK) Ltd.
ISBN 3-926901-83-7

»Der weise Mann sieht nicht auf den Finger,
er sieht zum Mond, auf den er weist.«

Eter-nity and Time when they agree In Union joind and Har-mony.
BYSS AND ABYSS-NOTHING AND ALL-TIME AND ETERNITY.
Then tis most certain that thou shalt be free From Trouble, Want, Anx-iety.
ETERNAL
SECOND IMPRESSION
NATURE
FIRST IMPRESSION
SHINING
SCHRACK
TWO FOLD FIRE
OUT BREATHE
SOLAR
WORLD
HIC EXILIUM, IBI PATRIA: ET INTUS BONA PULCHRA LATENT, IMO PATENT.
VANA VANIS: TERRESTRIA TERRENIS: NOS ASSURGAMUS ET EMIGREMUS.
SURSUM CORDA
SURSUM CORDA

Inhalt

Vorwort der Autorin

Unsere heutige Art, den Mond zu betrachten, ist merkwürdig unausgewogen. Es scheint fast, als ob diese einzigartige, anscheinend tote Welt jede unserer Stimmungen hier auf Erden widerspiegelt und darum in viel größerem Maße lebt, als wir uns gemeinhin vorstellen. Wir interessieren uns heute für den Mond sowohl vom wissenschaftlichen als auch vom magischen Standpunkt, und so repräsentiert er für die Menschen Vergangenheit und Gegenwart – und vielleicht sogar die Zukunft.

Zu jeder Zeit hat der Mond unsere irdische Faszination für Mysteriöses, für Furcht und Magie reflektiert. Dies ist uns so in Fleisch und Blut übergegangen, daß wir auch heute noch von der Stellung des Mondes zur Erde und vom Mondzyklus beeinflußt sind, ohne uns dessen bewußt zu sein. Doch in diesem Jahrhundert hat die Wissenschaft begonnen, sich stärker dafür zu interessieren, was auf dem Mond beobachtet und was schließlich von seiner Oberfläche mitgebracht wurde. Damit war sowohl Wissenschaftlern als auch Mystikern gedient. Man könnte sogar sagen, daß die wissenschaftliche Beschäftigung mit dem Mond nur die zeitgemäße Variante der Mondverehrung anderer Zeiten ist. Jede Epoche hat ihre Art, die sie umgebende Welt zu betrachten – Wissenschaft ist die Betrachtungsweise des 20. Jahrhunderts. Wissenschaft und Religion scheinen zwei getrennte Dinge zu sein, aber vielleicht ist es nur das gleiche in unterschiedlicher Form.

Die folgenden Seiten spiegeln diese sogenannte Dualität wider – eine Dualität, die eines Tages vielleicht wieder in eins zusammenfallen wird. Die literarische und reich bebilderte Würdigung des Erdtrabanten in all seinen Facetten soll deutlich machen, wie lebendig der Mond ist und wie sehr wir ihn brauchen, um unseren eigenen Planeten im rechten Licht sehen zu können.

Einführung

von Colonel James Irwin

Im Jahr 1971 umkreisten wir den Mond drei Tage lang und bewegten uns weitere drei Tage auf seiner Oberfläche. Unsere Forschungsstation hieß »Hadley Base«, nach dem britischen Astronomen, der den Sextanten erfand, welcher es dem Menschen ermöglicht, sich in unbekannten Gewässern zu orientieren. Ich war Pilot der Raumkapsel von Apollo 15. Manche sagen, ich habe einen »Mondschaden«, weil ich meine Reise in diese andere Welt noch heute so wichtig nehme. Einige sagen sogar, ich sei ein »lunatic« (engl. für Verrückter; hier aber auch: Mondsüchtiger) im Wortsinne. Eine andere Bedeutung des englischen Wortes »lunatic« ist »extravagante Ausschweifung«. Es scheint mir sehr passend, daß ich das Vorwort zu diesem Buch schreibe, denn meine vom Mond geprägte Lebenseinstellung und überhaupt meine persönliche Monderfahrung befähigen mich, einen qualifizierten Kommentar zu unserem »Himmelslicht« abzugeben.

Schon in meinen Jugendjahren, als ich in Pittsburgh (Pennsylvania) aufwuchs, spürte ich mich zum Mond hingezogen. Ich träumte davon hinzufliegen. Ich erzählte meinen Eltern von diesem Traum, und selbst unseren Nachbarn sagte ich, daß ich eines Tages zum Mond fliegen werde. Man kann sich ihre Reaktion vorstellen. Sie lachten mich aus, damals, im Jahre 1935. Meine Mutter sagte: »Sohn, sei nicht albern. Das wird der Mensch nie können, und ich möchte, daß du etwas Vernünftiges aus deinem Leben machst.« So platzte dieser Traum damals.

Viele Jahre später wurde ich als Astronaut für das Apollo-Programm ausgewählt. Wir trainierten fünf Jahre lang. Wir lernten alles, was über den Mond schon bekannt war, denn wir sollten die höchsten Berge dort erforschen, die Apenninen, die die Nase des »Mannes im Mond« bilden.

Die Reise zum Mond veränderte mein Leben in jeder Hinsicht. Es gab körperliche Veränderungen, die von den Ärzten gut dokumentiert wurden. Der Körper gewöhnt sich schnell an die Schwerelosigkeit. Die Körperflüssigkeiten werden vermindert, es werden weniger rote Blutkörperchen und weniger Kalzium produziert, das Herz wird schwächer, die Muskeln bilden sich zurück.

Der Mond ist die Wüste schlechthin. Das Leben ist dort immer in Gefahr. Schutz gab uns nur der Raumanzug, unser Mondkokon. Unsere körperliche Verfassung verschlechterte sich, denn auf dem Mond trockneten wir aus. Wir arbeiteten zu hart. Wir hatten die Flüssigkühlung unserer Unterwäsche nicht richtig eingestellt und so litten wir an allmählichem Flüssigkeitsentzug, weil wir nicht die Elektrolytlösung hatten, um ihn auszugleichen. Als wir die Mondoberfläche verließen, schlugen unsere Herzen unregelmäßig.

Die psychologischen Veränderungen wurden nicht so gut dokumentiert. Unsere menschliche Selbstwahrnehmung beruht vorwiegend darauf, wie wir wahrnehmen, wie wir wiederum von anderen wahrgenommen werden. Heute nehmen mich selbst meine engsten Freunde anders wahr als vor dem Mondflug. Sie stellen mich nicht einfach als Jim Irwin vor, sondern als »Jim Irwin, der auf dem Mond war«. Einige glauben sogar, daß ich neue Sinne und neue Wesenszüge entwickelt hätte. Dann gibt es noch die tiefgreifende Veränderung der Geisteshaltung, weil man die Erde so gesehen hat, wie Gott sie sehen mag. Wir lebten drei Tage lang in einer anderen Welt, die nur »unsere Welt« war. Wir hatten wohl ähnliche Gefühle wie Adam und Eva, als die Erde nur »ihre Erde« war. Ja, unser Leben hat sich sehr verändert.

Bekanntlich gab es 24 Amerikaner, die zum Mond geflogen sind. Zwölf von ihnen sind auf der Mondoberfläche spazierengegangen. Sechs von ihnen hatten es bequemer – sie hatten ein Mondauto. Ohne Fahrzeug wären wir nie zu dem Gebirge gekommen. Wir nähern uns dem 20. Jahrestag der Apollo-15-Mission. Drei Mondfahrer sind schon gestorben. Jack Swigert, Apollo 13, starb an Leukämie. Don Eisele, Apollo 7, erlag einem Herzschlag, ebenso wie Ron Evans, Apollo 17. Wir sind eine aussterbende Gattung. Es wird nicht lange dauern, bis wir alle verschwunden sind, und es von den Mondbesuchen kein Wissen aus erster Hand mehr geben wird. Vielleicht wird es dann Leute geben, die dieses Abenteuer für einen Mythos oder für eine Fälschung halten! Solange ich hier bin, möchte ich die Geheimnisse des Mondes mit anderen teilen.

Der Mond hat nur ein Viertel der Größe der Erde. Wir umkreisten ihn mit einer Geschwindigkeit von 6.400 km/h und brauchten für eine Umrundung zwei Stunden. Die Erde schien wie eine wunderschöne blaue Murmel in der Schwärze des

Einer der größten Wünsche des Menschen – zum Mond zu fliegen – erfüllte sich zu unseren Lebzeiten. Heute sind nur noch wenige der Männer, die sich dorthin wagten, am Leben, um ihre Geschichte zu erzählen.

Raumes. Ich konnte sie schier zwischen den Fingerspitzen halten oder mit meinem Daumen völlig abdecken. Viele wundern sich, wenn ich ihnen sage, wie klein die Erde aussah. Haben Sie jemals versucht, den Mond zwischen Daumen und Zeigefinger zu halten? Versuchen Sie es und Sie werden feststellen, daß er so groß wie eine Erbse ist. Die Erde ist viermal so groß, also schien sie eine Murmel zu sein. Ich konnte keinen Hinweis darauf entdecken, daß sie bewohnt war. Ich konnte die großen Städte, New York, London, nicht erkennen. Ich konnte die großen Bauwerke, wie die chinesische Mauer, nicht erkennen. Aber ich wußte, daß dieser blaue Planet meine Heimat war. Er ist, soweit wir wissen, der einzige für den Menschen bewohnbare Ort im Universum. Der Mond steht in starkem Gegensatz zur Erde. Auf dem Mond gibt es kein Leben, kein Geräusch, keinen Himmel.

Wir sahen hinauf in die Schwärze des Raumes und konnten keine Sterne erblicken, weil das Sonnenlicht von der Mondoberfläche grell reflektiert wurde. Auf dem Mond gibt es 14 Tage lang Licht, dann herrscht für 14 Tage Dunkelheit.

Auf dem Mond lebt man mit Superlativen! Wir waren sehr leicht, denn die Schwerkraft beträgt dort nur ein Sechstel der Schwerkraft auf der Erde. Die Sonne schien extrem hell, da sie von keiner Atmosphäre getrübt wurde. Wir sahen das reine Sonnenlicht. Uns war sehr heiß. Wenn die Sonne auf dem Mond im Zenit steht, liegt die Temperatur bei etwa 100 °Celsius. Wir konnten uns nur in den frühen »Morgenstunden« des Mondtages draußen bewegen, wenn die Temperatur noch bei 70 °Celsius lag. Wir brauchten unsere flüssiggekühlte Unterwäsche.

Mit neuem Wissen kamen wir vom Trabanten der Erde zurück. Wir hatten ein Netz von Forschungsstationen in einer anderen Welt aufgebaut. Wir brachten 360 kg Mondgestein mit, das von Wissenschaftlern untersucht werden kann, damit wir mehr über den Mond erfahren.

Apollo war der griechische Gott des Lichtes. Ich hoffe, daß wir auf manches ein neues Licht werfen und neue Visionen und Hoffnungen wecken konnten. Wann werden wir auf den Mond zurückkehren? Unser Präsident sagt, im Jahre 2020. Zwischen den vergangenen und den nächsten Mondlandungen werden also 50 Jahre liegen. Vielleicht werden Sie das nächste Mal dabeisein! Ist das Ihr Traum?

In der Schule hatte ich einen guten Freund, John Young, den einzigen Menschen, der sechsmal im Weltraum war. Ich hatte es mir nie träumen lassen, daß er eines Tages durch den Weltraum fliegen würde, und ich bin sicher, daß er es sich auch nicht von mir träumen ließ. Doch die beiden Männer aus der gleichen Schule landeten auf dem Mond – in genau der gleichen Reihenfolge wie in der Schule. Ich war der achte Mann auf dem Mond und John der neunte. Ist das nicht merkwürdig?

Wir leben in einer besonderen Zeit, die nie wiederkommen wird. Ich hoffe, daß Ihnen dieses Buch viel Freude bereitet und daß Sie dadurch etwas über den Mond und seine Wirkung auf unser Leben erfahren.

Apollo, der griechische Gott des Lichtes und der Sonne, lieh seinen Namen der ersten Raumfahrtmission, die den uns nächsten Himmelskörper, den Mond, erreichte.

1
MUTUS LIBER, IN QUO TAMEN
tota Philosophia herme tica, figuris hieroglyphicis
depingitur, ter optimo maximo Deo misericordi
consecratus, solisque filiis artis dedicatus,
authore cuius nomen est Altus.
21. 11. 82. Neg:
93. 82. 72. Neg:
82. 81. 33. Tued.

Teil I

MONDGEHEIMNISSE

Kapitel 1

Mondwärts

Neugierig, wie er ist, hat der Mensch immer in den Himmel geschaut, das geheimnisvolle Reich der Sterne und Planeten betrachtet und Fragen gestellt. Was ist dort oben? Wie weit entfernt sind diese leuchtenden Punkte? Gibt es dort andere Welten, vielleicht sogar Leben? Er sah Vögel mühelos durch die Lüfte gleiten, die vielleicht auf dem Weg zu jenen entfernten Orten waren. Und wenn Vögel sich so fortbewegen konnten, warum denn nicht auch der Mensch mit seiner höheren Intelligenz?

In früheren Zeiten gab es keinen Grund, nicht anzunehmen, daß der Mond nur einen Steinwurf weit entfernt sei, war es für ein Kind durchaus möglich, zu glauben, daß eine Kuh über ihn hinwegspringen oder daß er sich in den Ästen eines hohen Baumes verfangen könne. Der Mensch konnte glauben, daß er ihn zu erreichen vermochte, wenn er nur einen Weg fände.

Es ist daher nicht verwunderlich, daß sich der Mensch schon lange ausmalt, wie er zu anderen Planeten fliegt. Sagen wie der griechische Mythos von Dädalus und Ikarus erzählen von dem Traum vom Fliegen, wie auch die Vorstellung von fliegenden Drachen und von Pegasus, dem geflügelten Pferd. Die Idee, auf den Mond zu fliegen, ist alt. Schon im Jahr 150 ließ der griechische Schriftsteller Lucian seinen Helden Icaromenippus einen Adler- und einen Geierflügel anschnallen und damit zum Mond fliegen. Dort stellt der Held fest, daß die Menschen von da oben so klein wie Ameisen aussehen!

Das waren Träume. Doch der Mensch hat sich auch von Beginn an mit der Wirklichkeit auseinandergesetzt und eine Wissenschaft aus der Betrachtung der Himmelskörper gemacht. Die Babylonier legten schon um 750 v. Chr. astronomische Aufzeichnungen an. Die älteste verbürgte astronomische Beobachtung aus dieser Quelle betrifft eine Mondfinsternis im Jahre 721 v. Chr., und belegt, daß dieses Ereignis schon damals von wissenschaftlicher Bedeutung war.

Die alten Griechen vervielfachten das Wissen des Menschen über den Mond und von der Astronomie im allgemeinen. Sie erkannten, daß der Mond »scheint«, indem er das Licht der Sonne zurückwirft, und daß stets nur die Hälfte seiner Oberfläche von der Sonne angestrahlt werden kann. Sie kamen sogar darauf, daß die wechselnden Mondphasen entstehen, weil der Mond seine Position in bezug zur Sonne verändert. Sie schätzten gar die Entfernung Erde–Mond ziemlich genau: 270 v. Chr. kam Aristarchos von Samos der tatsächlichen Entfernung bereits sehr nahe, und um 150 v. Chr. traf Hipparchos von Rhodos ins Schwarze, als er die Entfernung mit etwa 400.000 km angab – ein erstaunlich exakter Wert für diese Zeit!

So machte die Wahrnehmung des Menschen von seinem Ort in bezug auf den Mond einen Quantensprung. Diese frühen Entdeckungen eröffneten ganz neue

Galileo Galilei entdeckte, daß der Mond eine Welt für sich ist und nicht nur ein leuchtender Ball am Himmel. Scharen von Menschen wollten einen Blick durch Galileis Teleskop werfen dürfen.

Möglichkeiten. Sie waren sicherlich mindestens so aufregend wie die heutigen Ergebnisse der Wissenschaft. Wenn der Mond eine Welt ist, dachte man, muß es darauf doch Leben geben, Pflanzen, Tiere, Kulturen, Nationen und so weiter.

Und so begannen die Geschichten vom Flug zum Mond. Schon 150 n. Chr. schickte der griechische Schriftsteller Lucian von Samosata seine Helden dorthin.

Erzählungen, Theaterstücke und Gedichte spiegeln die damalige Beschäftigung mit dem Mond wider. Die Entwicklung hielt aber nicht an, hauptsächlich weil das christliche Dogma, einer der größten Phantasiedämpfer in der Geschichte, sich ausbreitete. Die kirchliche Doktrin machte die Erde zum Zentrum von Gottes Schöpfung. Und so konnte der Mond für viele Jahrhunderte nicht mehr als erdähnliche Welt gesehen werden, sondern galt statt dessen nur als Teil des göttlichen Himmels, beispielsweise in Dantes *Göttlicher Komödie*. Kopernikus war der nächste, der gegen die langweiligen Ansichten des Christentums aufstand, als er 1543 die damals unerhörte Ansicht vertrat, daß die massige Erde lustig durch den Weltraum und um die Sonne kreise. Was für eine Idee! Der christliche Planet war nicht länger der Mittelpunkt des Universums und die Phantasie konnte sich folglich wieder all den wunderbaren Vorstellungen vom Leben auf anderen Planeten widmen.

Neue Nahrung erhielt die Vorstellung vom Leben auf dem Mond, als Galileo Galilei sein Teleskop auf die Gestirne richtete. Eine seiner Entdeckungen war überaus erstaunlich: Er fand heraus, daß der Mond keine glatte, leuchtende, vollkommene Kugel war, sondern fast wie die Erde, mit einer rauhen, unebenen Oberfläche, auf der sich sogar Berge fanden. Seitdem wird der Mond als eine eigene Welt angesehen. Die Vorstellung, daß er aus Käse sei oder ein Hindernis, das Kühe überspringen könnten, starb mit dieser Entdeckung aus, und die Phantasie ging dazu über, unseren nächsten Nachbarn als eigene Welt zu betrachten.

»... sein schwer lastender Schild
von ätherischer Beschaffenheit, massig, gewaltig und rund,
dahingeworfen hinter ihn, das weite All,
wie auf den Schultern des Mondes, des' Kreis
durch optisch' Glas der Toskana Künstler schaut
am Abend von der Höhe Fiesoles,
und in Valdarno, neue Länder spähend,
Flüsse und Berge auf der Kugel Rund.« [1]

Keine Mond-Luft, kein Mond-Körper

So brach das goldene Zeitalter des Mondfluges an – wenigstens in der Phantasie. Die Entdeckung, daß der Mond zumindest einige irdische Züge aufwies, ließ der Vorstellung Flügel wachsen und sie schwindelerregende Höhen erreichen.

Heute mögen wir Geschichten lächerlich finden wie die von einem gewissen Domingo Gonsales, der – nach Angaben eines Bischofs von Hereford, einer der vertrauenerweckendsten Quellen des 17. Jahrhunderts – zum Mond flog, indem er sich an die Flügel wilder Schwäne band (er fand die Reise angenehm, sobald er über die Wolken hinaus war). Der Bischof und seine Herde glaubten wohl, daß wilde Schwäne im Herbst auf den Mond ziehen. Diese romantische Vorstellung wurde, fünfzig Jahre, ehe Isaac Newton die Schwerkraft definierte, von der Erklärung gestützt, daß die Anziehungskraft um so schwächer werde, je höher man steige. Und erst viele Jahre später fand man heraus, daß die Erdatmosphäre gar nicht bis zum Mond reicht. Bis dahin konnten alle Mondfahrer davon ausgehen, daß auch über den Wolken, bis hin zum Mond und auch auf dem Mond selbst, genug Luft zum Atmen vorhanden sei. Damals gab es keinen Grund, zu glauben, daß die Bedingungen, unter denen man lebte, nicht im ganzen Universum galten. Selbst ein Professor des Trinity College, Cambridge, vertrat im 17. Jahrhundert die Ansicht, daß so eine Reise mittels Flügeln oder eines fliegenden Wagens (»in dem ein Mann sitzen und ihn in Bewegungen zu versetzen mag, die ihn durch die Lüfte schicken«) zu bewerkstelligen sei.

Kopernikus schockierte die christliche Welt mit der Feststellung, daß die Erde nicht der Mittelpunkt des Universums ist. Die Darstellung mit der Sonne im Zentrum zeigt die Erde, umkreist vom Mond, auf der dritten Bahn von innen.

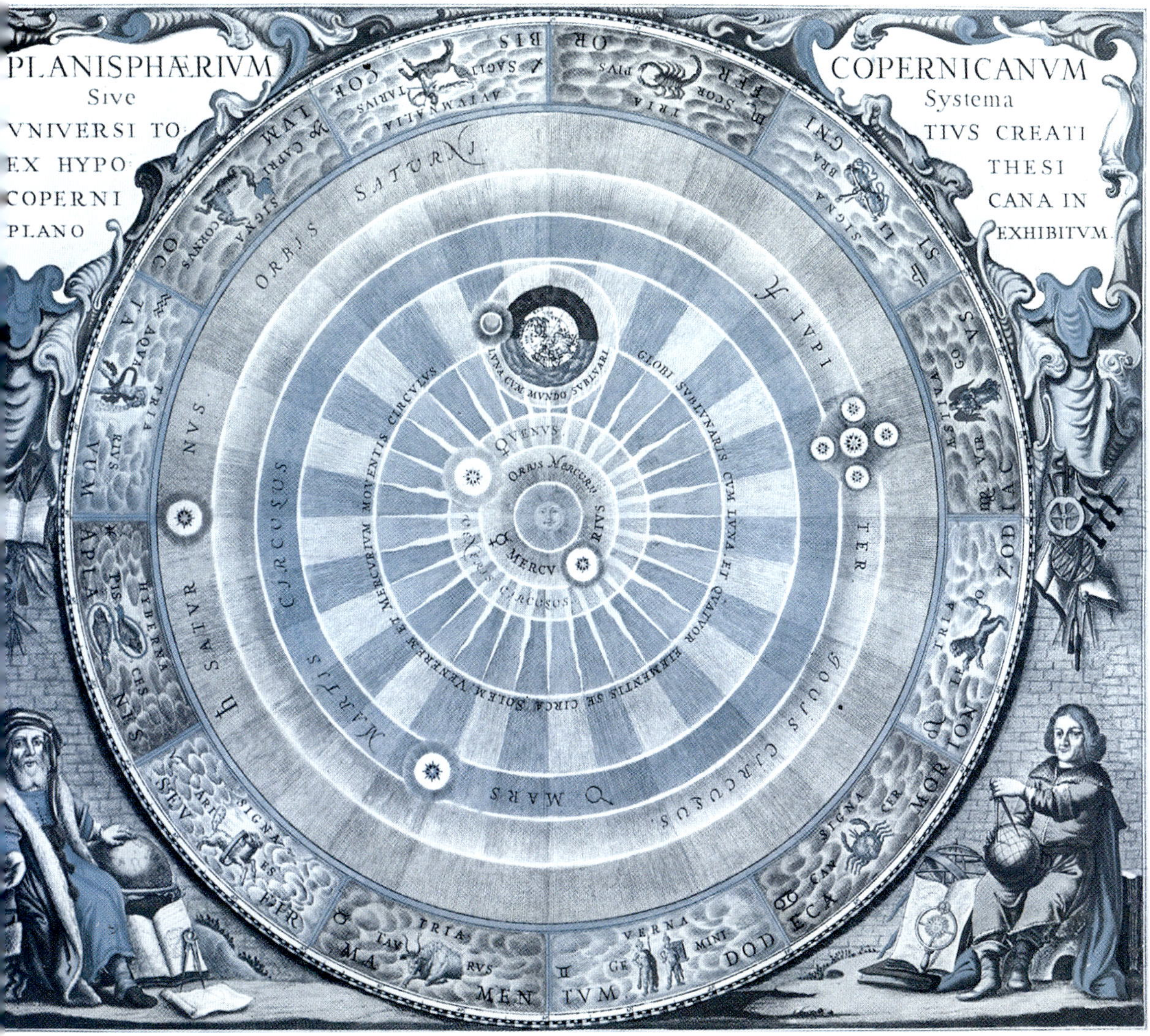

THE MAGAZINE OF PROPHETIC FICTION
January
HUGO GERNSBACK
Editor
WONDER
Stories
A GERNSBACK PUBLICATION
"THE MESSENGER
FROM SPACE"
by D. D. Sharp
NOW
15¢

WONDER
Stories
Quarterly
SPRING
1932

AMAZING STORIES

Derlei heilige Einfalt wurde durch Beobachtungen, die man mit Hilfe des Teleskops machte, beendet. Es wurde offensichtlich, daß der Mond keine Atmosphäre besitzen konnte, denn seine Oberfläche war immer klar und deutlich zu erkennen, solange über der Erde nicht eine Wolkendecke lag. Keine Wolke, kein Nebel über ihm verschleierten jemals seine Züge, und die Grenze zwischen seinem beleuchteten und seinem unbeleuchteten Teil war immer scharf gezogen.

Was hatte diese unromantische Entdeckung zu bedeuten? Ganz einfach: Wenn es keine Atmosphäre gab, gab es auch kein Leben, denn es konnte keine Luft geben und alles Wasser würde sich unversehens in der heißen Sonne verflüchtigen. War das also das Ende all der Geschichten vom Leben auf dem Mond?

Keineswegs! Die Schriftsteller konnten überhaupt nicht einsehen, warum eine Schöpfung, die so nahe lag und so viele Möglichkeiten barg, nutzlos sein sollte. Die westliche Philosophie war derart in die Idee verstrickt, daß alles im Universum seinen Grund habe, daß auch der Mond nicht einfach sinnlos sein konnte. Was hätte wohl sinnvoller sein können als ein bewohnter Himmelskörper, nicht weit von unserem entfernt? Und so spannen sich die Geschichten fort, allen wissenschaftlichen Widerlegungen zum Trotz.

Die Entdeckung der Neuen Welt wurde 1640 veröffentlicht. Darin versucht der renommierte Mathematiker John Wilkins aus Oxford zu beweisen, daß der Mond sehr wohl eine Atmosphäre haben müsse, da sein beleuchteter Teil größer erscheint als sein unbeleuchteter. Also, schloß er, könne es Leben auf dem Mond geben. Doch seine Theorie beruhte auf einer optischen Täuschung und erwies sich als unhaltbar.

Cyrano de Bergerac (der Edelmann mit der großen Nase – ein brillanter französischer Dichter, Krieger und Held eines neueren Spielfilms) nahm die Dinge etwas unbefangener und hatte einige halbwegs vernünftige Ideen. In seinem Buch *Die komische Geschichte der Staaten und Reiche der Welt des Mondes* (1656) schlägt er vor, mit Tau gefüllte Flaschen voller Tau auf dem Rücken der Reisenden zu befestigen. Er stellte sich vor, wie der hoffnungsvolle Astronaut zum Mond aufsteigt, sobald die Sonne den Tau verdunsten läßt. Was man bei all diesen Methoden bemerken kann, ist ihr poetischer Zug, die romantische Seite des Verstehens, die heute im Nebel der Wissenschaftlichkeit zum großen Teil verlorengegangen ist. Die Autoren schrieben alle möglichen Geschichten und erfanden alle (un-)möglichen Mittel, zum Mond zu gelangen, weil sie unterhalten wollten.

Cyranos Vorstellungen waren nicht völlig verfehlt – er schlug unter anderem vor, für die Raumfahrt Raketen zu benutzen, vielleicht weil er sich das genauso spaßig vorstellte wie seine Idee mit der Verdunstung. Eine amüsante Idee – Raketen! Drei Jahrhunderte nach Cyrano haben wir überall Raketen, und nicht immer zu unserem Vergnügen.

Doch Raketenantriebe fesselten Cyranos Aufmerksamkeit auf die Dauer nicht. Er ließ diesen Gedanken bald hinter sich und dachte an Magneten, die man in die Luft warf, während man auf einem leichten eisernen Wagen stand. Dieser würde dann nach oben gezogen werden. Wenn der Wagen den Magneten erreichte, würde letzterer erneut geworfen, der Wagen würde folgen und so weiter – bis der Mond erreicht wäre! Unglücklicherweise verstößt diese Idee gegen den zweiten Hauptsatz der Thermodynamik, doch da dieser noch zwei Jahrhunderte lang gar

Oben und links: Erdlinge haben den Mond betrachtet, sich gefragt, ob er in Reichweite liege und sich wundersame Geschichten über Raumfahrt erzählt.

nicht bekannt war, gab es gegen die originelle Idee Cyranos nichts weiter einzuwenden. Doch dann kam Newton des Wegs und machte Schluß mit all den freizügigen Ideen. Er zeigte zweifelsfrei, daß die Erdanziehungskraft sehr weit reicht, daß sich zwischen Erde und Mond ein Vakuum befindet – und daß es keine Atmosphäre auf dem Mond gibt. Wieder einmal versuchte die Wissenschaft (wie auch das Christentum), der Phantasie der Schriftsteller Zaumzeug anzulegen. Warum sollte noch jemand solch einen öden Ort besuchen wollen?

Eine Zeitlang benutzten die Schriftsteller den Mond als Mittel der Gesellschaftssatire. Swifts *Gullivers Reisen*, ein Klassiker dieses Genres, erschien in jener Zeit. Auf der gleichen Linie lag *Die Reise nach Cacklogallinah*, ein Bestseller des 18. Jahrhunderts. Geschrieben von einem gewissen Kapitän Samuel Brunt (vermutlich das Pseudonym eines Kirchenmannes), beschreibt es die Abenteuer des genannten Herrn, der auf der Insel der Cacklogallinas strandet – bei menschengroßen Vögeln mit menschenähnlichen Unarten.

Er fliegt mit ihnen zum Mond, wo sie eine Welt vorfinden, in der die Träume der Menschen von den Seelen der Schlafenden gelebt werden. Die Mondleute, die »Seleniten« (eine Bezeichnung, die später von H. G. Wells aufgegriffen wurde), laden sie zu einem Fest ein, und die Erdbewohner können feststellen, daß die Seleniten ohne Leidenschaft und Neid leben und nur über Philosophie und Religion nachdenken.

Noch mehr Satire und Moral taucht in *Das Leben und die erstaunlichen Transaktionen des John Daniel* (1751) auf, in dem der Autor seinen Helden mit einer Maschine zum Mond fliegen läßt, die mit Muskelkraft betrieben wird – das erste Mal, daß so etwas vorgeschlagen wird. Keine Vögel mehr, die Wagen ziehen, kein Morgentau! Wieder geht es um einen Schiffbrüchigen. Diesmal um einen, der einen Sohn zeugt, welcher eine Flugmaschine baut, der beide – aus Versehen – auf den Mond bringt. Als sie zur Erde zurückkehren, werden sie von verängstigten Erdlingen beschossen, doch schließlich »erreicht John Daniel, nach einem ermüdenden und angsterfüllten Leben, England und beschließt seine Tage in Frieden und Behaglichkeit an seinem Geburtsort, im Alter von siebenundneunzig Jahren«[2]. Trotz der ziemlich öden Entdeckungen der Astronomen blieb der Mond also im Bewußtsein der Menschen für viele Jahre ein bewohnbarer Ort. Und wo die Phantasie blüht, blüht natürlich auch der Betrug.

1834 reiste John Herschel, ein angesehener Astronom, ans Kap der Guten Hoffnung, um die Sterne der südlichen Hemisphäre zu studieren. Es sollte eine rein akademische, wenig aufregende Reise werden. Doch während er dort weilte, veröffentlichte ein amerikanischer Journalist eine Artikelserie in der New Yorker *Sun*, in der er ein faszinierendes neues Teleskop beschrieb, das Herschel gebaut hatte. Durch dieses Instrument habe Herschel, so stand da zu lesen, Details auf dem Mond gesehen, die nie zuvor entdeckt worden seien – einschließlich Gebäuden und lebenden Wesen. Die Öffentlichkeit sog die Geschichte begierig auf und die *Sun* fand reißenden Absatz, bis der Schwindel aufflog. Das Herschel-Teleskop war in gewisser Weise ein Vorläufer des großen NASA-Flops der achtziger Jahre, des Hubble-Teleskops.

Oben: »Er lag unter mir wie eine Karte.«
Links: Der Flug zum Mond. In »Die Reise nach Cacklogallinah« aus dem 18. Jahrhundert tragen Vögel die Menschen auf den Mond, wo diese eine ganz neue Lebensweise entdecken.

Science-fiction, die glückliche Verbindung

Die Epoche der Science-fiction, wie wir sie heute nennen, brach Mitte des 19. Jahrhunderts an. Da begann, was sich zu einer glücklichen Verbindung von Fakten und Phantasie entwickelte, die, mit tiefschürfenden und nützlichen Einsichten phantasievoller Autoren, die sich oft dahinschleppende Astronomie und »Exo-Physik« bereicherte. Edgar Allan Poe, beispielsweise, schrieb eine Reihe von Geschichten, in denen er offensichtlich mehr an einem tatsachengerechten wissenschaftlichen Hintergrund als an Gesellschaftssatire interessiert ist.

In *Hans Pfaalls Mondfahrt* (1835) schickt er einen Astronauten in einem Ballon zum Mond:

»Er lag unter mir wie eine Karte – und obgleich ich schließen mußte, daß er sich noch in bedeutender Entfernung befand, zeichneten sich doch alle Unebenheiten seiner Oberfläche mit einer mir unerklärlichen Deutlichkeit ab. Gleich auf den ersten Blick sprang mir die Abwesenheit von Meeren, Binnenseen oder Flüs-

sen, an Wassern überhaupt, als wesentlichster Zug seiner geologischen Beschaffenheit ins Auge.«

Doch es blieb Jules Verne überlassen, Science-fiction populär zu machen. *Von der Erde zum Mond* (1865) erzählt mehr von der Reise selbst und beschäftigt sich weniger mit der Frage, wer den Mond bewohnen mochte. Die Reisenden landen noch nicht einmal auf dem Mond – es geht nur um den Raumflug und seine Wirkungen auf die, die ihn unternehmen.

In Vernes *Reise um den Mond* (1876) umkreist ein Raumfahrzeug den Mond. Als es zur Erde zurückgekehrt ist, meint der Astronaut Barbicane, daß es dort kein Leben geben könne:

»›Wenn der Mond jetzt nicht bewohnt ist, war er es dann jemals, Bürger Barbicane?‹

›Ich glaube, nein, ich versichere, daß der Mond von einer Menschenrasse bewohnt wurde, die sich genau wie die unsere organisierte; daß er Tiere hervorbrachte, die genauso geformt waren wie die Tiere auf der Erde; aber ich füge hinzu, daß die Tage dieser Rassen, menschlicher wie tierischer, vorüber und daß jene für immer ausgestorben sind.‹

›Also‹, fragte Michael, ›ist der Mond älter als die Erde?‹

›Nein!‹ sagte Barbicane entschieden, ›er ist nur schneller gealtert, sein Werden und Vergehen braucht nicht so viel Zeit.‹«

Vernes Buch basiert auf wissenschaftlichen Erkenntnissen und orientiert sich am Wissensstand jener Zeit. Glücklicherweise fügte Verne seine eigene Phantasie hinzu und kann so als einer der Erfinder der Science-fiction gelten:

»›Und wer sagt denn, daß der Mond immer ein Trabant der Erde gewesen ist?‹

›Und wer sagt denn‹, rief Michael Ardan, ›daß der Mond nicht schon vor der Erde entstanden ist?‹

Ihre Phantasie trug sie davon auf das unbegrenzte Feld der Hypothesen.«

Und später ...

»›Beruhige Dich, Michael‹, fuhr Barbicane fort, ›wenn auch keine Sphäre existiert, in der alle Gesetze der Masse aufgehoben sind, so wirst du doch wenigstens eine besuchen, wo sie viel weniger gelten als auf der Erde.‹

›Den Mond?‹

›Ja, den Mond, auf dessen Oberfläche alles nur ein Sechstel so viel wiegt wie auf der Erde, was man leicht beweisen kann.‹

›Und das werden wir fühlen?‹ fragte Michael.

›Selbstverständlich, da 200 Pfund auf dem Mond nur 30 Pfund wiegen.‹

›Wird unsere Muskelkraft nicht nachlassen?‹

›Keineswegs; und statt einem Meter wirst du sechs Meter hoch springen.‹

›Dann werden wir ja richtige Herkulesse sein!‹ rief Michael aus.

›Ja‹, antwortete Nicholl, ›denn wenn die Körpergröße der Seleniten im richtigen Verhältnis zur Dichte ihres Planeten steht, werden sie kaum 30 Zentimeter groß sein.‹

›Liliputaner!‹ entfuhr es Michael. ›Ich werde Gulliver sein. Wir werden die Sage von den Riesen wahr machen. Es hat doch Vorteile, wenn man seinen eigenen Planeten verläßt und das Sonnensystem überrennt.‹«[3]

In *Von der Erde zum Mond* schießt Verne ein Fahrzeug zum Mond:

Oben: Bis ins 20. Jahrhundert konnte sich der Mensch Mondreisen nur ausdenken. Heute nehmen wir die ungeheure Leistung des Mondfluges als gegeben hin.

Linke Seite: Start von Apollo 17.

»Der Zutritt in den metallenen Turm erfolgte durch eine schmale, kunstvoll in die Wand des Kegels eingefügte Öffnung ... die Reisenden würden ihre Position nach Wunsch verlassen können, sobald sie den Mond erreichten. Für Licht und Ausblick sorgten vier dicke, linsenförmige Glasplatten ... Fest verschweißte Behältnisse waren mit Wasser und Proviant gefüllt, und Feuer und Licht konnten mittels Gas, das in einem Spezialbehälter unter einigen Atmosphären Druck gehalten wurde, erzeugt werden. Sie mußten nur einen Hahn aufdrehen, und sechs Stunden lang würde das Gas dieses komfortable Gefährt erleuchten und wärmen.«

Solche Beschreibungen mögen uns, in detaillierter Kenntnis dessen, was für ein Raumschiff tatsächlich nötig ist, überholt erscheinen, aber Verne hatte viel Phantasie und kam in seiner Beschreibung des Raketenabschusses unserer Zeit sehr nahe:

»Sofort drückte Muchinson mit allen Fingern den Kontakt der elektrischen Batterie herunter, schloß so den Flüssigkeitskreis und sandte den Funken in die Düse der Columbiad.

Augenblicklich erfolgte eine furchterregende, überirdische Erschütterung, die sich mit nichts vergleichen ließ, nicht einmal mit einem Donnerschlag oder einem Vulkanausbruch! Kein Wort kann den schrecklichen Laut auch nur annähernd fassen! Ein ungeheurer Feuerstrom schoß aus den Eingeweiden der Erde wie aus einem Krater. Die Erde bäumte sich auf, und einige wenige Zuschauer erhaschten, unter größten Schwierigkeiten, einen kurzen Blick auf das Projektil, das siegreich, inmitten feuriger Dämpfe, in den Himmel stieg.«

In H. G. Wells Roman *Der erste Mann auf dem Mond* (1901) wird einer mythischen Substanz, die er »Cavorite« nennt, die Macht zugeschrieben, die Erdanziehung aufzuheben und es zwei Astronauten zu ermöglichen, auf dem Mond zu landen. Sie entdecken die Seleniten:

»Sie haben größere Schädel – viel größere, und zierlichere Körper und sehr kurze Beine. Sie geben leise Töne von sich und bewegen sich mit umsichtiger Bedächtigkeit ... Und obwohl ich verwundet und hier völlig hilflos bin, gibt mir ihr Erscheinen doch Hoffnung. Sie haben weder auf mich geschossen noch versucht, mich zu verletzen.«[5]

Als sich die beiden Männer trennen müssen, beschreibt einer von ihnen die Gefühle, die ihn, allein in dieser unbekannten Welt, überkommen:

»Dann war ich tatsächlich allein.

Über mir, um mich herum, immer näher kommend, mich immer stärker umklammernd, das Ewige; das vor allem Anfang war und das nach allem Ende triumphieren wird; diese enorme Leere, in der alles Licht und Leben und Sein nur die verschwindende Schönheit einer Sternschnuppe besitzt, die Kälte, die Ruhe, die Stille – die unendliche, endgültige Nacht des Weltraums.«

Schließlich trifft er den Führer der Mondwesen, den Großen Lunar:

»Die gleichzeitige Bewegung von zehntausend respektvollen Köpfen machte mich auf die überragende Intelligenz aufmerksam, die in einem Strahlenkranz über mir schwebte.

Ich blinzelte in den strahlenden Glanz, konnte aber zunächst nur erkennen, daß dieses Gehirn aller Gehirne wie eine durchscheinende, gesichtslose Blase aussah, in der sich Andeutungen von Hirnwindungen krümmten. Über dieser enor-

men Erscheinung, gerade über dem Rand des Throns, dessen man plötzlich gewahr wurde, blitzten winzige Elfenaugen aus dem Schein ... die Augen blickten mit einer merkwürdigen Eindringlichkeit auf mich herab.«

Derlei Geschichten bilden den Übergang zwischen den wilden Phantastereien früherer Romane und der neuen Bewegung, die aus den seriösen Ergebnissen der Wissenschaft erwuchs und die Vorhut derer bildet, die den Mond tatsächlich betreten wollten. Denn es waren die Schriften von Verne und Wells, die zeigten, daß man die Aussicht auf eine Mondlandung jetzt ernst nehmen konnte.

»Kein Wort kann auch nur annähernd den schrecklichen Laut fassen! Ein ungeheurer Feuerstrom schoß aus den Eingeweiden der Erde, wie aus einem Krater.«

Kapitel 2

Vor vielen Monden

Jeden Monat sehen wir zu, wie der Mond seinen außergewöhnlichen, niemals endenden Verwandlungsprozeß durchläuft. Er kommt aus dem Dunkel, ein zerbrechlicher Streifen Licht, und wächst unmerklich, bis er die volle Größe erreicht, um dann wieder langsam, aber unaufhörlich, mit der Nacht zu verschmelzen. Wir fühlen seinen Einfluß auf die Wasser und das Leben auf der Erde, und seine Rhythmen scheinen mit unseren eigenen, verborgensten, geheimnisvollsten, verbunden zu sein – denen der Fruchtbarkeit, der Zeugung, des Lebens selbst. Kein Wunder, daß Mond-Mythen und -Legenden in allen Kulturen und in allen Epochen zu finden sind.

In Südamerika erzählen die Guarani-Indianer diese Geschichte: Die Brüder Sonne und Mond verwandelten sich in Fische, um einem bösen, alles verschlingenden Geist Haken und Angelschnur abzujagen. Doch das Ungetüm verschlang den Mond. Die zu Tode erschrockene Sonne sammelte die Gräten auf, die der Geist weggeworfen hatte, setzte sie zusammen und brachte damit den Mond wieder ins Leben zurück. Dieses Verschwinden und Wiedererstehen setzt sich in den Mondphasen fort.

Die Guarani erzählen auch, daß der Mond einst mit seinen Töchtern auf der Erde lebte. Eines Tages sah er ein wunderschönes Kind, stahl seine Seele und verbarg sie unter einem irdenen Topf. Ein Schamane suchte das Kind und der Mond bat seine Töchter, ihn nicht zu verraten. Aber der Schamane zerschlug alle Töpfe und fand die Seele. Der Mond zog sich beschämt an den Himmel zurück und beauftragte seine Töchter, den Weg der Seelen zu erhellen – so entstand die Milchstraße.

Die Kororomanna-Indianer bestehen darauf, daß der Mond abnimmt, weil er zur Jagd geht. Je länger der Mond braucht, um zu erscheinen, desto größer ist das Wild, das er gefangen und zubereitet hat. Vollmond heißt also, daß er eine Maus oder eine Ratte kocht; dann nimmt jeden Tag die Größe des Tieres zu: Als nächstes ist es ein Ferkel, dann ein Schwein, ein Ameisenbär und – am letzten Tag vor Neumond – ein Tapir.

Bei den südamerikanischen Indianern gibt es auch eine traurige Verwandlungsgeschichte. Karuetaruyben war so häßlich, daß seine Frau nicht mit ihm schlafen wollte. Eines Tages, als er traurig darüber nachsann, erschienen die Sonne und seine Frau, der Mond (wie in vielen anderen Kulturen ist auch hier die Sonne männlich und der Mond weiblich). Sie waren stark behaart, und ihre Stimmen klangen wie die eines Tapirs. Sie baten den Indianer, ihnen seine Sorgen zu erzählen, und um zu prüfen, ob er die Wahrheit gesagt hatte, befahl die Sonne dem Mond, den Mann zu verführen.

Aber Karuetaruyben war nicht nur häßlich und arm, er war auch noch impotent. Also verwandelte ihn die Sonne in einen Embryo, den sie in den Schoß des Mondes pflanzte. Drei Tage später gebar der Mond einen Jungen, den er seinerseits verwandelte, nämlich in einen schönen jungen Mann. Dann gab sie ihm einen Korb mit Fischen und hieß ihn, zum Dorf zurückzukehren und eine andere Frau zu nehmen, da seine alte ihn inzwischen betrogen habe.

Beim Stamme der Wotjubaluk im Südosten Australiens wird von den Zeiten erzählt, als alle Tiere Männer und Frauen waren. Wenn einer starb, sagte der Mond: »Steh wieder auf«, und sie standen auf und lebten weiter. Doch dann sagte ein alter Mann: »Laß sie doch tot sein.« Also standen sie nicht mehr auf – außer dem Mond, der es bis heute nicht lassen kann.

Oben: Das verschwindende Spiegelbild des Mondes in einem Wassereimer wurde zum Symbol des Mondeinflusses auf uns.

Rechts: Die Helden des englischen Kinderliedes, Jack und Jill, hießen ursprünglich Bil und Hjuki und stammen aus einer alten norwegischen Mondlegende.

Der Mann im Mond

Eine alte norwegische Geschichte erzählt von Mundilfari, dessen Kinder so klug und strahlend schön waren, daß er den Jungen Mond und das Mädchen Sonne nannte. Das erzürnte die Götter, und sie entführten die Kinder in den Himmel, wo das Mädchen als Kutscher der Sonne arbeiten und der Junge den Mond auf seiner Bahn leiten mußte. Dann entführte der Junge zwei weitere Kinder, Bil und Hjuki, als sie Wasser aus einem Brunnen schöpften. Noch heute kann man die Kinder im Antlitz des Mondes sehen.

Diese Geschichte ist der Ursprung eines bekannten englischen Kinderliedes:

»Jack und Jill gingen auf den Hügel
Um einen Eimer Wasser zu holen.
Jack fiel hin und zerbrach seine Krone
Und Jill taumelte hinter ihm her.«

Der Eimer Wasser bezieht sich auf den Glauben, daß der Mond einen Einfluß auf alle Wasser der Erde ausübe, und daß er es regnen lasse. Aber es findet sich darin auch ein osteuropäischer Einfluß: Die Menschen im entlegensten Transsylvanien hatten immer ein wassergefülltes Gefäß herumstehen, damit Geister, die in menschliche Körper fahren wollten, um Vampire zu werden, dort ertrinken soll-

ten. Daraus entstand auch die Vorstellung, daß Vampire sich nicht im Spiegel ansehen können, denn die in den Körper gefahrene Seele hat Angst, in der Spiegelung zu ertrinken.

Auch der Vater von Bil und Hjuki ist in den Volksglauben eingegangen, als Mann im Mond, der ein Bündel Dornenzweige auf dem Rücken trägt. Er soll, so erzählt eine christliche Anekdote, an einem Sonntag Holz gesammelt haben und dafür auf den Mond verbannt worden sein.[6]

»Ein Mann, der einst ein Bündel Dornen stahl, ward dafür auf den Mond gesetzt, dort ewiglich zu weilen.«[7]

»So fern ihren Gedanken wie der Mann, den das tumbe Volk im Monde meint.«[8]

»Der Mann im Mond fiel tief in ein Loch
als er zu Nachbars Dornenstrauch kroch.
Hätte er sich nur der Dornen ferngehalten,
müßte er jetzt nicht im Mond verweilen.« (Anonym)

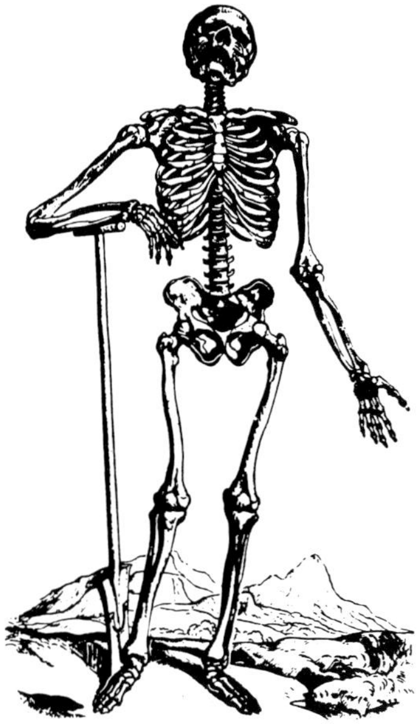

Der Mensch mag schon früh darüber spekuliert haben, wie weit es von der Erde zum Mond sein mochte, und er hat sich sicherlich Gedanken über die Spuren auf seiner Oberfläche gemacht. Man hielt sie beispielsweise für das Gesicht eines Mannes. Im 4. Buch Moses, Kapitel 15, steht zu lesen, daß ein Mann, der am Sabbat Holz sammelte, da die Kinder Israels durch die Wüste wanderten, für seine Sünde gesteinigt wurde. Diese Legende verband sich irgendwie mit einer heidnischen und heraus kam, daß der Mann zur Strafe auf den Mond geworfen wurde, wo er, sein Holzbündel und – wie einige ergänzen – sein Hund heute noch zu sehen sind.

Für den Mond sterben

Viele Kulturen verbinden Mond und Tod, doch es fällt auf, daß der Tod in den entsprechenden Geschichten als natürlicher Bestandteil des Lebenszyklus angesehen wird. Eine alte Vorstellung besagt, daß der Mond der Aufenthaltsort der Toten sei – entweder ihre letzte Ruhestätte oder eine Art Zwischenstation. Dies mag sich aus der Idee entwickelt haben, der Mond durchlaufe einen ewigen Zyklus von Leben und Sterben. Vielleicht hängt diese Vorstellung aber auch mit dem blassen, geisterhaften Licht des Mondes zusammen. In den Upanischaden, heiligen indischen Texten, heißt es, daß der Mond nur ein vorläufiger Aufenthaltsort bis zur Wiedergeburt ist. Die Seelen kehren schließlich mit dem Regen auf die Erde zurück und schlüpfen in den männlichen Samen. Auf dem alljährlichen Pitcher-Fourth-Festival wird folgende Geschichte erzählt:

Es war einmal eine Schwester, die hatte sieben Brüder. Es war am Pitcher-Fourth-Tag, an dem alle Frauen fasten müssen, auf daß ihren Ehemännern ein langes Leben vergönnt sei. Die Schwester hungerte also. Doch ihr jüngster Bruder,

der sie nicht gern hungrig sah, kletterte auf einen Baum, steckte eine Laterne an und sagte zu seiner Schwester, sie könne ihr Fasten beenden, denn der Mond stehe ja schon zwischen den Bäumen. Also hörte sie auf – und ihr Mann fiel auf der Stelle tot um. Ein Jahr lang trauerte die Schwester über der Leiche ihres toten Mannes und schützte sie vor dem Verfall, bis es wieder Pitcher-Fourth-Tag war. Da schnitt sie sich in den Finger und ließ das Blut in den Mund ihres Mannes fließen. Sofort kehrte seine Seele vom Mond zurück, und er wurde wieder lebendig.

Das Pitcher-Fourth-Festival besteht heute noch aus Elementen dieser Legende. Ehefrauen fasten einen Tag lang und treffen sich, um gemeinsam eine Mauer mit Bildern der Legende (einschließlich zweier Monde) zu bemalen und religiöse Lieder zu singen. Wenn der Mond aufgeht, sucht sich jede Frau einen Platz, von dem aus sie ihn gut sehen kann, und malt ein heiliges Kreuz auf den Boden. Aus einem Schnabelkrug gießt sie Wasser auf das Kreuz, ein Opfer für den Mond – genauso, wie die Frau in der Legende ihr Blut in den Mund ihres Mannes fließen ließ. So bringt sie den Geist des Mondes auf die Erde. Eine weiterer Mond-Ritus besteht darin, Nahrungsmittel in die Münder der Figuren zu pressen, die sie auf die Mauer gemalt hat. Dann bricht sie ihr Fasten und serviert den Männern der Familie das Abendessen.[9]

Das indische Pitcher-Fourth-Festival verbindet Mond und Erde durch das Medium Wasser.

Mond und Tod werden auch in einer Geschichte von der Melville-Insel (Australien) miteinander verbunden, die von Ehebruch und Rache handelt: Ein Mann namens Purakapali ging auf die Jagd. Seine Familie blieb im Lager zurück, und eine seiner Frauen nutzte die Gelegenheit, sich mit ihrem Liebhaber Tjapara (dem Mond) in die Büsche zu schlagen. Ihren kleinen Sohn ließ sie allein im Lager zurück.

Als Purakapali zurückkehrte, war der Junge tot. Seine Wut auf die Frau und ihren Liebhaber, den Mond, kannte keine Grenzen. Um den rasenden Vater zu besänftigen, sagte Tjapara zu ihm: »Gib mir deinen toten Sohn, und in drei Tagen wird er wieder lebendig sein.« Aber Purakapali war zu traurig und zornig, um auf den Mond zu hören oder ihm zu vertrauen, und er jagte ihn um die ganze Insel und tötete ihn.

Dann nahm er seinen toten Sohn auf die Arme, ging ans Meer und rief aus: »Wie mein Sohn starb und nie zurückkehren wird, so soll es allen Menschen gehen.« Und wirklich kehrten Purakapali und sein Sohn nie zurück, denn das ist, wie die Insulaner glauben, das Schicksal aller Menschen. Aber Tjapara, der Mond, war nach drei Tagen wieder da.[10]

Das Wort »Mond« kommt vermutlich aus dem Babylonischen.

Die südafrikanischen Hottentotten haben ihre eigenen Geschichten von Mond und Tod. Der Mond schickte in einer dieser unzähligen Geschichten einen Hasen auf die Erde, damit er allen Menschen sage, daß sie nach ihrem Tod wiedergeboren würden, genauso, wie der Mond jeden Monat wiedergeboren wird. Doch der Hase verstand es falsch und erzählte allen, sie würden nur einmal leben. Als er zurückkam, wurde der Mond über diesen Fehler so verärgert, daß er dem Hasen mit einem Stock auf die Nase schlug – so kam der Hase zu seiner Scharte. Doch der Hase rächte sich: Bevor er den Mond verließ, versetzte er ihm ein paar Kratzer, die noch heute zu sehen sind.

Auch im Alten Testament, in der Geschichte vom Holzsammler am Sabbat, findet sich die Verbindung Mond und Tod wieder, denn das Wort Sabbat kommt

Der alte Satan Mond … Der Mond ist immer mit Fruchtbarkeit in Verbindung gebracht worden, entweder in mächtigen Kräften wie Teufel und Fleischeslust (oben) oder in einer annehmbareren, abgewandelten Version (links).

wahrscheinlich vom babylonischen »shabbatum«, was »Tag des Vollmonds« bedeutet. Und im 2. Buch der Könige, 4. Kapitel, findet sich schließlich folgende Verbindung von Mond, Tod und Auferstehung: Eine Frau will zum Propheten Elias, damit jener ihren toten Sohn wieder zum Leben erweckt. Ihr Mann wendet ein: »Warum willst du zu ihm? Ist doch heute weder Neumond noch Sabbat.«

Der fruchtbare Mond

Bleiben wir noch etwas bei der Kraft des Mondes, Leben zu verwandeln, und werfen einen Blick auf den alten Teufel, die Schlange, und seine (oder ihre) Verbindung mit dem Mond: die regelmäßige Häutung, also Erneuerung. Die Schlange ist ein altes und mächtiges Symbol, aber im Christentum bekam sie, wie viele andere positive Symbole, die der »neue« Glaube schlecht machte, eine bösartige, laszive Komponente; möglicherweise wegen ihrer phallischen Form und der Verbindung von Mond und Menstruation. Die Jungfrau Maria wird oft dargestellt, wie sie auf eine Schlange tritt; gleichzeitig wird sie jedoch mit dem Mond und den Fruchtbarkeitsmysterien assoziiert, was ein deutlicher Widerspruch in sich ist – die Fleischeslust wird unterdrückt, aber die Göttin der Fruchtbarkeit wird weiter angebetet. Diese inkonsequente Darstellung entstand vielleicht, weil die Christen gezwungen waren, Kompromisse mit den Überlieferungen von mächtigen Erdgottheiten der Heiden zu schließen, die um die Mitte des letzten Jahrtausends in Europa vorherrschten.

Der Verbindung von Mond und Fruchtbarkeit ist alt und kann in vielen Kultu-

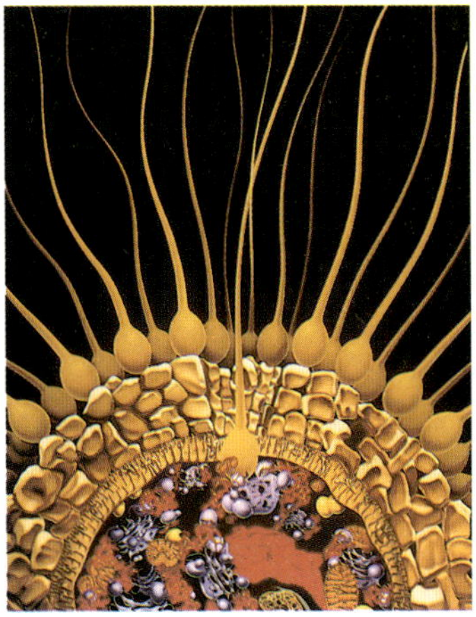

Eins der größten Wunder des Lebens, die Empfängnis, wird in den Legenden der Welt mit dem Mond in Verbindung gebracht.

Rechte Seite: »Wenn die Leute schlafen, fliegt der Mond-Vogel herab von seinem Platz am Himmel ... Wenn du in einer klaren Nacht zum Himmel aufschaust, kannst du ganz deutlich die kleinen Sternen-Eier erkennen.«

ren nachgewiesen werden. Selbst heute noch verbinden wir den Mondzyklus mit dem Monatszyklus der Frau und glauben, daß der Vollmond die größte Fruchtbarkeit anzeigt.

Der Prophet Jeremia jedoch klagte bitterlich über solchen Glauben und solche Gebräuche:

»Siehst du nicht, was sie tun in den Städten Judas und den Gassen Jerusalems? Die Kinder lesen Holz, die Väter zünden das Feuer an, und die Frauen kneten den Teig, auf daß sie der Himmelskönigin Kuchen backen, und fremden Göttern spenden sie Trankopfer mir zum Verdruß.« (Jeremia 7, 18f)

Die »Himmelskönigin« war wahrscheinlich Astoreth, eine Fruchtbarkeitsgöttin mit starker Verbindung zum Mond. Kuchen wurden der Mondgöttin auch auf dem griechischen Festland, in Ägypten, in Indien und in China gebacken. Jericho, die biblische Stadt, war ursprünglich der Mondgöttin Jerah geweiht. In Ribble, Lancastershire, buk man noch bis ins 19. Jahrhundert hinein zu Ehren des fruchtbaren Mondes. Und man vermutet, daß auch warme Osterkuchen einer heidnischen Sitte entspringen und alles andere als christlich sind.

»Der Zaubervogel kam auf die Erde, um den Menschen die Fruchtbarkeit zu bringen. Dann flog er wieder in den Himmel, von wo er, eingerollt und still vor sich hin brütend, die Kinder der Menschen bewacht. Die Sterblichen nennen ihn »Mond« und manchmal, wenn die Leute schlafen, fliegt der Mond-Vogel herab von seinem Platz am Himmel und pickt Samen oder andere Nahrung auf. Wenn du in einer klaren Nacht zum Himmel aufschaust, kannst du ganz deutlich die kleinen Sternen-Eier erkennen – und wie sollten die wohl da hingekommen sein, wenn nicht der große weiße Mond-Vogel sie gelegt hat?«[11]

Die Uaupe-Indianer am oberen Amazonas glauben, daß die erste Menstruation eines Mädchens Folge der Defloration durch den Mond ist. Viele Stämme erzählen davon, wie der Mond in mondhellen Nächten über die Erde wandert und mit möglichst vielen Frauen schläft, was dann die Monatsregel auslöst. Ähnliches erzählte man lange auch in anderen Erdteilen. Selbst in England hieß es, der Mond könne eine Frau schwängern und das Ungeborene mit seinen Lichtstrahlen füttern. Dieses Ungeborene werde sich aber nicht richtig entwickeln, es werde ein »Mondkalb« daraus werden, das die Mutter verlieren müsse.

Geschichten zeigen uns die »wahren« Gründe für den Glauben – so wie die folgende, die von den Kuniba in Südamerika erzählt wird und die die Beziehung von Mond und Monatsregel auf ganz eigene Art erläutert.

Eine junge Indianerin bekam jede Nacht Besuch von einem merkwürdigen Mann. Um herauszufinden, wer er war, bestrich sie sein Gesicht mit dem schwarzen Saft der Genipa. Am nächsten Tag stellte sie erschrocken fest, daß der Liebhaber ihr Bruder war. Er wurde aus der Familie verstoßen und getötet. Einer seiner Brüder rettete den Kopf, aber er wurde es müde, ihn mit Wasser und Nahrung zu versorgen, und warf ihn wiederum aus der Hütte. Der Kopf rollte durch das Dorf und versuchte, wieder in seine Hütte zu gelangen. Doch die Dorfbewohner ließen es nicht zu, und in seiner Verzweiflung beschloß der Kopf, sich zu verwandeln. Er dachte daran, zu Wasser zu werden, oder zu einem Stein. Endlich entschied er sich dafür, der Mond zu sein, und stieg zum Himmel auf. Und an der Schwester, die ihn verraten hatte, rächte er sich, indem er ihr die Menstruation anhexte.

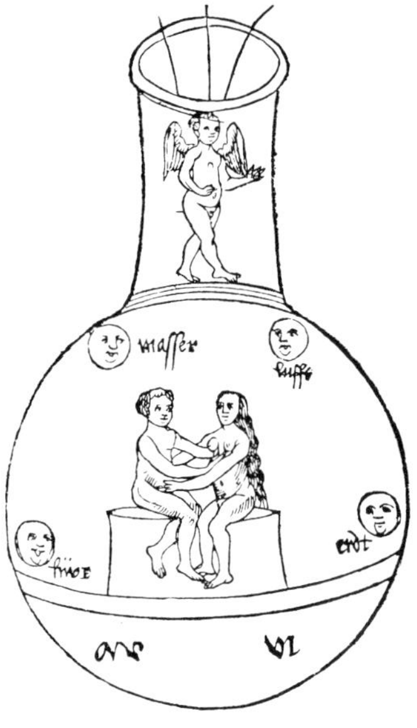

Die Cashinawa im Amazonasgebiet behaupten ebenfalls, daß die Erschaffung des Mondes den Beginn der Monatsregel einer Frau bezeichnet. Die Mondphasen haben ihnen zufolge auch einen Einfluß darauf, wie ein Kind später aussehen wird: Bei Neumond empfangen, wird das Kind strahlend wie der Tag werden; bei Vollmond dagegen wird es dunkel wie die Nacht.

Eine weitere südamerikanische Geschichte erzählt wiederum von rollenden Köpfen, Blut und Lust: Die Nacht war einst völlig dunkel, denn es gab weder Mond noch Sterne. Eines Tages weigerte sich ein junges Mädchen zu heiraten und wurde dafür von der Mutter mit den Worten: »Das wird dich lehren, nicht heiraten zu wollen!«, aus dem Haus geworfen. Als das Mädchen voller Angst gegen die Tür trommelte, nahm die verärgerte Mutter ein Messer, öffnete die Tür und schnitt ihrer Tochter den Kopf ab. Der Kopf fiel zu Boden und der Körper wurde in den nächsten Fluß geworfen.

In der folgenden Nacht fing der Kopf an, zu jammern und herumzurollen. Doch bald kam er darauf, daß er ohne Körper nichts auszurichten vermochte, und beschloß, sich in den Mond zu verwandeln, damit man ihm nichts anhaben könne. Er versprach der Mutter, ihr zu vergeben, wenn sie ihm ein paar Rollen Garn gebe. Er nahm die Fadenenden in den Mund, und Geier banden ihn am Himmel fest. Dort wurden seine Augen zu Sternen und sein Blut zum Regenbogen. Und seit jener Zeit bluten Frauen jeden Monat.

Männer haben auch etwas davon

Der Mond wird zwar mit Frauen und Fruchtbarkeit in Verbindung gebracht, aber er hat einen noch viel spektakuläreren Einfluß auf Männer! Viele Mythen verbinden den Mond mit der Länge des Penis. Folgende Geschichte wird beispielsweise von den Tacana-Indianern erzählt:

Ein Mann überraschte zwei Diebinnen, die sich als himmlische Schwestern herausstellten, nämlich als Mond und Morgenstern. Der Mann verliebte sich in die Mond-Schwester, aber sie wies ihn ab und empfahl ihm ihre Schwester. Schließlich gab sie aber doch nach, bat ihn aber, sich einen großen Korb zu flechten. Während sie kopulierten, begann der Penis des Mannes zu wachsen und wurde schließlich so lang, daß er ihn in dem Korb mit sich herumtragen mußte.

Der Mann kehrte in sein Dorf zurück, aber seine Nöte hatten erst begonnen. Jede Nacht schlängelte sich sein langer Penis durch das Dorf, auf der Suche nach Frauen, die er begatten konnte. Ein anderer Mann, dessen Tochter dergestalt beglückt worden war, beschloß, dem Penis aufzulauern. Als er den herumstreunenden Gesellen erblickte, hackte er ihm den vorderen Teil ab, der sich sofort in eine Schlange verwandelte. Der Besitzer des nun geschrumpften Penis starb, und die Schlange wurde die Urmutter der Termiten.

Der Mond hat, glaubt man den Legenden, auch die Macht, den Penis eines Mannes nicht unerheblich zu verlängern!

Die Fähigkeit des Mondes, den Penis zu verlängern, findet sich auch bei den Indianern Boliviens. Die Tumupasa glauben, daß der Tapir einen besonders großen Penis und drei Hoden hat, weil er seine Frau begattete, bevor diese noch den zunehmenden Mond ausspucken konnte, den sie zuvor verschluckt hatte.

Die afrikanischen Pygmäen vom Stamme der Bambuti sehen im Mond den Schöpfer aller Dinge. Alles kommt von und geht zurück zu *songe abongisi*, dem

Mond; besonders der Mensch, durch das Menstruationsblut, das ebenfalls *songe* genannt wird. Doch der Mond begrenzt auch unsere Lebenszeit, denn der Mensch zerstört überflüssigerweise, was *songe abongisi* geschaffen hat.

In der Himmelslehre der Bambuti sind Morgen- und Abendstern die Frauen des Mondes oder seine schöpferischen Kräfte oder auch Brüder, die zugleich schaffen und zerstören. Wenn der Mensch stirbt, kehrt sein Feuer zu seinem Ursprung, dem Mond, zurück und wird zu einem Kind des Mondes.

Der Regenbogen-Mond

Der Regenbogen ist Symbol des Mondes auf der Erde, und auch er wird ganz verschieden bewertet – im Westen gesehen ist er gut und fördert Wachstum, erscheint er aber im Osten, verheißt er Gefahr und Zerstörung. Er kann zudem Mondfinsternisse verursachen und so den Mond daran hindern, die Menschen zu

Regenbogen wurde nachgesagt, sie könnten eine Mondfinsternis verursachen und den schädlichen Einfluß des Mondes abwenden.

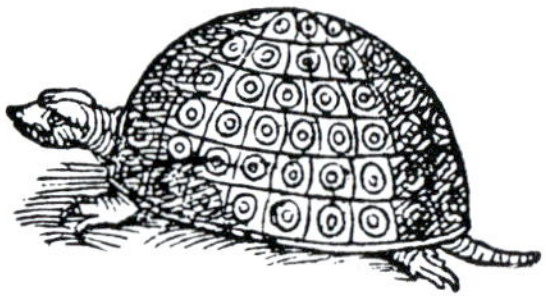

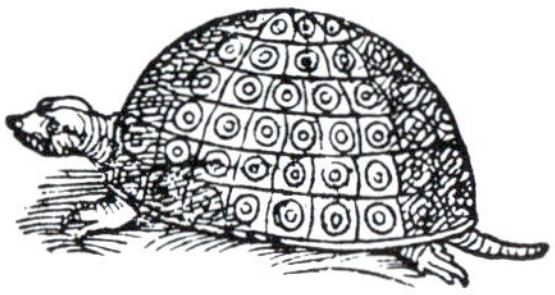

töten. Die tierischen Ebenbilder des Regenbogens sind das Chamäleon und die Schlange. Das Chamäleon lebt in Baumwipfeln, um seiner großen Liebe, dem Mond, nahe zu sein, und verändert sich, wie der Mond, ständig. Die Schlange spielt eine bedeutende Rolle in den Initiationsriten, die mit dem Mond zusammenhängen, und die Bambuti sehen im Lichtkranz des Mondes eine zusammengerollte Python.[12]

Fruchtbare Schildkröten!

Diese anregende Mischung aus Weiblichkeit, Fruchtbarkeit, Tieren und Nacht findet sich auch in der mexikanischen Mythologie. Mayaul ist die Göttin des Nachthimmels. Sie hat unzählige Brüste und ernährt die Sterne, die Fische des himmlischen Meeres. Sie sitzt auf einer Schildkröte, die als Tier des Mondes gilt, da es sich, wie der Mond, in die Dunkelheit zurückziehen kann.

Die alten Ägypter und Chinesen sahen ebenfalls eine Beziehung zwischen Schildkröte und Mond, wegen beider Fähigkeit, zu erscheinen und zu verschwinden.[13] Der Mond setzte, so erzählen die nordamerikanischen Salish-Indianer, einmal einen Hut auf und versprach, die erste Frau zu heiraten, die ihn abnehmen könne. Anders als in unseren Märchen schaffte es hier die häßliche Kröten-Frau, und seitdem können häßliche Frauen gutaussehende Männer heiraten.[14]

Tiere, die den Mond befleckten

Wie wurde der Mond so fleckig? Darauf gibt es vermutlich genauso viele Antworten wie Flecken.

Die Guarani meinen, er habe sie seit eines Inzests mit seiner Tante (allerdings erwähnt niemand, woher die Tante kam, oder warum es ausgerechnet eine Tante war). Sie beschmierte sein Gesicht, damit man ihn wiedererkennen konnte. Seitdem versucht er, sich die Flecken mit Regen wegzuwaschen.

Eine andere Version geht davon aus, daß der Biber und sein Freund Schlange die Froschschwestern heiraten wollten. Aber die Fröschinnen gaben ihnen einen Korb, weil sie sie zu häßlich fanden. Als Rache entfachte der Coyote eine Flut, und als alles Land unter Wasser stand, hüpften die Fröschinnen hinauf auf den Mond, wo man sie heute noch sehen kann.

Vielleicht bevorzugen Sie diese Fassung: Der Mond lud seine Nachbarn zu

einem großen Fest ein. Auch die Kröte kroch herbei, aber als sie endlich angekommen war, war das Haus schon voll und sie wurde abgewiesen. Um sich zu rächen, ließ die Kröte es heftig regnen und setzte damit des Mondes Haus unter Wasser. Die Gäste flohen, sahen Licht bei Kröte und schlüpften, da deren Haus als einziges trocken geblieben war, bei ihr unter. Die Kröte der wiederum floh und sprang auf des Mondes Gesicht, und als die Leute versuchten, sie herunterzuziehen, hielt sie sich fest und ließ die Spuren zurück, die heute noch sichtbar sind.

Wolfsfluch und der Mond

Tiergeschichten, die mit dem Mond zu tun haben, können natürlich auch eine bösartige Komponente enthalten, vor allem, wenn der Wolf ins Spiel kommt. Es heißt, der Mond werde eines Tages verschwinden und das werde das Ende der Welt sein; so besagt es eine apokalyptische nordische Legende, die stark an die Geschichten vom Werwolf anklingt.

Der Mond flieht für alle Zeit vor Hati Hrodvitnisson, einem Wolf, der von der Hexe Eisenholz in einem von Trollweibern bevölkerten Wald geboren wurde. Eines Tages soll dieser Wolf den Mond tatsächlich verschlingen. Dann strömt das Blut über den Himmel, das Sonnenlicht verlöscht und es erheben sich tobende Stürme.

Schließlich kommt der schreckliche Winter, Bruder kämpft gegen Bruder, die See ist aufgewühlt, und die Erde bricht auf, wie es vorhergesagt ist in »Die Prophezeiung der Spaefrau«:

»Ostwärts sah die Hexe
aus dem Eisenwald,
die dort geworfen
Fenrirs Brut.
Von ihrem Stamm wird
einer sein,
der reißt den Mond
wie einen düsteren Troll.

Sein Maul wird kleben,
voll von Menschenfleisch,
der Götter Sitz wird er
mit Blut besudeln;
die Sonne dunkelt,
Sturm peitscht den Sommer
Wetter zerschlagen die Welt.«[15]

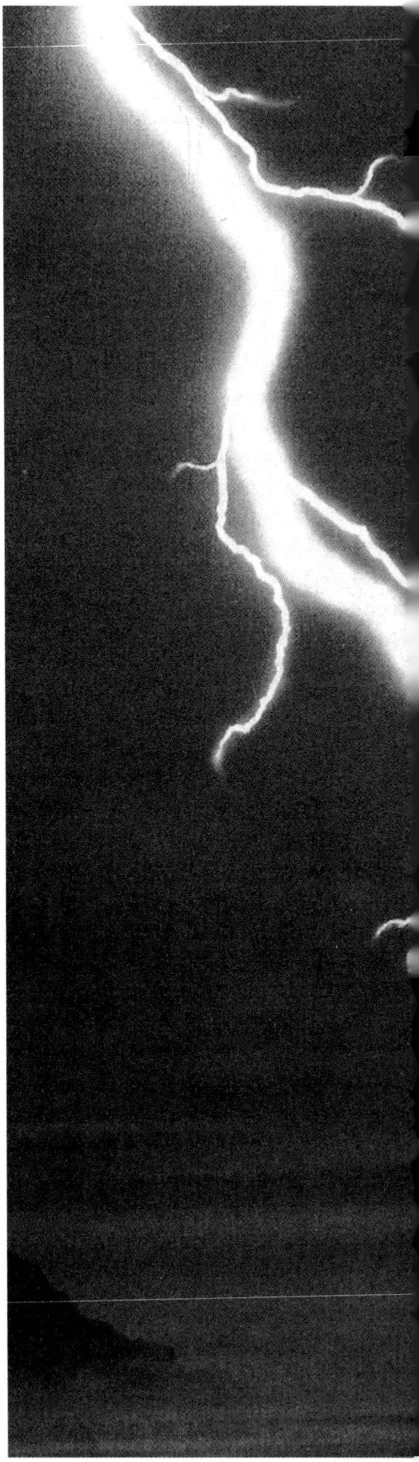

Der Mond der Siriono

Der Mond war einst ein großer Häuptling, sagen die Siriono in Bolivien. Er vernichtete einen bösen Stamm, von dem das Schilf abstammt, aus dem die Siriono ihre lebenswichtigen Pfeile schnitzen. Dann erschuf der Mond Menschen und Tiere; er ist für alles auf Erden verantwortlich. Die Siriono beschreiben in der folgenden Geschichte, warum sich der Mond an den Himmel zurückzog.

Yasi (der Mond) hatte ein Kind. Eines Tages biß der Jaguar das Kind, als er es lauste. Das Kind starb. Yasi wollte wissen, wer sein geliebtes Kleines getötet hatte, aber keines der Tiere verriet den Jaguar. Also zog Yasi dem Brüllaffen den Hals lang, setzte dem Ferkel Borsten in den Rücken, verdrehte dem Ameisenbären die Füße und warf die Schildkröte so heftig auf den Boden, daß sie sich nur noch ganz langsam weiterbewegen konnte. Darum wirft der Affe auch heute noch mit Früchten nach jedem, der vorbeikommt, denn es könnte ja Yasi sein.

Selbst nach diesem Wutausbruch war Yasi freilich noch nicht besänftigt, und er fuhr gen Himmel, wo er blieb und bis heute ein großer Häuptling geblieben ist.

Der Mond verbringt die Hälfte seiner Zeit auf der Jagd. Wenn er nicht zu sehen

ist, jagt er an weit entfernten Orten. Wenn er von der Jagd zurückkommt, ist sein Gesicht sehr schmutzig. Jeden Tag wäscht er es nun ein wenig mehr – und so nimmt der Mond zu –, bis es eines Nachts ganz sauber ist (Vollmond). Dann geht er wieder jagen und sein Gesicht wird jeden Tag etwas schmutziger – der Mond nimmt ab –, bis es schließlich vor Schmutz nicht mehr gesehen werden kann (Neumond).

Die Siriono glauben auch, daß der Mond Donner und Blitz verursacht, indem er wilde Schweine und Jaguare vom Himmel wirft – oder, in einer anderen Fassung, indem er im Himmel mit Bambussprossen um sich wirft. Yasi hat auch alle anderen Planeten und Sterne erschaffen, die man deshalb Mondfeuer nennt.[16]

Legenden von Mond und Sonne

Der Mond und die Sonne bilden ein himmlisches Paar. Der Mond ist meistens – aber nicht immer – der weibliche Teil des Paares, die Intuition, die geheimnisvolle

Blitz und Donner werden dadurch verursacht, daß der Mond wilde Schweine und Jaguare auf die Erde wirft – sagt eine bolivianische Überlieferung.

Schöpferkraft, und wir finden dieses Paar in vielen Kulturen der Welt wieder. Die chinesische Vorstellung von Yin und Yang etwa, die man grob als männliches und weibliches Prinzip übersetzen kann, schließt Sonne und Mond ein. Und wieder sehen wir die Geschichte sich durch Legenden entfalten.

Heng O war mit Shen I, einem starken Krieger, verheiratet. Als er im Feld war, sah sie einen Lichtstrahl durchs Dach fallen, und das Haus füllte sich mit einem köstlichen Duft. Sie kletterte hinauf aufs Dach und fand die Unsterblichkeitspille, die sie schluckte. Plötzlich wußte sie, daß sie fliegen konnte, und wollte es gerade ausprobieren, als Shen I erschien. Für ihn gab es keine Pille, und seine Frau fürchtete sich sehr. Also öffnete sie das Fenster und flog davon. Ihr Mann verfolgte sie und sah, wie sie auf den Vollmond zuflog. Fast hatte er sie erreicht, als ihn ein Windstoß zu Boden warf.

Heng O aber flog weiter, bis sie eine riesige, kalte, glänzende Kugel erreichte, die aus Glas zu sein schien. Das einzig Lebendige auf ihr waren Zedern.

Auf einmal mußte sie husten, und aus ihrem Mund flog die Hülle der Unsterblichkeitspille. Daraus wurde ein weißer Hase, der, so sagt es die Legende, der Vorfahre von Yin, dem weiblichen Prinzip, war. Heng O entschied sich, auf dem Mond zu bleiben.

Shen I hatte inzwischen, als Belohnung für seine Tapferkeit im Krieg, den Palast der Sonne zum Geschenk erhalten. Außerdem hatte er einen Mondtalisman bekommen, der ihn auf den Mond bringen konnte, damit Yin und Yang vereint würden. Nur in die entgegengesetzte Richtung funktionierte der Talisman nicht – der Mond würde nie die Sonne besuchen können. Daher kommt eben das Licht des Mondes von der Sonne, und der Mond ist hell oder dunkel, je nachdem, wie die Sonne ihn besucht.

Shen I reiste also auf einem Sonnenstrahl zum Mond. Als Sheng O ihn kommen sah, wollte sie weglaufen, aber ihr Mann versicherte ihr, daß er ihr nichts Übles wolle, und so bauten sie zusammen einen Palast. Von da an besuchte er sie am 15. Tag eines jeden Monats. Das Treffen von Yin und Yang bewirkt den Vollmond. In anderen Varianten der Geschichte verwandelt sich Heng O später in eine Kröte, deren Form immer noch auf dem Mond zu erkennen ist.

Bruder Sonne, Schwester Mond

Viele Überlieferungen der Eskimos erzählen, wie Sonne und Mond durch einen Kampf Schwester gegen Bruder entstanden. Der Bruder schlief mit seiner Schwester. Zur Strafe wurden sie in den Himmel gehoben und in Sonne und Mond verwandelt. Wer allerdings wer ist, ändert sich von Geschichte zu Geschichte!

Die Netsilik-Eskimos, die diese Geschichte erzählen, sagen, der Mond bringe den Jägern Glück und den Frauen Fruchtbarkeit. Daher ihre ernstgemeinte Warnung, Frauen sollten nicht draußen unter dem Mond schlafen, denn sie würden sonst schwanger. Im Klima ihrer Heimat scheint das aber eher eine vernünftige Vorsichtsmaßnahme für jedermann zu sein![17]

Noch mehr Inzest findet sich in einer brasilianischen Geschichte von der Erschaffung des Mondes. Der Bruder verführte die Schwester, die ihm dafür das Gesicht schwärzte. Als die Schwester schwanger wurde, floh er vor dem Zorn sei-

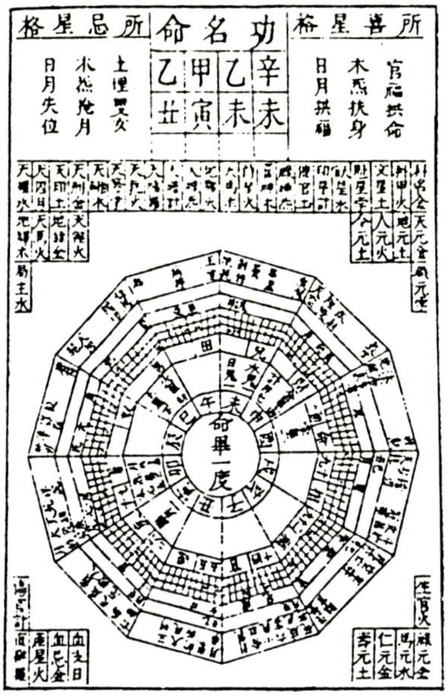

Oben: Die Chinesen haben Sonne und Mond, Yin und Yang, in Legenden und Astrologie zusammengebracht.

Unten: Die mächtige Verbindung von Sonne und Mond hat viele erotische Geschichten hervorgebracht.

ner Eltern in den Himmel. Die Schwester wurde in einen Wasservogel oder ein großes, mit Ungeziefer bedecktes Tier verwandelt, während er mit seinem schmutzigen Gesicht am Himmel blieb.[18]

Feuer der Mondliebe

Viel gesitteter geht es in einer Geschichte vom Amazonas zu, in der sich Sonne und Mond verloben. Aber sie konnten unmöglich heiraten, denn die Liebe der Sonne entfachte auf der Erde Feuer, die Tränen des Mondes dagegen überfluteten sie. Und so mußten sie voneinander getrennt leben. Doch selbst dafür gab es Regeln – denn sollten sie sich zu nahe kommen, wäre eine verheerte oder ver-

brannte Erde die Folge, falls sie sich aber zu weit voneinander entfernten, würden sie den lebenswichtigen Wechsel von Tag und Nacht unterbrechen. Und so müssen sie auf ewig in einer gleichbleibenden Entfernung voneinander und von der Erde leben.

Buddhas Handfläche

In der chinesischen Mythologie heißt es, daß P'an Ku das Universum aus dem Chaos schuf. Manchmal wird er mit der Sonne in der einen und dem Mond in der anderen Hand abgebildet. Doch ursprünglich hatte er sie nicht an die richtigen Stellen gesetzt, und so blieb die Welt im Dunkeln. Da bat die Irdische Zeit, sie möchten doch anders angeordnet werden, um Tag und Nacht zu ermöglichen. Schließlich schaltete sich Buddha ein: Er schrieb das Sonnenzeichen in seine linke

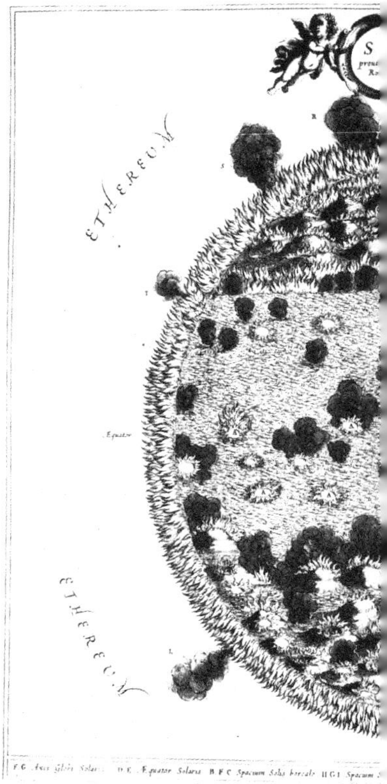

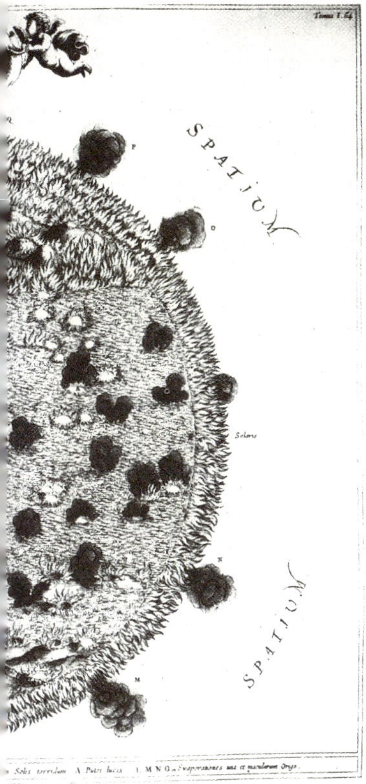

und das Mondzeichen in die rechte Hand, sprach siebenmal einen Zauberspruch, und Sonne und Mond zischten in den Himmel und teilten sich in Tag und Nacht.

»Da sprach die Sonne zum Mond: ›Jetzt laß uns gehen, denn unsere Kinder sind alle verheiratet.‹ ›Ja!‹ stimmte der Mond zu, ›laß uns gehen. Du sollst ihnen bei Tag leuchten und ich in der Nacht.‹ Dann versammelten sie alle Leute auf dem Platz und die Sonne sprach: ›Meine Kinder! Jetzt gehe ich und nehme mein Patenkind mit.‹ Und der Mond antwortete: ›Also, laß uns gehen, Patenonkel!‹ Da stiegen sie beide zum Himmel auf.«

Die folgende Geschichte von der Entstehung von Sonne und Mond erzählen die Kaingang in Brasilien. Sie hat etwas Beruhigendes, man fühlt bei Tag und Nacht einen elterlichen Schutz über sich, das Versprechen einer ewigen göttlichen Gegenwart. Die Kaingang stellen sich vor, wie Sonne und Mond die Menschen erschufen, indem sie Kürbisse ins Wasser warfen. Manchmal meint man, sie stün-

Überlieferungen aus aller Welt befassen sich mit dem Mond. So weiß eine südamerikanische Legende von der Liebe zwischen Sonne und Mond, während man sich in China erzählt, die Welt sei aus dem Chaos erstanden, als Buddha Sonne und Mond zum Himmel entsandte.

den sich als unvereinbare Gegensätze gegenüber, wie zwei verschiedene Stämme, aber unwiderruflich zusammengekettet und aufeinander angewiesen.[19]

Der heilige Mond hat immer noch Flecken

»Enkel-der-alten-Frau, Sohn der Sonne und einer Indianerin, erschlug die Ungeheuer, die einst die Erde beherrschten.« So sagen die nordamerikanischen Indianer vom Stamme der Crow, die auch an den heiligen Einfluß des Mondes glauben. »Dort ging er hin. Er ist der Polarstern. Die Frau wurde der Mond. Das ist das Ende.«[20]

Einst waren Wei und Kapei (Sonne und Mond) unzertrennliche Freunde, sagen die Arecuna, die den Mond auch mit dem Menstruationsblut in Verbindung bringen. Damals hatte Kapei ein reines, ebenmäßiges Gesicht, aber das änderte sich, als er sich in eine der Töchter von Sonne verliebte und sich etwas häufiger bei ihr aufhielt, als Wei gut fand. Er befahl seiner Tochter, das Gesicht ihres Liebhabers mit Menstruationsblut zu beschmieren. Seitdem sind Sonne und Mond Feinde; des Mondes Gesicht ist für immer gezeichnet, und er geht der Sonne aus dem Weg.

Der ursprüngliche Mond

Diese Geschichten sind nur eine kleine Auswahl aus den Legenden, die sich um den Mond ranken. Hundert Bücher könnten damit gefüllt werden und man wäre immer noch nicht am Ende. Es hat dem Menschen schon immer Vergnügen gemacht, das Leben durch Geschichten zu überhöhen. Diese Geschichten wurden traditionell weitererzählt, nicht gelesen. Oder sie wurden wenigstens laut vorgelesen. Diese Art der Kommunikation zwischen Mutter oder Vater und Kind geschieht ganz ruhig und sehr unbewußt; Medizin und Psychologie fangen heute an zu verstehen, daß das gesprochene Wort, in Verbindung mit Traditionen und Legenden, eine Schicht des Gehirns erreicht, die tiefer liegt als die, die andere Lernmethoden, wie Fernsehen oder bildhaftes Lernen, jemals erreichen können. Stimme und Überlieferung, liebevoll verbunden, geben Lebenskraft von Generation zu Generation weiter, und erst unsere Generationen haben diese Kraft verloren, hoffentlich nur vorübergehend, aber dennoch wird vielleicht eine ganze Jugend ohne sie aufwachsen.

Und natürlich handelte ein Teil jenes ursprünglichen Lernsystems vom ursprünglichen Mond. Der Ursprung des Mondes war mit dem Ursprung der Erde verbunden. Eine Geschichte aus Indochina erklärt, wie die verschiedenen Sprachen entstanden:

Zu einer gewissen Zeit lebten alle Menschen in einem einzigen Dorf und sprachen alle die gleiche Sprache. Auf einer Versammlung wurde beschlossen, den Mond zu fangen und ihn ewig leuchten zu lassen, denn im Dunkel des Neumonds passierten immer die schrecklichsten Dinge. Also begann man, einen Turm zu bauen.

Man baute so lange an dem Turm, daß sich die Handwerker auf den verschiedenen Stockwerken Wohnungen einrichteten, damit sie nicht immer den weiten

• LVNA •

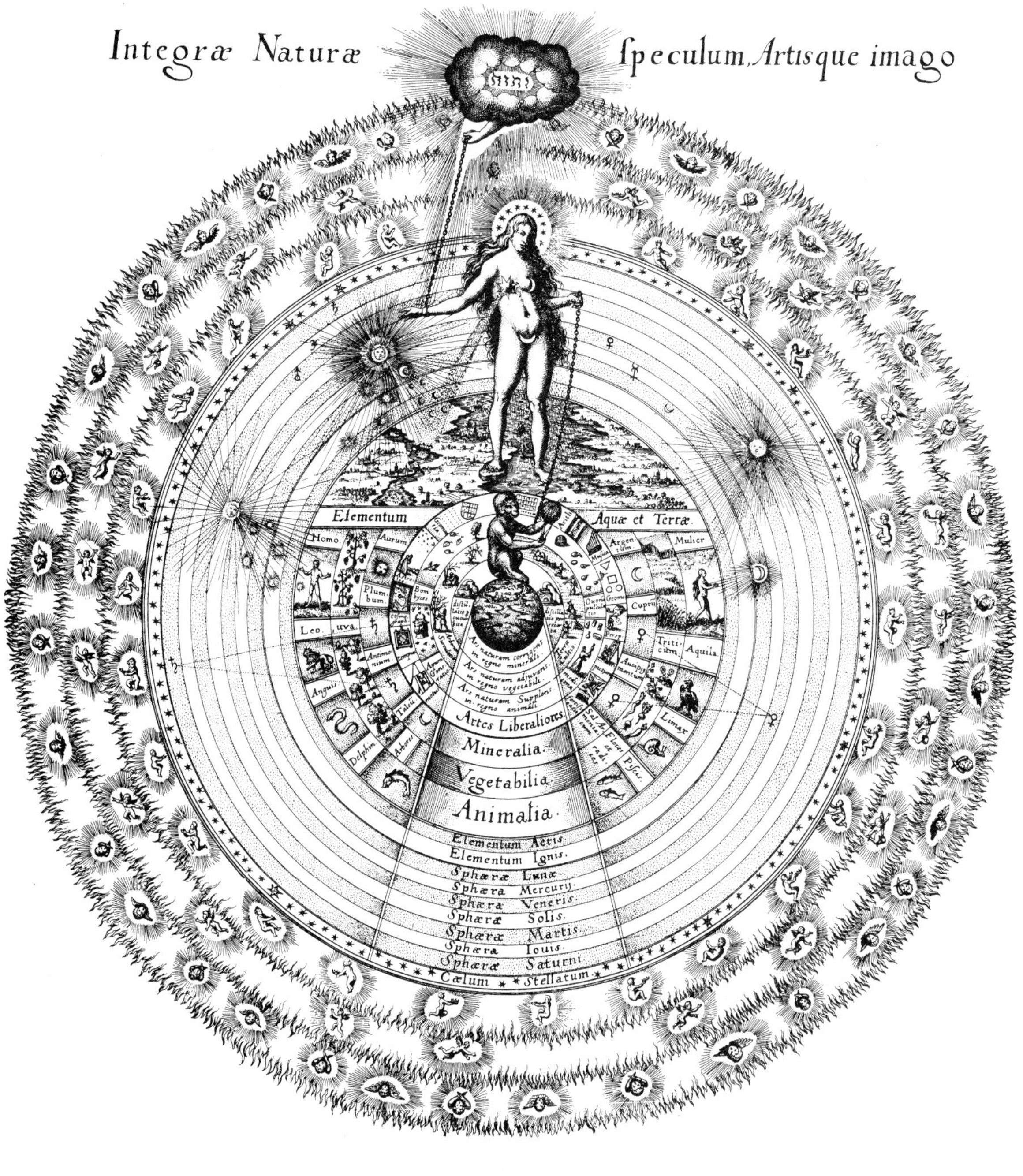
Integræ Naturæ ſpeculum, Artisque imago
Elementum
Aquæ et Terræ
Homo
Aurum
Mulier
Plumbum
Cupru
Leo
uva
Triticum
Aquila
Anguis
Limax
Delphin
Arbores
Pisces
Ars naturam corrigens in regno minerali
Ars naturam adjuvans in regno vegetabili
Ars naturam supplens in regno animali
Artes Liberaliores
Mineralia
Vegetabilia
Animalia
Elementum Aëris
Elementum Ignis
Sphæræ Lunæ
Sphæra Mercurij
Sphæra Veneris
Sphæra Solis
Sphæræ Martis
Sphæra Iouis
Sphæræ Saturni
Cælum Stellatum

Weg hinab und hinauf reisen mußten. Bald entwickelte jede Etage ihre eigene Sprache und ihre eigenen Gebräuche. Eines Tages begriff der Mond, was ihm drohte. Er entfachte einen heftigen Sturm, der den Turm zerschmetterte. Die Handwerker stürzten herab und wo sie hinfielen, bauten sie neue Dörfer und sprachen weiter ihre neuen Sprachen. Der Schutt des Turmes aber bildet das Gebirge zwischen Burma und der Bucht von Bengalen.

Die Shona in Südafrika haben ihre eigene, noch brutaler anmutende Darstellung des Ursprungs der Erde:

Der Erdgeist, Mwari, schuf Mwedzi, den Mond, auf dem Grund eines Teiches und gab ihm ein Medizinhorn. Trotz Mwaris Warnungen ging Mwedzi an Land, das trocken, öde und unbelebt dalag. Mwedzi beschwerte sich darüber, und Mwari gab ihm für zwei Jahre ein Mädchen, Massassi (Morgenstern), zur Frau. Die wußte, wie man Feuer macht. Also entfachten die beiden in einer Höhle ein Feuer und legten sich daneben. Mwedzi tauchte seine Finger in das Medizinhorn und berührte den Körper des Mädchens, das daraufhin Gras, Büsche und Bäume gebar; die es, als sie ausgewachsen waren, regnen ließen.

Mwedzi und Massassi lebten nun unbeschwert, aber als die zwei Jahre herum waren, mußte Massassi wieder in den Teich zurückkehren. Da gab Mwari Mwedzi für zwei Jahre Morongo (Abendstern) zur Frau. Auch sie wurde mit der Medizin gesalbt und gebar Tiere und schließlich Menschenkinder.

Und so wurde Mwedzi zum König eines großen Volkes. Doch dann kam eine große Hungersnot über das Land, und die Leute befragten die heiligen Knochen und die Knochen sagten, man solle den König in den Teich zurückwerfen. Mwedzi wurde erwürgt und zusammen mit Morongo im Teich versenkt, wo er bis zum heutigen Tag geblieben ist.[21]

Die Figur des Mond-Häuptlings gab es auch im heidnischen Neu-Guinea.

Obwohl man dort an viele verschiedene Geister glaubte, waren die wichtigsten die der Luft, besonders Sonne und Mond. Die Luftwesen sahen wie Menschen aus und trugen immer Fackeln; Sonne und Mond wurden von ihren Anführern getragen, die für den Wechsel der Jahreszeiten, für Sprachen und selbst für Heiratsbräuche zuständig waren. Die Eingeborenen bereiteten den Himmlischen Speiseopfer und ließen sie ein paar Stunden lang stehen, bis jene die »Essenz« genossen hatten. Dann verschlangen die irdischen Altvorderen die Überreste![22]

Es war einmal eine Zeit, sagen die Yana, da gab es keine Nacht. Die Himmelswesen bestanden aus drei Familien: Vater und Sohn Regenbogen und ihr regenmachender Onkel; der Mond, seine Frau und seine Töchter, die Sterne; schließlich die Sonne mit Frau und Töchtern, den Meteoriten.

Der junge Regenbogen wollte Morgenstern, eine der Mond-Töchter, heiraten. Aber der Mond stellte die Verehrer seiner Töchter immer auf die Probe: Er schickte sie zur Sonne, wo sie unweigerlich zugrundegingen. Der Regenbogen jedoch bekam Hilfe von seinem Onkel, dem Herrn der Stürme, und überlebte die Sonnenprüfung. Das machte den Mond wütend und er versuchte, den Regenbogen

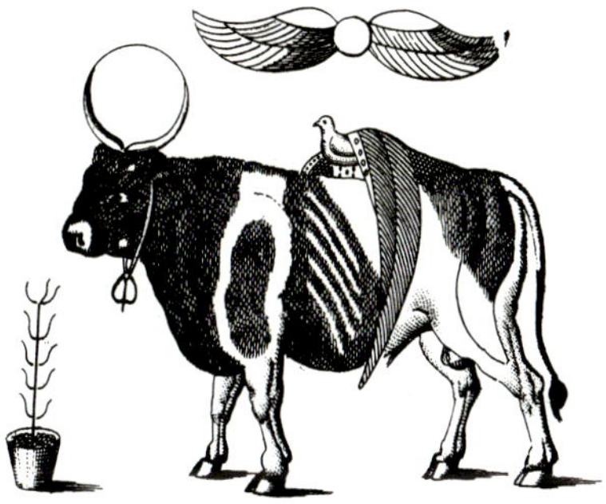

Die Kuh, mit ihren halbmondförmigen Hörnern, ist oft als ein dem Mond geweihtes Tier abgebildet worden.

Links: Der Mensch hat immer versucht, Sinn im Universum zu finden, indem er ihm durch Legenden und Bilder Form und Struktur gab.

selbst zu vernichten. Aber der Regenbogen gewann auch diesmal und verbannte den Mond, mitsamt seinen Töchtern, an den Nachthimmel. Da sollte der Mond nun sterben, um immer wieder geboren zu werden.[23]

Im Rhythmus des Mondes

Der Mensch von heute wundert sich nicht mehr über die Mondphasen. Wir sind heute – wie so vieler anderer Gesichtspunkte unseres Lebens auch – durch Wissenschaft und Aufklärung der einstigen Geheimnisse ledig. Die Stämme der Vorzeit erfanden indes vielerlei interessante Erklärungen, die ihren Herzen und ihren Gefühlen entsprangen.

Eine Erklärung der Mondphasen stammt von den Kapei, die sagen, der Mond habe zwei Frauen, eine im Osten und eine im Westen. Er wandere nun von der einen zur anderen. Eine gebe ihm gut zu essen, die andere lasse ihn hungern. Und so nimmt er ab und wieder zu. Daran wird sich auch niemals etwas ändern, denn die beiden Frauen sind eifersüchtig aufeinander und werden immer auf Distanz bleiben.

Noch etwas nehmen wir heute als normal hin, das unsere Vorfahren viel romantischer deuteten: Nur weil wir heute wissen, daß sich Licht und Dunkel stets abwechseln, muß das nicht immer so gewesen sein. Manche sagen, daß es einst nur Dunkelheit gab, andere, daß alles Licht war. Doch wie auch immer, die Dinge mußten geändert werden, damit der Mensch leben konnte. Die Yupa etwa glauben an die Licht-Fassung: Sie sagen, ursprünglich habe es zwei Sonnen gegeben. Die eine ging auf, sobald die andere unterging, und so gab es ewiges Tageslicht.

Doch dann erschien eine Frau namens Kopecho, die um ein Feuer herumtanzte und versuchte, eine der Sonnen zu verführen. Die Sonne kam der Frau zu nahe und fiel in die glühendheiße Asche. Bis sie sich daraus befreit hatte, war sie zum Mond verbrannt. Seitdem wechselt der Tag mit der Nacht. Der Mond war so wütend über Kopecho, daß er sie ins Wasser warf, wo sie ein Frosch wurde.

Heilige Monde

Die bekannteste Geschichte von Mohammeds Wunderkraft dreht sich um den Mond. Habib der Weise forderte Mohammed auf, ein Wunder zu tun und den Mond in zwei Teile zu spalten. Mohammed hob seine Hände zum Himmel und beschwor den Mond. Der näherte sich einer Bergspitze, umkreiste sie siebenmal, verschwand in Mohammeds linkem Ärmel und kam aus dem rechten wieder heraus. Dann fuhr er in Mohammeds Kragen, glitt unter dem Hemd entlang und teilte sich in zwei Teile. Eine Hälfte erschien am östlichen Himmel, die andere im Westen, bis sich die beiden wieder vereinigten.

Die Buddhisten sagen, daß Sonne und Mond auf drei Pfaden wandeln. Wenn sie den Ziegenpfad beschreiten, gibt es keinen Regen, weil die Ziegen Regen hassen. Wenn sie aber auf dem Elefantenpfad sind, gibt es Regen, denn die Elefanten lieben ihn. Und wenn sie hinauf zum Stierpfad steigen, sind Regen und Hitze erträglich. Es heißt da, der Mond lebe in einem Palast aus Edelsteinen, dessen Außenmauern aus Silber sind, denn beide sind kalt.[24]

Um 2500 v. Chr. nannten die Menschen im Zweistromland zwischen Euphrat und Tigris, im heutigen Irak, den Mond »Sin«, den Führer aller Himmelsgottheiten. Er erschuf das Leben, herrschte über die Zeit, verjagte alle Sünder und gebar Shamash, die Sonne, und Ishtar, den Planeten Venus. Seine Göttlichkeit war »wie die weiten Himmel, und füllte die Meere mit Furcht.«[25]

Das Zentrum seiner Verehrung war die Stadt Ur, in der der Archäologe Woolley zu Beginn dieses Jahrhunderts die Überreste einer riesigen Zikkurat ausgrub, die um 2120 v. Chr. von König Urnammu erbaut und dem Mond-Gott geweiht worden war.

Die neue Mondgöttin

Mondanbetung, Mondmythen und Mondlegenden sind älter als beinahe alle anderen Formen überlieferter Geschichten. Während die Sonne für alle unveränderlichen Dinge steht, symbolisiert der Mond Wechsel und Verwandlung, das Geheimnis des Lebens.

Die frühen Menschen schlossen aus der Tatsache, daß sich der Mond über den Himmel bewegt und sich ständig verändert, daß er ein Gott oder eine Göttin mit eigenem Willen sein mußte, da sie für diese Beobachtungen noch keine Erklärung hatten. Geburt, Wachstum, Verfall und Tod sind da, in jedem Mondmonat, für jeden sichtbar.

In den vergangenen Jahren hat der Kult der Göttin wieder starken Zulauf bekommen (besonders in den USA), zum Teil als Folge der Frauenbewegung, zum Teil als Folge der Abkehr vieler Menschen von der durchorganisierten modernen Religion und der nützlichen, aber phantasielosen Wissenschaft und Technik. Sowohl Religion als auch Wissenschaft scheinen uns zu viel Schaden zugefügt zu haben, und die Menschheit sucht wieder nach Geheimnissen.

Die Bewegung der Mondgöttin will vor allem ein Verständnis dafür wiedererwecken, wie die Welt und ihre Menschen einst Erde, Mond und Sterne sahen. Selbst die neue Männerbewegung, mit Autoren wie Robert Bly an der Spitze, setzt sich wieder mit dem Reich der Mythen und Legenden auseinander, um jene Sicherheit wiederzufinden, die lange vom Verstand unterdrückt worden ist.

Die Erde war einst die größte Gottheit, Gaia – Mutter Erde, Erntebringerin, Lebensspenderin und Zentrum des Lebenskreises; und der Mond stand ihr nahe, hier auch ein weibliches Wesen, eine Fürsorgerin, die den Planeten mit ihren Gezeiten wusch und für das Gedeihen der Ernten sorgte. Die heidnischen Religionen waren, bei aller Brutalität ihrer Opferkulte, ein mächtiges Zeichen dafür, daß die Menschheit mehr mit der Erde verbunden sein kann als jemals bisher zu Zeiten des Christentums und sicherlich mehr als heute.

Kapitel 3

Die Mondgöttin

»Göttin, Schützin, keusch und schön,
da die Sonne unterging
hältst, auf deinem Silberthron,
du wie gewohnt nun Hof:
Hesperus erfleht dein Licht,
Göttin, strahlend hell und klar.«[26]

Oben: »Sie ist das schöne Auge der Nacht …« Selene, Mondgöttin der alten Griechen.

Isis, Diana, Selene, Helen, Hathor, Artemis … die frühen Kulturen schufen viele Göttinnen, deren Kraft und Einfluß vom Mond herrührte. Ihr Wesen war des Mondes, mit seiner sanften, doch lebenswichtigen Wirkung auf die Lebenskräfte. Es ist nicht verwunderlich, daß die Mondgöttinnen in vielerlei Form erschienen, so, wie der Mond selbst.

Einige sind keusch und jungfräulich, andere wollüstig und sehr fruchtbar; einige repräsentieren die Tiefen der »anderen Welt« und des Todes. Manchmal werden sie gefürchtet, manchmal angebetet, aber immer wird in ihnen das verehrt, was sie verkörpern – Wandel, Verwandlung, Geheimnis, Schöpfung.

Vielen Göttinnen schrieb man Attribute des Mondes zu, nur weil sie Frauen waren. Andere werden direkter mit dem Mond verbunden: Sie bringen den Mond auf die Erde und spenden uns Sterblichen seine Gaben.

Isis, die Einbalsamiererin, und die Tiere

Die Göttin Isis ist als Mutter Ägyptens bekannt. Sie ist eine wunderschöne und beständige Ausprägung der Muttergottheit und war sowohl Mondgöttin als auch Göttin des Wassers. Die Mythen, die sie umgeben, reichen bis ins 3. Jahrtausend v. Chr. und erzählen von ihren köstlichen weiblichen Qualitäten. Sie wurde auch noch in der Römerzeit, bis ins 1. Jahrhundert n. Chr., verehrt, wiewohl das römische System weniger echte religiöse Hinwendung als einfach nur Akzeptanz der Göttin verlangte, um die örtlichen, heidnischen Bedürfnisse zu befriedigen.

Die Geschichte von Isis erzählt uns, wie sie und ihr Bruder und Ehemann Osiris weise und gerecht in Ägypten herrschten. Sie lehrte die Frauen die Kunst des Spinnens, das Haushalten und die Heilkunst. Ihr Herz brach, als Osiris von seinem Bruder Seth getötet wurde. Nach langer Suche fand sie seinen Körper, den Seth erst ins Meer geworfen und anschließend, als er wieder an Land gespült worden war, zerstückelt hatte. Sie fand alle Körperteile, mit Ausnahme des Penis, legte sie

Links: Bilder der Mondgöttin sind uns durch die Jahrhunderte überliefert worden, und ihre Anmut berührt uns wie der Mond selbst.

zusammen, formte einen künstlichen Penis und nahm die allererste Einbalsamierung vor. Dadurch erwachte Osiris zu ewigem Leben.

Isis' Kopfbedeckung, eine Mondscheibe zwischen zwei Kuhhörnern, ist oft in Filmszenen zu sehen, die ägyptische Rituale darstellen sollen (»Cleopatra« u. a.). Isis spiegelt das scheinbare Werden und Vergehen des Mondes wieder – ihr Jünger Apuleus beschreibt sie in *Der Goldene Esel:*

»Ich bin die natürliche Mutter aller Dinge, Herrscherin über alle Elemente, der Ursprung aller Welten, Gebieterin der göttlichen Mächte, Königin der Hölle, Vorsteherin des Himmels, von allen Göttinnen und Göttern allein und einzig hervorgetreten. Nach meinem Willen gestalten sich Planeten, Meere und das Schweigen der Hölle; mein Name und meine Göttlichkeit werden in der ganzen Welt verehrt, auf allerlei Art, mit vielerlei Gebräuchen und unter vielen Namen.«

Die Macht der Tiere, die neben den Göttinnen stehen, ist ein immer wiederkehrendes Thema der Mythologie, denn der Mensch lebte mit diesen Tieren und stand mit ihnen in enger Beziehung. Die schamanischen Priester zogen sich sogar wie Tiere an und verwandelten sich äußerlich, wenn sie sich in Trance tanzten, in diese.

Die alten Ägypter hielten die Katze für ein Tier des Mondes. Die Göttin Bast, die einen Katzenkörper oder einen Katzenkopf hat, stand für die Macht des Mondes über schwangere Frauen. Ihr Sohn sollte der Mond selbst sein, der die Aufgabe hatte, Frauen fruchtbar zu machen, damit der menschliche Same im Schoß der Mütter wachse, belebt vom Licht des Mondes.

In Überlieferungen der Eskimos wiederum ist der Mond der Aufenthaltsort von »Sedna«, der Alten Frau oder Liebreichen und Strahlenden Dame. Ihrer sind die Säugetiere, und wenn die Vergehen der Menschen sie beleidigen, verschließt sie die lebensspendenden Ozeane.

Die Katze, dieses Wesen der Nacht, wurde von den Ägyptern mit dem Mond in Verbindung gebracht.

Die Mütter Gottes

Die Mutter Gottes war in all ihren Gestalten fast immer diese Mischung aus Fraulichkeit und Furcht, die die Menschheit von irdischeren Frauen gewohnt ist, obwohl sie natürlich mit bildhaftem Beiwerk und besonderen Kräften ausgestattet war, damit sie für Männer und Frauen handeln konnte.

Mama Qilla, der Mond, war für die alten Inka die höchste Gottheit, die über alle weiblichen Dinge herrschte, während die Sonne alles Männliche unter sich hatte. Sie wurde von den Frauen angebetet, und selbst in der Zeit nach den Eroberungen in den Anden oft um Hilfe bei Befruchtung oder Geburt gebeten. Doch der Mond, Schwester und Gattin der Sonne, mußte auch gefürchtet werden. Bei einer Mondfinsternis konnte er, erbost über ihr eigenes Dahinschwinden, die Spinnsachen der Frauen in bösartige Tiere verwandeln.[27]

Berühmt-berüchtigt ist für den modernen Menschen die Jungfrau Maria, eines der herausragenden Beispiele einer Muttergottheit, die als solche viele alte Sonnen- und Mondglauben in sich vereinigt. Sie soll bei Geburten helfen, das Korn wachsen lassen und Krankheiten heilen – eben alles unterstützen, was traditionell mit Versorgung zu tun hat. Die frühchristlichen Theologen Ambrosius und Augustinus sahen in der Sonne Christus und im Mond die Kirche. Später wurde der

Links: »Nach meinem Willen gestalten sich Planeten, Meere und das Schweigen der Hölle«; Isis, die Mutter Ägyptens.

Mond eher mit Maria verbunden, und sie übernahm alle lunaren Symbole und Bilder. Papst Innozenz III. erklärte den Sündern:

»Den Mond soll ansehen, wer im Schatten der Sünde und des Bösen vergraben ist. Wenn er die Gnade verliert, verschwindet der Tag und scheint nicht mehr auf seine Sünden, doch der Mond steht immer noch am Horizont. Er soll sich an Maria wenden; unter ihrem Einfluß finden täglich Tausende zu Gott.«[28]

Als Mondgöttin war Maria auch verantwortlich für die Meere und Gezeiten; jedenfalls kommt ihr Name vom lateinischen Wort für Meer, »mare«. Sie wird immer in blauer Kleidung abgebildet, die sowohl Himmel als auch Meer verkörpert.

Die klassischen Mythen der Göttin

»Der große Jäger hob die Augen auf
zum Sichelmond, und rief dem Wanderer Dank,
dem lieblichen, daß zeitig er bringe
sein Licht, zu leiten ihn bei frohem Tun.
Und da, durch Wiesen und durch schattigen Hain
fuhr hell die Göttin mit den Nymphen …
hinfort im Jagdgebraus, wie Mond und Sterne,
die flüchtig nur am Wolkenhimmel blinzeln,
wenn Winde heftig wehen.«
(William Wordsworth, »Excursion«)

In der klassischen Mythologie hatte der Mond viele Namen und Gesichter. Hekate vor Auf- und Untergang; Astarte als Sichel; Diana oder Cynthia hoch am Himmel; Phoebe, Schwester des Sonnengottes Phoebus; Selene oder Luna, Liebhaberin des schlafenden Endymion.

Als Selene ist sie die liebreiche Göttin des Mondes am Himmel:

»Sie ist das herrliche Auge der Nacht ... Wie die Sonne fährt sie in einem Wagen über den Himmel, gezogen von weißen Pferden, und läßt ihr weißes Licht auf die Erde strömen. Oder sie ist die Jägerin ... sie ist die Braut des Zeus ... die volle Kugel, die am Nachthimmel schimmert ... sie wird von Pan geliebt, der sie, als weißer Widder verkleidet, in die dunklen Wälder entführt ... Der leise wispernde Wind, der die leuchtenden Wölkchen vor sich her weht, zieht den Mond hinein in den schummrigen Hain.«[29]

Selene gebar Endymion, dem Hirten, nicht weniger als fünfzig Kinder, und die Mondbahn war ihr Weg zu ihrem schlafenden Liebhaber: »Die Mondgöttin hielt in ihrem nächtlichen Lauf über den Himmel ein und küßte den schlafenden Endymion, die untergehende Sonne« (William White, zitiert in P. Katzeff). In einer

Links: Die Jungfrau Maria übernahm viele Aufgaben der alten Mondgöttinnen, so etwa den Schutz der Geburt und die Heilkunst.

Unten: Endymion, Selenes schlafender Liebhaber, verkörpert die Sonne, die mit lebensspendendem Licht den Mond erhellt.

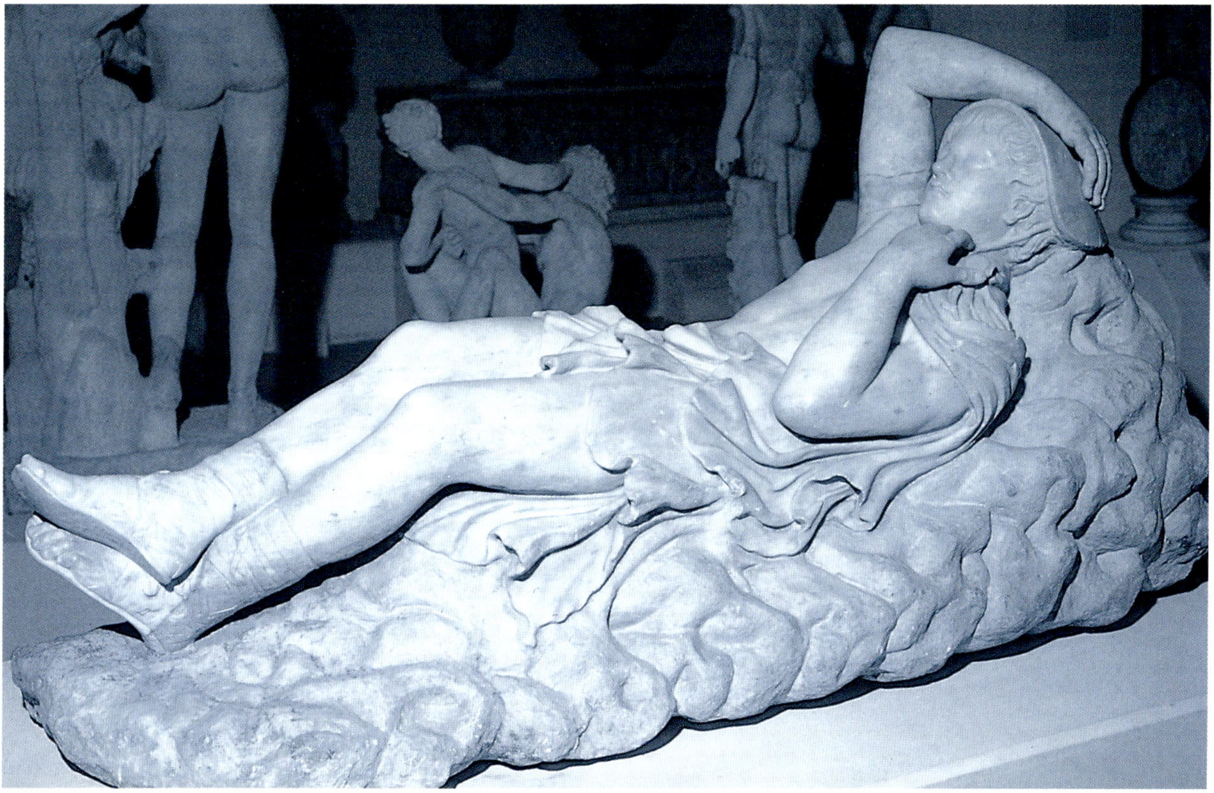

»Die wahre Göttin« – Selene und Endymion, Mond und Sonne.

Die Mondgöttin Diana wurde vielerorts über Zeiten hinweg angebetet.

Geschichte heißt es, daß Zeus Endymion ewiges Leben und ewige Jugend schenkte, und Selene jede Nacht auf die Erde kam, um ihn zu umarmen.

»Der Mond schläft bei Endymion
Und will nicht gern erwachen.«[30]

»Sieh! Dort steigt die Sichel auf! Er schaut, sie ist's,
die Göttin sein: Lebt wohl, Erde, Meer
Und Luft und Schmerz und Leid und Sorge:
Lebt wohl – nur Liebe, bleib! Und auf springt er,
zu ihr, und kommt zu sich …
Und Phoebe beugt sich, der Sichel gleich, über ihn.«[31]

Im alten Griechenland galten die Paarhufer als Tiere der Selene, weil ihre Hufe aussahen wie zwei Rundung an Rundung stehende C, das Symbol der Selene in frühen griechischen Schriften. Deshalb wurden am Neumondfest Paarhufer geopfert, denen das Zeichen der Selene auf die Flanken gebrannt worden war.

Semele war eine frühe griechische Vorläuferin der Selene. Auf dem Fest der Wilden Frauen in Athen wurde ein Stier in neun Teile zerlegt und ihr geopfert – ein Teil wurde verbrannt, der Rest von den Feiernden aufgegessen. Neun Mondpriesterinnen nahmen am Fest teil.

Die vielbrüstige Statue der Artemis unterstreicht eindrucksvoll den Fruchtbarkeitsaspekt der Mondgöttin.

Die erste Arbeit des Herkules bestand darin, den Nemäischen Löwen zu töten, ein riesiges Tier, dem metallene und steinerne Waffen nichts anhaben konnten. Dieses furchterregende Monstrum soll von Selene geboren worden sein, die »es, mit einem fürchterlichen Beben, auf den Berg Tretus fallen ließ ... als Strafe für ein nicht erfülltes Versprechen ließ sie ihn auf ihr Volk los.«[32]

Der unbezähmbare Pan wird ebenfalls mit Selene in Verbindung gebracht. Er verführte sie einst, indem er seine Bocksgestalt mit einem schneeweißen Vlies verhüllte. Selene setzte sich auf seinen Rücken und ließ ihn tun, was er wollte. Dies spielt vielleicht auf eine Mondscheinorgie an, die zum Maianfang stattfand. Die junge Maikönigin ritt angeblich auf dem Rücken ihres Auserwählten, bevor sie sich in die Büsche schlugen.

So eng ist die alte Göttin mit dem Mond verknüpft, daß die Beschäftigung mit dem Mond nach ihr »Selenologie« genannt wird.

Die Verwirrungen der Artemis

Neben Selene gibt es in der klassischen Mythologie die römische Artemis und die griechische Diana. Die Geschichten über beide sind zum Teil sehr verwirrend, weil eine Göttin in die andere überging, wenn ihre Anhänger auswanderten und ihre alten Vorstellungen in die Vorstellungen einer neuen Heimat einfließen

ließen. Artemis und Diana haben vieles gemein, und es fällt manchmal in der Tat schwer, die beiden voneinander zu unterscheiden. Beide treten gelegentlich als Jägerin auf, »keusch und schön«, als jungfräuliches Mädchen mit dem Silberbogen des Neumondes. Artemis war die Zwillingsschwester von Apollo, und beide hatten die Macht, Tod zu senden oder Heilung. Sie beschützte alle Nachkommen, die gesäugt wurden, menschliche wie tierische, aber sie liebte auch die Jagd, besonders auf Hirsche. Als sie drei Jahre alt war, wollte ihr Vater Zeus wissen, was sie sich wünsche. Sie wünschte sich ewige Jungfräulichkeit, Pfeil und Bogen (wie Apollo) und die Fähigkeit, Licht zu bringen, ein safranfarbenes Jagdkleid mit rotem Saum sowie sechzig Meernymphen und zwanzig Flußnymphen, die ihre Hunde füttern sollten. Sie bekam alles. Der silberne Bogen, den sie trägt, steht für den Neumond.

Diana, keusche Göttin der Jagd.

Artemis saß auf einem Thron aus reinem Silber, der mit einem Wolfsfell bedeckt war und die Form einer Sichel hatte. Sie haßte die Vorstellung zu heiraten, obwohl es ihr Spaß machte, sich um Mütter mit Neugeborenen zu kümmern. Sie liebte es, zu jagen und zu fischen und in mondhellen Teichen zu schwimmen. Wenn ein Sterblicher sie nackt sah, verwandelte sie ihn in einen Hirschen und hetzte den Sterblichen zu Tode. Trotz ihrer Keuschheit verliebte sich Artemis eines Tages in Orion, den bestaussehenden aller Männer und klügsten aller Jäger. Apollo, ihr Bruder, wurde eifersüchtig und schickte einen riesigen Skorpion, der Orion den Garaus machen sollte. Orion kämpfte tapfer, aber er konnte den Skorpion nicht zur Strecke bringen und rettete sich ins Meer.

In diesem Moment erschien Artemis. Apollo überzeugte sie, daß die ferne Figur im Wasser ein Mann war, der eine ihrer Priesterinnen beleidigt hatte. Also nahm Artemis Pfeil und Bogen und erschoß den Mann.

Als sie ihren furchtbaren Fehler entdeckte, verwandelte sie den toten Orion in ein Sternbild, das auf ewig ein Skorpion verfolgt, damit keiner Apollos Eifersucht und Lügen vergesse.

Aber die keusche, jungfräuliche Artemis ist nur die eine Seite der Göttin. In anderen Teilen Griechenlands, etwa in Ephesos, galt sie als orgiastische Nymphe; in Patras wurde sie als Herrin alles Wilden verehrt; in Hierapolis wurden Opfergaben an Bäume eines künstlichen Waldes in ihrem Tempel gehängt.

Der berühmteste Artemis-Tempel (mitunter auch als Tempel der Diana bezeichnet) stand in Ephesos. Hier wurde sie mit einer Halskette aus Ahorn (einem Waldsymbol) und einer turmartigen Krone, wie die der alten Muttergottheit Cybele, dargestellt.

In dieser Form war Artemis die Göttin der Geburt – im Unterschied zur jungfräulichen Göttin! Die Inschrift in Ephesos lautet: »Aski. Kataski. Haix. Tetrax. Damnameneos. Aision.«, was wohl soviel heißen sollte wie: »Dunkelheit-Licht-sich selbst-die-Sonne-Wahrheit«. Kopien dieser Schriftzeichen wurden als Amulett getragen und von Magiern benutzt, um böse Geister zu vertreiben.

Der Name Artemis könnte ursprünglich »Hohe Wasserquelle« bedeutet haben, eine Anspielung auf die Wirkung des Mondes auf die Wasser. Und mit Sicherheit glaubte man, daß Artemis Ebbe und Flut der körperlichen wie der geistigen Welt und den Zyklus der Frauen kontrollierte. Wir mögen die Vorstellung von Mondgöttinnen für überholt halten, aber die »Bewegung der Göttinnen« wird heute

Linke Seite: Die Mondgöttin hatte viele verschiedene Gesichter. Gleich der Medusa erscheint sie als furchterregender Mond in einer sturmgepeitschten Nacht.

Von den anmutigen Tänzerinnen, die die ätherische Schönheit des Mondes verkörpern, zur nächtlichen Jägerin: Die Eigenschaften des Mondes wurden der Frau zugeschrieben und führten zu vielen Varianten der Mondgöttin.

immer stärker, denn die Menschen scheinen um so mehr auf das alte Wissen vom »Zusammenhang aller Dinge« zurückzukommen, je schneller die industrielle Gesellschaft ihrem Höhepunkt mit der Zerstörung des Planeten, auf dem wir leben, zustrebt.

Artemis wurde auch in Sparta verehrt. Es gibt eine Geschichte über zwei junge Prinzen, die in ein Weidendickicht drangen (Weiden waren die heiligen Bäume des Mondes) und eine holzgeschnitzte Statue der Göttin fanden. Der Anblick erschreckte sie derart, daß sie verrückt wurden. Von da an traten jedes Jahr die spartanischen Jungen an, um zu sehen, wer von ihnen die ärgste Geißelung ertragen konnte. Dies steht möglicherweise im Zusammenhang mit der alten Vorstellung, daß Geißeln ein Mittel der Reinigung sei und ein Mittel, »Mondsüchtige« zu behandeln.

Auch Menschenopfer mögen der spartanischen Artemis dargebracht worden sein. Es heißt, daß ein Streit zwischen rivalisierenden Gruppen von Gläubigen ausbrach, die gleichzeitig an ihrem Altar opferten. Viele wurden im Heiligtum getötet, die anderen starben kurz darauf an einer Seuche. Ein Orakel verkündete, der einzige Weg, wieder Frieden zu stiften und Artemis zu versöhnen, sei, den Altar in Menschenblut zu baden; also zog man Lose und ermittelte ein Opfer. Die Tötungszeremonie wurde dann jedes Jahr wiederholt, bis König Lykurgos sie durch ein zivilisierteres Ritual ersetzte: Er ließ Jungen auspeitschen, bis sie bluteten. Doch die geschnitzte Statue hatte solchen Geschmack an Menschenblut ausgelöst, daß die Priesterinnen die Peitschenden zu immer größerer Brutalität aufstachelten.

Das also war die »dunkle« Seite der Göttin.

Die griechische Mythologie kennt drei Formen der Göttin, die den drei Phasen des Mondes entsprechen: das junge, unberührte Mädchen des zunehmenden Mondes; die fruchtbare Mutter des Vollmondes; und die häßliche Alte des abnehmenden Mondes.

Helen und Helle sind weitere, örtlich verbreitete Ausprägungen der Mondgöttin.

Aphrodite hatte, in ihrer »orgiastischen« Form, ebenfalls mit dem Mond zu tun. Ihre Priesterinnen verachteten das Patriarchat, in dem die Frauen ihren Vätern und Ehemännern gehörten.

Nemesis wiederum war eine Mondnymphe; sie stand für eine Liebesjagd, was gut zum Mond paßt. Es heißt, sie wurde von Zeus verfolgt – nach einer früheren Version freilich war sie selbst hinter ihm her, und er versuchte zu entkommen, indem er seine Gestalt veränderte. Doch sie tat es ihm nach, bis sie ihn zu Sommeranfang verschlingen konnte. Vielleicht ein Hinweis darauf, warum der Mond immer wieder verschwindet.

Das Gesicht, das tausend Schiffe in Bewegung setzte ... Helena, die einen der vielen Namen der Mondgöttin trägt.

Die römische Artemis – Diana

Diana ist das römische Gegenstück zur griechischen Artemis. Sie ist die Tochter Jupiters, die Göttin der Jagd und des Mondes. Manche meinen, ihr Name komme von dem Wort *dies*, Tag, andere meinen, er leite sich vom indo-europäischen Stamm *di*, hell oder strahlend, ab. Zufälligerweise bedeuten auch die keltischen Worte *dianna* und *diona* göttlich beziehungsweise leuchtend. Vielleicht rührt die Verwirrung in diesem Fall nur daher, daß der Diana-Kult so lange so weit verbreitet war. Nicht zweifelhaft ist jedoch, daß sie den Mond verkörpert, wie Dianus, der Gott des Lichtes, die Sonne. Sie ist, in mancherlei Hinsicht, eine universelle Göttin, die für vieles steht, vor allem aber für den Mond.

Genau wie Artemis entschied sich Diana, unverheiratet zu bleiben, denn sie fürchtete die Schmerzen der Wehen, die sie bei ihrer Mutter beobachtet hatte. Auch sie stand den Frauen bei Geburten bei und widmete sich der Jagd, gemeinsam mit ihren ebenfalls keuschen Nymphen. Vielleicht war sie ursprünglich eine Waldgöttin.

Es gab einen berühmten Diana-Kult in Arica, wo ihr Schrein in einem Hain stand und sie zusammen mit dem männlichen Waldgott angebetet wurde. Der Brauch wollte es, daß der Priester immer ein entlaufener Sklave war, der einen Zweig von einem bestimmten Baum gepflückt und seinen Vorgänger im Priesteramt im Zweikampf getötet haben mußte. Doch als Diana zunehmend mit Artemis verschmolz, erhielt sie verstärkt Mondattribute.

Der Tempel der Diana (oder Artemis!) in Ephesos war eines der sieben Weltwunder. Es hieß, ihre Statue sei vom Himmel gefallen; sie war mit Brüsten übersät – eine eindrucksvolle Darstellung von Fruchtbarkeit und Mutterschaft.

Der Diana-Kult war auch im alten Britannien sehr wichtig. Es heißt, Diana habe den trojanischen Prinzen Brutus nach Trojas Fall gen England geleitet. Der Stein von London, der heute noch zu sehen ist, soll der erste englische Diana-Altar gewesen sein. Ein ihr geweihter Tempel existierte auch in Bath. Der Londoner Tempel wurde von Brutus als Zeichen seines Dankes errichtet, möglicherweise an der Stelle, wo heute die St.-Paul's-Kathedrale steht.

Auch die Alchimisten hielten Diana in Ehren und sahen Silber als ihr Metall an – der Brauch, an Neumond ein Silberstück zu drehen, ist ein Relikt des Mondgöttinnen-Kultes. Diana ist so noch Jahrhunderte verehrt und oft mit der »alten Religion« und mit Hexerei in Verbindung gebracht worden. Doch davon später! Laßt uns die Dianageschichten mit einer Erzählung aus dem 19. Jahrhundert beenden, die sich zwar weit vom Ursprung entfernt hat, die aber zeigt, wie Diana im Laufe der Jahre mit allem in Verbindung gebracht wurde, was nachts passiert!

Diana, der große Sternengeist, schuf alle Dinge: den Menschen in Zeit und Raum, die Giganten der Vorzeit und die Zwerge, die in den Felsen wohnen und ihr einmal im Monat Fladen opfern.

Es war einmal ein junger Mann, der arm war und ohne Eltern; aber er hatte ein gutes Herz. Eines nachts saß er an einem einsamen, doch zauberhaften Ort und sah tausend kleine, weiß schimmernde Elfen im Licht des Vollmonds tanzen.

»Wie gerne wäre ich einer von euch, ihr Elfen!«, sprach der junge Mann, »frei von Sorgen und ohne Hunger. Doch wer seid ihr?«

»Wir sind Mondstrahlen, Dianas Kinder«, antwortete eine:

»Wir sind Kinder des Monds,
Wir sind lichtgeboren;
sendet der Mond einen Strahl,
siehst du Elfenformen.«

»Und du bist einer von uns, denn du wurdest geboren als der Mond, unsere Mutter Diana, voll war; ja, unser Bruder bist du, bist von unserer Art, und gehörst zu uns.«

Die Elfen erzählten ihm weiter, daß er, das Vollmondkind, bei Vollmond nur Geld in seinen Taschen zu berühren und zu sagen brauche:

»Mond, Mond, herrlicher Mond,
immer sei mein schöner Mond!«

und das Geld in seinen Taschen werde sich verdoppeln.

Und so geschah es. Doch einmal funktionierte der Zauber nicht, und er fragte den Mond nach dem Grund.

Eine schimmernde Elfe erschien und erläuterte ihm, daß er für das Geld auch arbeiten müsse:

»Durch Essen und Hungern entsteht Appetit,
durch Arbeit und Sparen erwächst dir Profit.«[33]

Und so endet die Geschichte der Entstehung der Elfen als viktorianische Moralpredigt!

Die Linie der Mondgöttin hat sich so von den frühesten Formen der heiligen Frau durch Göttinnen mit vielen verschiedenen Namen fortgesetzt.

Ihre Macht, ihr Einfluß und ihre Schönheit erscheinen selbst in Form der Madonna, der Himmelskönigin, und in unserem Unterbewußtsein ist sie allgegenwärtig. Mond, Wandel, Göttin, Fruchtbarkeit, Mysterium – wer könnte das eine vom anderen lösen?

»Wir sind Kinder des Monds,
Wir sind lichtgeboren.«

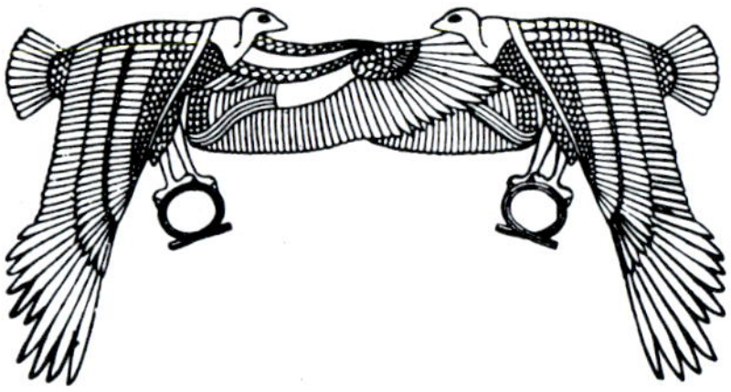

Die magischen Kreise des Mondes

»Ganz sicher weiß sie,
falls sie sich nicht betrügt, der Mond ist nur
ein herumschweifendes Aphrodisiakum
in göttlicher Form, das alle Welt verführt,
Geburtenraten zu steigern.«[34]

Mondgöttin, Schutzherrin der Geburten, Verursacherin der Gezeiten, der Fluß des Lebens. Eine unsichtbare Nabelschnur scheint uns mit unserem nächsten Nachbarn zu verbinden. Zu allen Zeiten haben wir geglaubt, daß der Mond die Fruchtbarkeit einer Frau und selbst den Zeitpunkt von Geburt und Tod beeinflußt. Geburten sollen vor allem um Vollmond herum stattfinden, Todesfälle eher, wenn der Mond abnimmt.

Wir wissen seit grauer Vorzeit, daß die Lebenszyklen der Pflanzen, der Tiere und auch die Zyklen der Wasser eng an den Mond gebunden sind. Es ist nicht verwunderlich, daß eines der größten Geheimnisse – Fruchtbarkeit und Mutterschaft – mit ihm in Verbindung gebracht wird. Gebiert sich der Mond nicht jeden Monat selber neu?

Die Mond-»Periode«

Der Mond, heißt es, beeinflußt den Menstruationszyklus der Frau. Menstruation bedeutet monatlich – einmal in jedem Mond (Monat). Es ist kein Zufall, daß die durchschnittliche Zeit zwischen zwei Menstruationen gleich der Zeit von Vollmond zu Vollmond ist. Nicht jede Frau auf der Welt menstruiert am gleichen Tag des Mondmonats, doch stimmt die »Periode« zwischen zwei Menstruationen selten mit dem Kalendermonat überein. Die Natur kümmert sich wenig um die menschlichen Erfindungen. Vor den Zeiten des künstlichen Lichtes und der Empfängnisverhütung, als der Mondeinfluß unbeeinträchtigt wirkte, so wird behauptet, hätten Eisprung und Monatsregel bei allen Frauen dieser Welt etwa gleichzeitig erfolgen können. Bei den heutigen Lebensgemeinschaften hat man herausgefunden, daß Frauen, die in einer Gruppe zusammenleben, dazu neigen, innerhalb von ein paar Tagen nacheinander zu menstruieren, als ob ein versteckter Rhythmus sie harmonisch aufeinander abstimme. In einigen Gesellschaften isolierten sich die Frauen in dieser Zeit; und heute benutzen Frauen in den USA »Mondhütten« zum gleichen Zweck – nicht, weil sie sich unrein fühlen, sondern als eine Gelegenheit, zusammen den Mysterien ihrer Lebenskräfte zu frönen. Die

Frauen versammeln sich, wenn ihre »Mondzeit« kommt, stellen Verbindung zur »Großen Mutter« Erde her, sitzen da und lassen ihre »Mondzeit«-Ausflüsse in die Erde sickern; sie geben sie ihr zurück, aus der Quelle ihrer Fruchtbarkeit, lauschen dem Puls der Erde in ihren eigenen Körpern und fühlen sich so mit dem Göttlichen verbunden.

»Der Schoß rüttelt gegen die Hülle, der Mond
fliegt fort aus dem Baum und
weiß nicht, wohin.«[35]

Damals, im alten Griechenland, schrieb Aristoteles, daß die Menstruation beginnt, wenn der Mond abnimmt. Darwin kommentierte die Übereinstimmung des Mondmonats mit dem Frauen-Monat und schrieb: »Der Mensch stammt vom Fisch ab ... Warum soll der 28tägige Zyklus der Frau also nicht ein Überbleibsel der Zeit sein, als das Leben durch die Gezeiten, das heißt vom Mond, bestimmt wurde?« Der Glaube ist alt – gibt es heute Beweise dafür?

Der Schweizer Nobelpreisträger Svante Arrhenius untersuchte 11.807 Menstruationszyklen. Er stellte fest, daß die Blutung eher bei zunehmendem denn bei abnehmenden Mond einsetzt, besonders häufig aber am Vorabend des Neumonds. Andere Studien haben das bestätigt – oder widerlegt. Die Ähnlichkeit der beiden Zyklen hat jedenfalls viele Spekulationen provoziert. Einige Wissenschaftler halten sie für Zufall und weisen darauf hin, daß die beiden Zyklen keineswegs genau gleich lang seien. Jedoch haben ausführliche Studien gezeigt, daß die durchschnittliche Dauer des weiblichen Zyklus 29,5 Tage beträgt – und das ist eben doch verblüffend nahe an der Spanne eines Mondzyklus.

Warum ist das so? Eine Theorie besagt, daß der Körper bei Dunkelheit einen Stoff namens Melatonin produziert, der die Erzeugung gewisser Hormone unterbindet. Nach dieser Theorie hat sich der Menstruationszyklus im Laufe der Jahre bei jeder Frau unter dem Einfluß des Mondlichts eingependelt. Diese Theorie hat auf den ersten Blick etwas für sich, und es ist nicht auszuschließen, daß sie den tatsächlichen Gegebenheiten gerecht wird. Aber sie fordert die Frage heraus, warum nur so wenige Tiere den gleichen Rhythmus entwickelt haben, wo doch alle dem Mond gleichermaßen ausgesetzt sind. So beträgt beispielsweise der Zyklus der Schafe 11 Tage und jener der Schimpansen 37 Tage – während das Opossum zu den wenigen Tierarten zählt, deren Weibchen einen dem menschlichen vergleichbaren Zyklus haben.

Derlei Zweifel haben aber nicht jeden entmutigt, und es hat Versuche gegeben, sogar Empfängnisverhütung auf dem Mondzyklus aufzubauen. Der tschechoslowakische Wissenschaftler Eugen Jonas bewies, daß es eine Verbindung zwischen der Zeit des Eisprungs und dem Lauf des Mondes gibt, und dieser Zeitpunkt auch mit der Phase zusammenhängt, in der der Mond sich befand, als die jeweilige Frau geboren wurde[36]. So entwickelte er ein System, mit dem jede Frau nach den Mondphasen ihren Empfängnisverhütungskalender aufstellen kann. Dem System wurde von manchen eine achtundneunzigprozentige Sicherheit zugeschrieben – während einige Geburtshelfer anderer Meinung waren.

Der Mond hat einiges zu verantworten! Er wurde aus gutem Grund »Der große Geburtshelfer« genannt.

Mondgeburten

Der Mond wird auch mit dem Zeitpunkt in Verbindung gebracht, zu dem eine Frau von ihrem Kind entbunden wird – man nennt ihn daher »die große Geburtshelferin«. Eine Studie des Tallahassee Memorial Hospital aus den fünfziger Jahren stellte eine erhöhte Wahrscheinlichkeit für Geburten im Zeitraum von zwei Tagen um den Vollmond herum fest, während die Wahrscheinlichkeit im ersten Mondviertel nachweisbar geringer war. Eine Studie in New York untersuchte 510.000 Geburten zwischen 1948 und 1958. Auch hier fand sich ein Zusammenhang mit dem Mond: Die Geburtenrate war in den beiden Wochen nach Vollmond um 1 % höher als in den beiden Wochen vorher. Doch es gibt auch Studien, die dem widersprechen. Eine Untersuchung aus dem Jahre 1973 belegte gerade das Gegenteil, und eine Studie aus den sechziger Jahren wiederum, daß die meisten Geburten bei Vollmond stattfinden. Es scheint, als sei der allzeit wandernde Mond nicht so leicht zu fangen und zu analysieren! Vielleicht sollten wir, um seine Geheimnisse zu erhellen, lieber die Gezeiten betrachten als die Mondphasen. Denn die Gezeiten haben eine Wirkung auf viele Tiere – und falls, wie Darwin meint, unsere fischige Vergangenheit tatsächlich noch tiefverwurzelte Wirkungen zeitigt, könnten die Gezeiten da nicht auch uns bewegen? Zwei voneinander unabhängige deutsche Untersuchungen kamen beide zu dem Ergebnis, daß sich die Geburten in der Tat zur Zeit der Flut und kurz danach häuften. Vielleicht ist die Anziehungskraft des Rätsels Lösung. Wie auch immer, es ist offensichtlich, daß der Mensch, obwohl er schon auf dem Mond gelandet ist, noch immer nicht all seine Geheimnisse erklären kann.

Mondgeschlecht

Dem Mond wird auch nachgesagt, daß er das Geschlecht eines Kindes bestimme. Eugen Jonas, der sich, wie erwähnt, auch mit der Verhütung nach Mondphasen befaßte, fand heraus, daß er das Geschlecht eines Kindes einigermaßen treffsicher vorhersagen konnte, indem er die Position feststellte, in der sich der Mond bei der Empfängnis befunden hatte. Wenn der Geschlechtsverkehr in einem »männlichen« Tierkreiszeichen (z. B. Schütze) stattfand, kam ein Junge heraus, bei einem »weiblichen« (z. B. Stier) ein Mädchen. Er empfahl offenbar 8.000 Frauen, die in seine Klinik kamen, in welcher Mondphase sie empfangen sollten, wenn sie das Geschlecht des Kindes bestimmen wollten, und es klappte in 95% der Fälle. Nach Lyall Watson könnte der Grund dafür darin liegen, daß der Mond das Magnetfeld der Erde beeinflußt, das seinerseits die Samen nach Polarität sortiert.

Mann im Mond?

Während der Mond die dramatischste und offensichtlichste Wirkung auf Frauen hat, sollten wir die Männer nicht vergessen. Auch sie haben jeden Monat eine Art »Periode«. Eine japanische Studie belegte, daß Bus- und Taxifahrer zu bestimmten Zeiten des Mondmonats eher zu Unfällen neigten als zu anderen. Als die Dienstpläne so geändert wurden, daß sie mit der jeweiligen »Periode« der jeweiligen Männer übereinstimmte, sank die Unfallrate deutlich.

Im allgemeinen wird der Mond jedoch mehr mit der weiblichen Fruchtbarkeit und mit Mutterschaft in Verbindung gebracht. Heißt das, daß der Mond eigentlich weiblich ist? Darin liegt ein Paradoxon – er wird mal so, mal so gesehen. Der Mond wurde als »Große Mutter« in allerlei verschiedenen Formen verehrt – Diana, Artemis, Ishtar, Asthoreth –, aber ihm wurde andererseits auch die Fähigkeit zugeschrieben, Frauen zu schwängern, und so muß er auch männlich sein. Das französische und das italienische Wort für Mond sind weiblich, das deutsche ist männlich. Manche Eskimos glauben, der Mond sei Bruder der Schwester Sonne, während viele Malaien in ihm die Mutter der Sterne sehen. Es gibt viele verschiedene Versionen. Eventuell können wir auch gar nicht näher an das Geschlecht des Mondes herankommen als mit der Aussage: Der Mond ist männlich, wenn er selbst tätig wird (wenn er beispielsweise Frauen verführt und schwängert), doch wenn man sich mit Bitten an ihn wendet, hat er die Empfänglichkeit einer weiblichen Göttin.

Die Beweise dafür, daß der Mond tatsächlich den Rhythmus des Lebens beeinflußt, häufen sich. Wer könnte es, in einer mondüberfluteten Mittsommernacht, auch nur einen Moment lang bezweifeln?

Kapitel 4

Der Mond des Ostens

»Deutet ein Finger auf den Mond, betrachtet der Dummkopf den Finger.«
(Chinesisches Sprichwort)

Stellen Sie sich vor, Sie sitzen am Meeresstrand. Es ist Nacht, der Himmel ist bewölkt. Wie Sie so auf das dunkle Wasser schauen, bricht die Wolkendecke auf, und der Vollmond wirft eine silberne Bahn über das Meer. In diesem Augenblick steigt etwas aus Ihrem tiefsten Inneren nach oben und folgt der leuchtenden Bahn, himmelan, unwiderstehlich, vom Mond angezogen wie die Wasser des Meeres mit den Gezeiten.

Der Mond wird seit langem mit dem Geist, dem innersten Wesen des Menschen gleichgesetzt. Buddha, heißt es, wurde bei Vollmond erleuchtet. In Indien ist Guru Purnima Vollmond die Zeit, zu der jeder zu seinem spirituellen Meister reist. Jeder von uns ahnt wohl irgendwie, daß der Mond den Menschen mit einer höheren Wahrheit verbindet.

Selbst in unserer rational ausgerichteten westlichen Kultur wird der alte Glaube weitergegeben, daß der Mond der Ort sei, an den alles komme, das auf Erden verschwendet worden sei. Verschwendete Zeit, gebrochene Versprechen, unerhörte Gebete, unerfüllte Wünsche und Absichten – alles endet auf dem Mond. Eine alte Geschichte erzählt, wie ein junger Mann zum Mond reist und dort Bestechungsgelder entdeckt, die an goldenen und silbernen Haken hängen, und verschwendete Talente, die in wohlbeschrifteten Vasen lagern.

»Gebrochene Eide werden dort gefunden;
Verliebter Herzen, mit einem Band verbunden;
des Höflings Versprechen und Kranker Gebete,
Der Huren Lächeln und der Erben Träne.«[37]

Daher kommt auch der englische Ausdruck »limbus of the moon«, also die Vorhölle des Mondes – die Seele wartet in der Vorhölle darauf, auferstehen zu können. Allein die Tatsache, daß es so viele Redewendungen gibt, die mit dem Mond zu tun haben, beweist den starken Einfluß des Mondes auf unser aller tägliches Leben. Im Buddhismus hat sich die Nähe des Mondes zu unserem geistigen Leben besonders deutlich niedergeschlagen: In dieser Lehre symbolisiert der Mond gewöhnlich Erleuchtung.

»Erleuchtung ist wie der Mond, der sich im Wasser spiegelt. Der Mond wird nicht naß, der Wasserspiegel nicht gebrochen. Obwohl er so groß und herrlich ist, spiegelt sich der Mond selbst in einer kleinen Pfütze. Der Mond und der ganze

Himmel scheinen auf faszinierende Weise selbst in Tautropfen im Gras wieder, ja, selbst in einem einzigen Tropfen.

Erleuchtung zerteilt dich nicht; so, wie der Mond auch nicht die Wasserfläche zerteilt. Du kannst die Erleuchtung nicht aufhalten, genauso wenig, wie ein Wassertropfen den Mond am Himmel aufhalten kann.

Die Tiefe des Tropfens ist die Höhe des Mondes. Jeder Widerschein, wie kurz oder lang von Dauer, zeigt die Tiefe des Tautropfens und die Grenzenlosigkeit des Mondlichtes am Himmel.«[38]

Die Worte des Zen-Meisters Dogen aus dem 13. Jahrhundert bleiben einer der bemerkenswertesten Versuche, das Unbekannte faßbar zu machen:

»Ein Wort oder sieben Worte oder dreimal fünf, selbst wenn du Myriaden von Erscheinungen untersuchst – nichts ist beständig. Die Nacht kommt heran, der Mond glüht und fällt in den Ozean.

Das schwarze Drachenjuwel, das du suchst, ist überall.«

»Zen-Meister Guangzuo vom Berg Zhimen wurde einst von einem Mönch gefragt: ›Was geht über Buddha hinaus?‹

Er sprach: ›Sonne und Mond auf der Spitze eines Stabes zu tragen. Das bedeutet, daß dich Sonne und Mond auf der Spitze eines Stabes völlig bedecken. Dies geht über Buddha hinaus. Wenn du den Stab durchdringst, der Sonne und Mond trägt, ist das ganze Universum dunkel. Dies geht über Buddha hinaus. Sonne und Mond sind nicht der Stab. ›Auf der Spitze des Stabes‹ bedeutet den ganzen Stab.‹«

»Meditiere über den 16. Nacht-Koan.
Wenn der Körpermond aufgeht, geht der Mond des Geistes unter.
Wenn du eine klare Vorstellung vom Mond hast, wird ein Mond geboren.
Doch wie kann der Mond der Herbstmitte erfaßt werden?«[39]

»Kalter See, meilenweit, trinkt die Himmelsfarbe.
Abendstille: Ein Fisch mit Schuppen wie Brokat sinkt auf den Grund,
schwimmt erst hierhin, dann dorthin; Pfeilspitze splittert.
Endlos Wasserspiegel, Mondlicht strahlend.«[40]

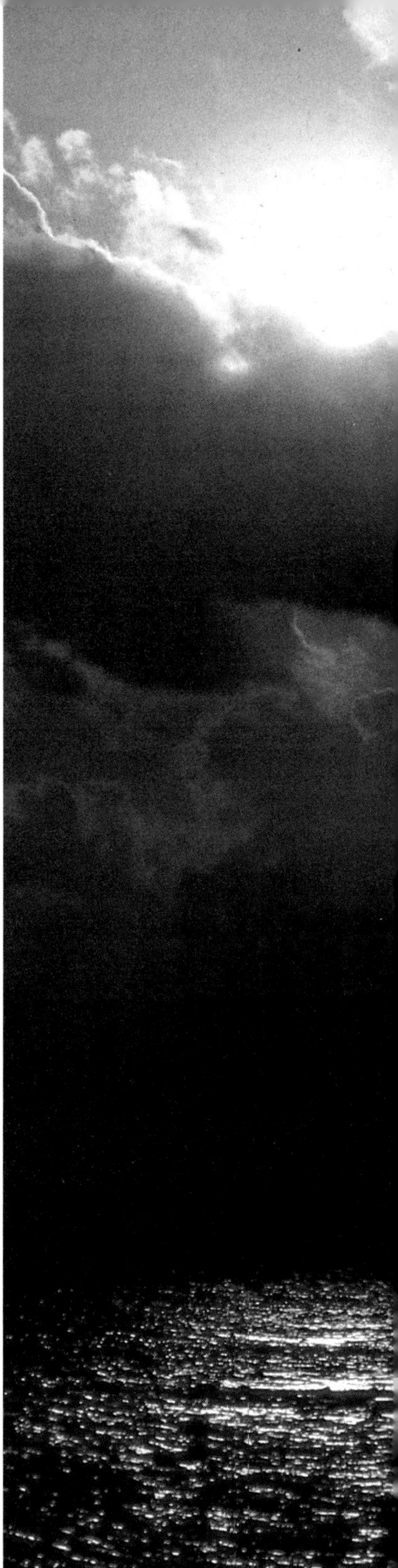

Bei Vollmond wurde nicht nur Buddha erleuchtet, auch andere Sucher haben seine Wirkung verspürt. Die Mystikerin Chiyono wurde durch den Mond erleuchtet. Und das kam so:

Chiyono wollte eine Sannyasin werden, aber ihre Schönheit war ihr im Weg. Jedes Kloster wies sie ab, aus Furcht, sie werde die Mönche ablenken. In ihrer Verzweiflung verzog sie ihr Gesicht, um sich häßlich zu machen. Als sie schließlich einen Meister fand, konnte man nicht mehr sagen, ob sie Frau oder Mann war. Sie wurde als Nonne angenommen.

Eines Tages trug sie einen Eimer Wasser, und während sie ihn so trug, betrachtete sie die Spiegelung des Mondes im Wasser.

»Selbst die Spiegelung ist schön, weil sie absolute Schönheit spiegelt. Ein wahrhaft Suchender hat so vieles in der Spiegelung erkannt, sie war so schön, so voll Musik, daß es ihn jetzt verlangt, die Quelle zu finden.«

Und da geschah das Schreckliche: Plötzlich brach der Eimer entzwei, das Wasser floß heraus und nahm das Bild des Mondes mit sich fort – und Chiyono wurde erleuchtet.

»Erleuchtung zerteilt dich nicht; so, wie der Mond auch nicht die Wasserfläche zerteilt. Du kannst die Erleuchtung nicht aufhalten, genauso wenig, wie ein Wassertropfen den Mond am Himmel aufhalten kann.«

Sie erklärte, was geschah:

»So oder anders
versuchte ich, den Eimer zu retten,
hoffte, der schwache Bambus
werde nie brechen.
Plötzlich fiel der Boden heraus.
Kein Wasser mehr,
kein Mond mehr im Wasser –
Leere zwischen meinen Händen.«

»Erleuchtung ist ein Zufall. Aber versteht mich nicht falsch – ich sage nicht, tut nichts dafür. Wenn ihr nichts dafür tut, passiert auch der Zufall nicht. Er widerfährt nur denen, die viel dazu getan haben, aber es geschieht nie als Folge ihres

Tuns – und es geschieht nie ohne ihr Tun. All eure Meditationen werden euch nur für den Zufall bereitmachen, ihn einladen, das ist alles ... Ohne die Einladung wird der Gast nicht kommen.«[41]

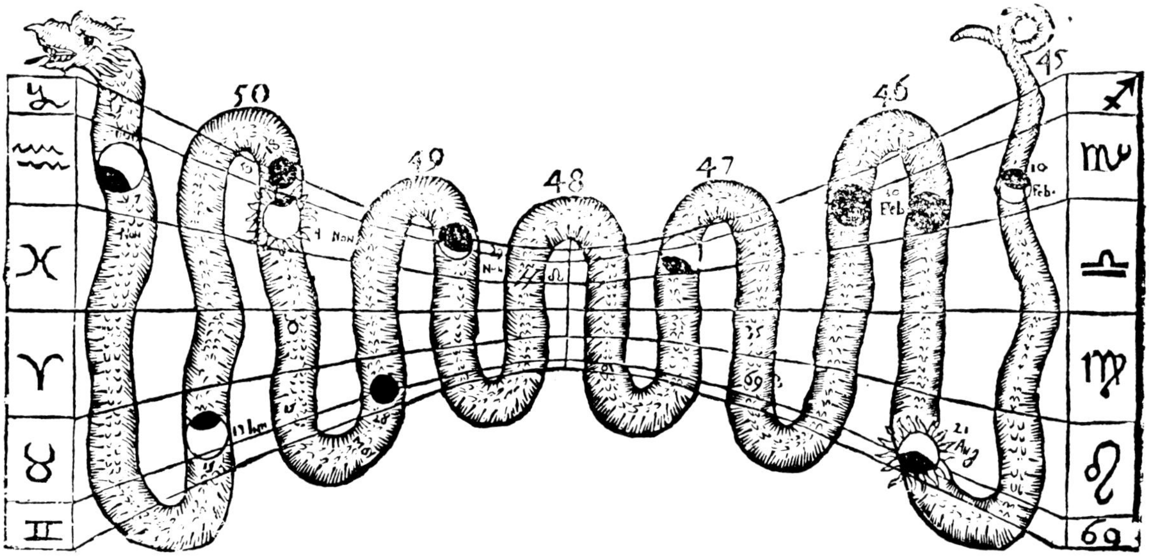

Ein chinesischer Holzschnitt,
der dazu benutzt wurde, Mondfinsternisse vorauszusagen.

Eine andere Geschichte von Mond und spiritueller Erleuchtung handelt von Rengetsu, einer Zen-Buddhistin, die eine Pilgerfahrt unternahm. Als der Abend kam, bat sie in einem Dorf um Unterkunft für die Nacht. Die Dörfler fühlten sich beim Anblick der alten Frau bedroht und verweigerten ihr das Obdach. Sie mußte auf freiem Feld übernachten. Es war bitterkalt und sie hatte nur einen Kirschbaum, sie zu schützen. Die Kälte weckte sie um Mitternacht, und sie sah auf. Der Kirschbaum stand in voller Blüte, und der Mond ließ sein mildes Licht durch die Zweige scheinen. Rengetsu war von diesem Anblick überwältigt und dankte im Stillen den Dörflern, daß sie sie weggeschickt hatten.

»Durch ihre Freundlichkeit, meine Bitte abgewiesen zu haben, fand ich mich unter den Blüten, in dieser Nacht des milden Mondes.
Ein Mensch wird zum Buddha in dem Augenblick, da er alles, was das Leben bringt, dankbar annimmt.«[42]

Selbst im 20. Jahrhundert haben die großen Lehrer gezeigt, daß der Mond eine einzigartige Wirkung auf unser Innerstes hat.

Gurdjieff sagte, der Mond sei nicht tot, sondern ein »Planet, der geboren wird«. Alles Lebende nährt die Erde, aber das Sterbende nährt den Mond. Man könnte sagen, der Mond sei »hungrig« und die Seele nähre ihn im Sterben.

Gurdjieff spricht vom »Strahl der Schöpfung«. Das Leben auf der Erde läßt den Strahl wachsen, doch der Mond bildet die Spitze des Strahles. Eines Tages, sagt er, wird der Mond wie die Erde sein und die Erde wie die Sonne. Dann wird ein neuer Mond erscheinen und so das Wachstum fortsetzen.

Aber nicht nur das, der Mond hat auch einen starken Einfluß auf unser Leben, weit stärker als die Sonne, sagt er. Sein »Schüler« P. D. Ouspensky erklärt:

»Der Mond bestimmt all unsere Bewegungen. Wenn ich meinen Arm bewege, bewegt ihn der Mond, denn ohne den Einfluß des Mondes kann es nicht geschehen. Der Mond ist wie das Gewicht in einer Standuhr und das organische Leben ist wie das Uhrwerk, das von diesem Gewicht in Gang gehalten wird ... er (der Mond) wird von höheren Energien gespeist, die ihn Stück für Stück lebendig machen ... wie ein großer Elektromagnet, der den Kern der Seele anzieht.«[43]

Nach Gurdjieff hat der Mond also einen »mechanischen« Einfluß auf uns, der uns blind handeln läßt:

»Wir sind wie Marionetten, die von Fäden bewegt werden, aber wir können mehr oder weniger frei vom Mond sein ... wenn wir uns nicht identifizieren, nicht nachdenken, nicht mit schlechten Gefühlen kämpfen, und so weiter ... Alle schlafenden Menschen stehen unter dem Einfluß des Mondes. Sie haben keine Widerstandskraft, doch wenn der Mensch sich entwickelt, kann er nach und nach einige der unerwünschten Fäden durchtrennen und sich höheren Einflüssen öffnen ... doch nichts kann ihn von jenen trennen als er selbst.«[44]

Der Mond ist, nach Gurdjieff, ein ständiger Gravitationspunkt, der unser leibliches Leben ausbalanciert. Er ist notwendig, denn wir sind so unaufmerksam, daß wir die Balance normalerweise nicht halten. Doch wenn wir sie einmal gefunden haben, sind wir nicht mehr vom Mond abhängig.

Wie Meister Dogen sagt:

»Der Mond
lebt im Zentrum des klaren Geistes;
Milliarden brechen ans Licht.«

Eine chinesische Mondgöttin hält einen Hasen in den Händen: Man glaubte, daß er auf dem Mond wohne.

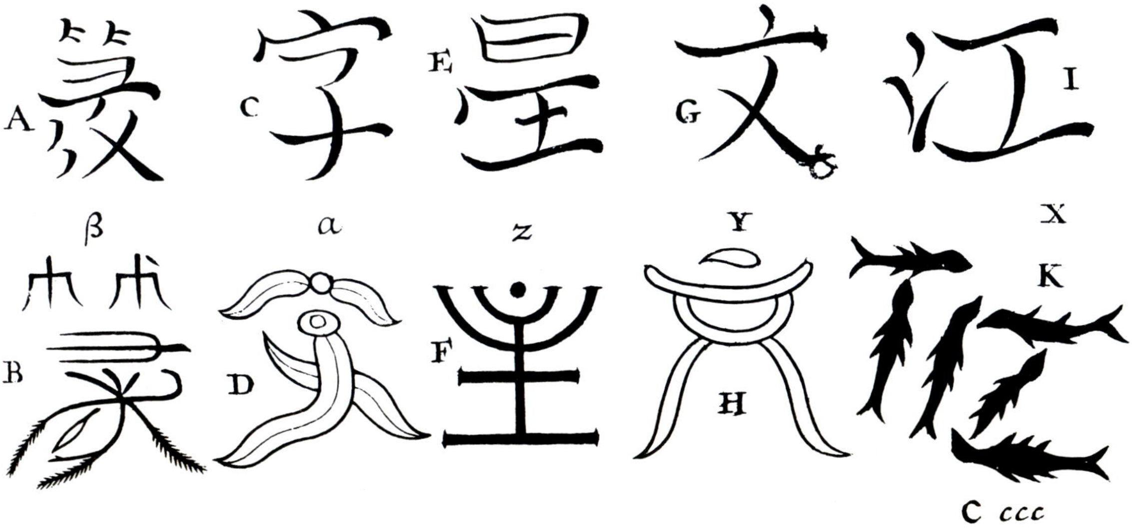

Kapitel 5

Mondworte

Der Mond kommt in vielen sprachlichen Wendungen vor, und so schleichen sich die Mysterien des Mondes auch auf diesem Weg in unseren Alltag ein. So sagen wir etwa:

den Mond anbellen: nutzlos schimpfen

Ich könnte dich auf den Mond schießen: Ich bin sehr ärgerlich auf dich

hinter dem Mond leben/vom Mond kommen: nicht auf dem laufenden sein

in den Mond schauen: leer ausgehen

etwas in den Mond schreiben: etwas als endgültig verloren ansehen

Was wir eine Mondlandschaft nennen, hat nicht selten seinen ganz eigenen, spröden, anrührenden, bizarren Reiz.

Die Uhr geht nach dem Mond: Sie zeigt die Zeit bestenfalls ungenau, eigentlich überhaupt nicht an.

Mondgesicht: rundes Antlitz

Mondkalb: Trottel; ursprünglich Kalb mit Wassersucht, dessen Aussehen einer Mißgeburt dem Einfluß des Mondes zugeschrieben wurde

♊ Gemini

♋ Cancer

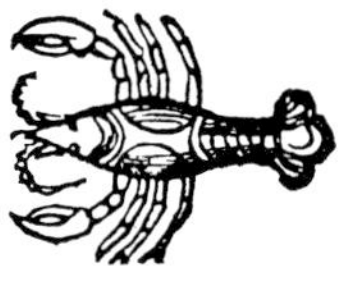

Mondblindheit: regelmäßig wiederkehrende Augenkrankheit der Pferde, die schließlich zur Zerstörung des Augapfels führt

mondsüchtig sein: schlafwandeln

Mondlandschaft: öde Kraterlandschaft, Wüstenei

Mondpreis: nicht ernstzunehmender Preis, Wucherpreis

Du kannst mir mal im Mondschein begegnen: Laß mich in Ruhe!

Mondscheintarif: verbilligter Telefontarif zur Nachtzeit (1980 abgeschafft)

Viele Tier-, Pflanzen- und Gesteinsnamen tragen den Mond in sich. Meistens weisen sie in einem ihrer Teile eine Halbmondform auf oder sie sind weißlich durchscheinend beschaffen:

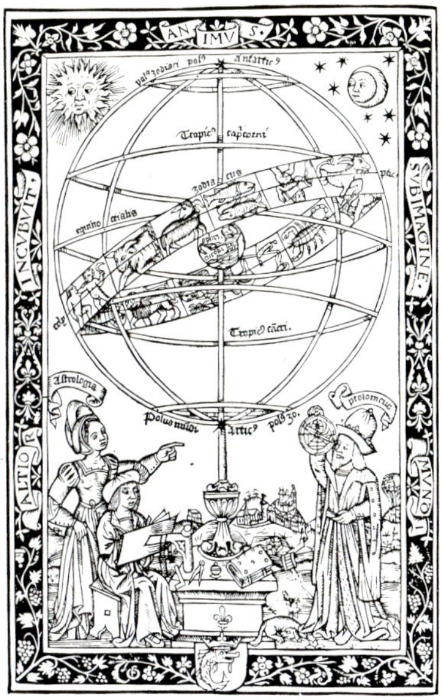

»Wem der Mond scheint, der fragt nicht nach den Sternen« – und doch haben seit alters her kühnen Reisenden Mond und Sterne gleichermaßen den Weg gewiesen.

der **Mondstein** (Adular): ein milchig leuchtender Feldspat
die **Mondaugen**: Nutzfische der Gattung Hiondontiae
der **Mondfisch**: ein Klumpfisch; auch der Gotteslachs wird bisweilen so genannt

der **Mondfleck** oder **Mondvogel**: Schmetterling (Phalera bucephala)
der **Mondhornkäfer** (Coprini): ein Insekt aus Südamerika
die **Mondnatter**: eine amerikanische Trugnatter (Oxyrhopus)
und die **Mondkräuter** – also
die **Mondraute**: ein Farn der Gattung Botrychium
die **Mondviole**: Veilchen; Lunaria
das **Mondsamengewächs** (Menispermaceae): eine tropische Kletterpflanze
die **Mondblume**: Ringelblume
die **Mondscheinrose**: Sonnenblume

Und schließlich tragen wir alle einen Teil des Mondes mit uns herum, denn einer unserer Handwurzelknochen heißt **Mondbein** (Os lunaris).

Den **Mann im Mond** gab es schon lange vor dem ersten Astronauten. Er soll der Mann sein, der an Sabbat Holz sammelte; manche sehen auch einen Hund an seiner Seite. Es könnte sich aber – anderen Überlieferungen zufolge – auch um Kain handeln, mit Dornen beladen (die seinen Fall symbolisieren) und von einem Hund begleitet, der für die tierische Seite des Menschen steht. Oder ist es vielleicht doch Endymion, den Diana auf den Mond entführt hat?

Auch in Sprichworten findet sich der Mond wieder:

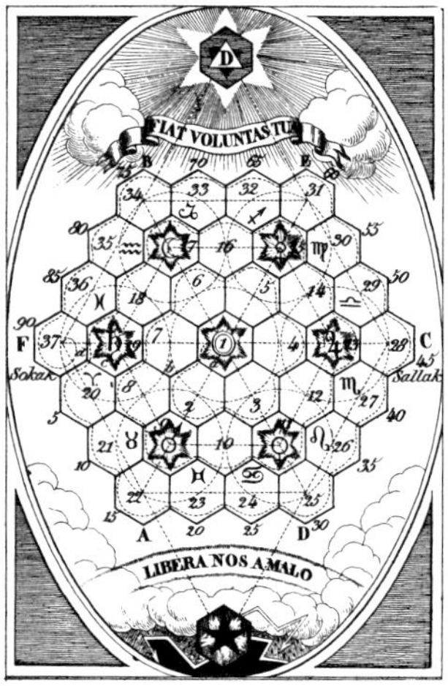

»Der Mond macht keine Trauben reif.«

»Was kümmert es den Mond, wenn ihn die Hunde anbellen.«

»Wem der Mond scheint, der fragt nicht nach den Sternen.«

»Wenn der Mond auch nicht wärmt, so leuchtet er doch.«

Nicht zu vergessen eine alte Bauernregel:

»Hat der Mond einen Hof, gibt es schlechtes Wetter«.

Und dann gibt es da noch die Verbindungen mit dem lateinischen Wort für Mond, *luna*:

lunatisch: an Schlafwandeln leiden (selten gebrauchter medizinischer Fachausdruck)

Lunaut oder **Lunonaut**: schweizerische Bezeichnung für Astronaut

Lunapark: Vergnügungspark

Der ewig wechselnde Mond hat unsere Sprache bereichert und mit Poesie durchsetzt.

historia del caymēt dels angels q̄ deus gita del cel. ab la ūgua del seu podē
Estoria dla art dl diable cō tēpte les gens. Lo pricep dls diables enuia sos ministres
tempta p roberia.
Tempta p ira.
Moue tēpesta p negar lls gēs

Kapitel 6

O Luna

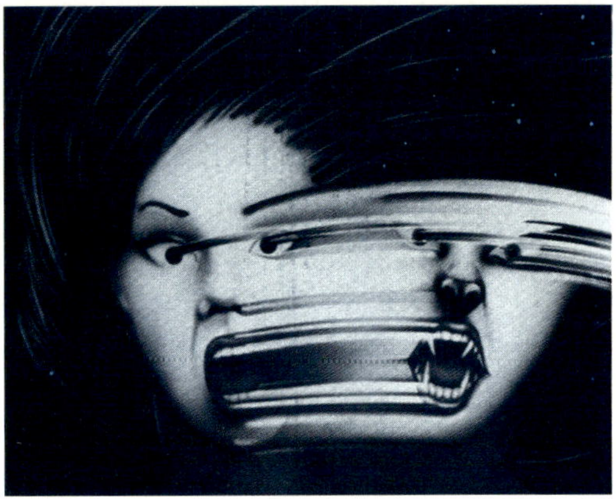

»Was ist in dir, o Mond, daß du so stark mein Herz bewegen kannst?«[45]

Verwünschungen, bei Vollmond ausgestoßen; Hexen, die in seinem quecksilbrigen Licht davonfliegen; Beschwörungen der Mondgöttin: Zauberei, Magie und Hexenkunst fallen den meisten Menschen ein, wenn sie an den Mond denken. Warum? In diesem Kapitel wollen wir uns mit den Zauberkräften des Mondes befassen.

In primitiveren – oder erdverbundeneren – Zeiten waren sich Männer und Frauen des Flusses der Natur bewußter, als es sich die Menschen unseres technischen Zeitalters sind. Und so, wie die Jahreszeiten deutlicher empfunden wurden, nahmen alle auch die Mondphasen stärker wahr. Wie viele von uns können heute sagen, wo und wann genau der Mond aufgehen wird? Man kann sagen, daß der Mond damals ein wichtiger Bestandteil des Lebens war – er kündigte sogar den Zeitpunkt der Monatsblutung oder die Geburt eines Babys an. Wie wir gesehen haben, war die Mondgöttin in vergangenen Zeiten eine mächtige und verehrungswürdige Macht. Aber wir wollen nicht vergessen, daß diese Göttin manchmal ziemlich unangenehm und blutrünstig werden konnte.

Es heißt, daß die Hexen von Tuessaly, von denen in den Überlieferungen der alten Griechen erzählt wird, den Mond auf die Erde ziehen konnten (also Unglück verursachen). Sie machten sich angeblich den bösen Einfluß des Mondes für ihre Zauberei und für ihre Rituale zunutze. Aus nicht ganz so frühen Zeiten wird berichtet, daß Zauberer den Mond Gift in eine Schale Wasser tropfen lassen konnten, deren Inhalt zu zischen, gar zu kochen anfing und so für den Zauberritus bereit wurde.

Links und oben: Der Mond hat auch seine schrecklichen Seiten. Es heißt, daß er die höllischsten und teuflischsten Seiten des Menschen zum Vorschein zu bringen vermag.

Den Mond herunterholen

Es ist wohl gar nicht so einfach, »den Mond herunterzuholen«. Dies wurde im Laufe der Geschichte auf vielerlei Weise bewerkstelligt; man benötigte dazu aber stets eine Formel, die die Kräfte der Mondgöttin auf die Erde bannte.

Die Verbindung von Hexerei und Mond verlor im Mittelalter erheblich an Bedeutung, da man in jener Zeit bevorzugt den männlichen Luzifer mit Zaubermächten im Einvernehmen sah. Vielleicht hatte dies mit der herausragenden Stellung des Christentums zu tun. Nur die volkstümliche Vorstellung der Hexe, die auf ihrem Besen am Mond vorbeifliegt, schien überlebt zu haben. Interessanter-

weise ist die Verbindung von den Hexen späterer Zeiten wieder hergestellt worden: Vielleicht hatte sich der schlaue Mond nur für eine Weile tiefer gehängt.

In Italien gingen noch vor hundert Jahren Hexenkunst und Mond Hand in Hand. Die katholische Kirche hatte seit langem versucht, die Hexerei auszurotten, aber der alte Volksglaube war immer noch weit verbreitet. Die Kirche behauptete, Hexen beteten Satan an – dabei wandten sie sich vermutlich an die Mondgöttin Diana. Sie benutzten teils religiöse, teils magische Praktiken, die schon seit Urzeiten von Generation zu Generation weitergegeben worden waren.

Und es ist keineswegs verwunderlich, daß die Kirche sie als störend empfand! Denn die Hexen glaubten, die Schöpfung sei nicht männlichen, sondern weiblichen Ursprungs. Luzifer, das Licht, sei nur die Hitze gewesen, die in Dianas tiefstem Inneren verborgen gewesen sei, wie Hitze in Eis eingeschlossen sein mag.

Italienische Bauersfrauen benutzten einen kleinen Band mit dem Titel *Vangelo delle Streghe* (Evangelium der Hexen). Dieses ehrwürdige Buch beschreibt unser aller Ursprung folgendermaßen:

»Diana war die erste; sie wurde vor aller Schöpfung erschaffen. In ihr waren alle Dinge. Aus sich selbst, der ersten Dunkelheit, teilte sie sich. In Dunkelheit und Licht teilte sie sich. Luzifer, ihr Bruder und Sohn, sie selbst und ihre andere Hälfte, sie waren das Licht.«[46]

Das *Vangelo* erklärt die langewährende Verbindung der Hexen mit dem Mond. Als Diana das herrliche Licht Luzifers sah, ergriff sie das Verlangen, wieder Licht in ihre Dunkelheit einzulassen. Doch Luzifer floh vor ihr, und Diana ging und suchte den Rat der »Urväter, der Mütter, der Geister, die unter den ersten Geistern

Die überlieferte Verbindung von Hexen und Mond hat sich erhalten – hauptsächlich in Form der alten Hexe unter dem Mond.

SOLVE
COAGULA
ELIPHAS
LEVI DEL

Der geflügelte Luzifer hatte in der Hexerei bis vor nicht allzu langer Zeit die Mondgöttin verdrängt.

Die androgyne Figur des Baphomet sitzt zwischen dem hellen und dem dunklen Mond, zwischen Gut und Böse; seine Hörner sind gebogen wie die Mondsichel.

waren« – was wir heute mit dem Unbewußten bezeichnen würden, und was C. G. Jung Ouroboros nannte, die männlich-weibliche Grundlage der Natur.

Diana bekam zu hören: »Um zu steigen, muß sie fallen; um das Oberhaupt der Göttinnen zu werden, muß sie sterblich werden.« Und so kam sie auf die Erde, wie zuvor schon Luzifer, wo sie, laut *Vangelo*, die allererste Hexerei zelebrierte. Ihr Bruder Luzifer hatte eine hübsche Katze, die nachts in seinem Bett schlief. Diana wußte, daß es in Wirklichkeit eine Elfe war, und sie überredete sie, ihr selbst den Platz im Bett zu überlassen. Im Dunkel der Nacht wohnte sie ihrem schlafenden Bruder bei. So wurde sie schwanger und gebar schließlich eine Tochter, Aradia.

Als Luzifer erwachte, war er wütend, daß »das Licht von der Dunkelheit besiegt worden war«. Doch wieder behexte ihn Diana, diesmal, indem sie sang, bis er ruhig und bezaubert war: »Es war das Summen der Bienen, ein Spinnrad, das Leben spinnt. Sie spann die Leben aller Menschen; alle Wesen wurden von Dianas Rad gesponnen. Luzifer drehte das Rad.«

Dann hexte sie Himmel und Sterne, und ließ Regen auf die Erde fallen. Sie wurde die Königin der Hexen, »die Katze, die über die Sternenmäuse, den Himmel und den Regen herrscht«. Dianas Einfluß scheint von den Hexen als gutwillig, aber keineswegs als frei verfügbar angesehen worden zu sein! Sie sah die Feudalherren und die katholische Kirche die hungrigen Armen unterdrücken und schickte ihre Tochter Aradia auf die Erde, auf daß sie die erste Hexe sei und ihnen helfe. Wie Diana ihrer Tochter die Hexenkünste beigebracht hatte, lehrte Aradia sie später ihren Anhängerinnen. Als Aradia die Erde wieder verließ, trug sie ihren Hexen auf, sich jeden Monat zu Vollmond an einem einsamen Ort zu versammeln, um den Geist der Diana, ihrer Königin, anzubeten. Dafür, sagte Aradia, werde Diana sie auch in Zukunft in den Geheimnissen der Hexerei unterweisen.

Als Zeichen der Freiheit, zu tun und zu lassen, was sie wollten, sollten die

Hexen nackt feiern und tanzen: »Sie sollen tanzen, singen und musizieren, und sich lieben in der Dunkelheit, ohne Lichter, denn der Geist Dianas löscht sie aus.« Sie sollten Fladen verspeisen, die aus Getreide, Wein, Salz und Honig hergestellt, wie Halbmonde geformt und Diana geweiht waren. Die folgende Beschwörungsformel sollte vor dem Essen gesprochen werden:

»Ich backe nicht das Brot, und mit ihm nicht das Salz,
Noch koche ich den Honig mit dem Wein;
Ich backe Körper, Blut und Seele,
Die Seele der Diana, und sie soll
Nicht Rast noch Ruhe haben, ewig
Grausam leiden, bis sie mir gewährt,
Was ich verlange, was ich am meisten will,
Ich bitte sie drum von ganzem Herzen!
Und wenn du es mir gewährest, o Diana!
Will ich dies Mahl zu deinen Ehren halten,
Will speisen ich, den großen Becher leeren,
Woll'n tanzen wir und springen wild,
Und, willst du meinen Wunsch erfüllen,
Dann, wenn dann der Tanz am wild'sten ist, lösch'
Alle Lichter aus, auf daß wir frei uns lieben!«

Rechts: Hexen brauen eine Salbe, mit deren Hilfe sie am Sabbat fliegen können.

Es scheint, als sei der Diana-Kult jahrhundertelang weit verbreitet gewesen, der Kirche zum Trotz, und seine letzten Spuren mögen sich in den Überresten der Hexenkunst finden. Diana wurde auch mit Feen und Elfen, den Freunden der Hexen, in Verbindung gebracht. In Shakespeares Sommernachtstraum trägt Titania einen anderen alten Namen der Mondgöttin, und der Text spielt häufig auf die »Unterwelt« und den Mond an:

»Oberon: Schlimm treffen wir bei Mondenlicht, stolze Titania.
Titania: Wie, Oberon ist hier,
Der Eifersüchtige? Elfen, schlüpft von hinnen:
Denn ich beschwor sein Bett und sein Gespräch. (...)
Drum hat der Mond, der Fluten Oberherr,
Vor Zorne bleich, die ganze Luft gewaschen
Und fieberhafter Flüsse viel erzeugt. (...)
Und diese ganze Brut von Plagen kommt
Von unserm Streit, von unserm Zwiespalt her;
Wir sind davon die Stifter und Erzeuger.«
(II. Akt, 1. Szene)

Hier findet sich ein Nachhall der alten Legenden vom Streit zwischen Sonne und Mond, Diana und Luzifer. Die Welt ist nicht in Ordnung, solange männliches und weibliches Prinzip miteinander streiten.

Die Mondhexe, deren Blick das Blut gefrieren läßt, ist ein bekanntes Bild in der Hexerei.

Wer kennt den hakennasigen Schrecken?

Wie steht es nun mit der alten Hexe mit der Hakennase, die wir so oft in Märchen antreffen? Diana tritt in den Hintergrund und herein kommt Hekate, das Symbol der abnehmenden, greisenhaften Mondphase. Diese furchterregende alte Kreatur war ursprünglich eine griechische Hexengöttin, verband sich später aber mit dem Mond und anderen Mondgöttinnen. Die Römer bildeten sie als Dreiheit thronend ab, mit drei Händen und drei Armpaaren, die Dolche, Peitschen und Fackeln hielten, zu ihren Füßen eine Schlange. Auch heulende Hunde fanden sich bei ihr, vielleicht, weil Hunde den Mond anheulen. Sie wurde, wegen ihrer Verbindung zur Unterwelt, oft von Magiern und Hexen angerufen; ihr Zeichen ist eine Mondsichel, deren Spitzen nach oben zeigen und die in der Mitte eine dritte Spitze aufweist. Sie ist die Göttin der Dunkelheit, der Toten, der Geister und der Schrecken, und man glaubte, daß sie Gräber besuche und das Blut der Leichen trinke, und daß sie den Lebenden Epilepsie und Wahnsinn anhexen könne. Die mittelalterlichen Hexen opferten ihr an Kreuzwegen Hundefleisch. Sie stand für die Seite des Mondes, die einen schaudern läßt:

»Du, die du das Bellen der Hunde liebst und das Fließen des Blutes; du, die du zwischen den Gräbern wanderst zu nächtlicher Stunde, dürstend nach Blut und dem Grauen der Sterblichen …«

Liebreiche Lilith

Eine andere Seite des Mondes findet sich in Lilith, dem Inbegriff einer Verführerin, der *femme fatale*. Und es geht das Gerücht, die Hexen hätten nicht gezögert, diese Seite des Mondes zu beschwören, wenn sie sie brauchten! Lilith war eine weitere Schutzmacht der Hexen, der schöne Vampir, sie, die das Lebensblut eines Mannes aussaugte, wenn sie nur einen Blick auf ihn warf! Doch hatte ihre göttergleiche Schönheit einen Fehler – ihre Zehen waren gekrümmt wie die eines Raubvogels. Im mittelalterlichen Frankreich war sie als La Reine Pedauque, die Königin mit dem Vogelfuß, bekannt und soll bei Nacht als Anführerin der Phantome, die auf dem Mond lebten, herumgeflogen sein.

In dieser Form verkörpert die Mondgöttin alle erotischen Träume, die die Menschen mit ihren verbotenen Freuden heimsuchen. Die Juden trugen sogar Amulette, um sich vor ihr zu schützen. Ihre Legenden erzählen, daß Lilith noch vor Eva Adams Frau war; doch sie erschien ihm und schlief nur bei ihm in seinen Träumen. So wurde sie zu den unsichtbaren Wesen dieser Welt, dem Feengeschlecht, gezählt.

Die Angelsachsen hatten ebenfalls eine dreifaltige Göttin, die mit Hexerei in Verbindung gebracht wurde. Sie hieß Wyrd und hatte, wie der Mond, drei Gestalten: junge Frau, reife Frau und häßliche Alte.

»Du Herrscherin des Mondes, Zaubers Königin,
Und mächtige Zauberin der Mitternacht,
Göttin aus schwärzesten Tiefen der Zeit,
Diana, Isis, Tanith, Artemis,
wir rufen deine Kräfte uns zur Hilfe hier!« [47]

Lilith, in der Hexerei eine der drei Verkörperungen der Mondgöttin, ist der Urtyp einer Verführerin.

Baphomets Illusionen

Baphomet ist eine geheimnisumwitterte Figur, die oft mit Hexerei in Verbindung gebracht wird. Sie zeigt sowohl männliche als auch weibliche Merkmale und wird normalerweise zusammen mit dem Mond abgebildet. Auf Tarot-Karten stellt sie oft den Teufel dar, doch ursprünglich war sie wohl der Gott Pan, der die Natur in ihrer Gesamtheit verkörpert – also der Mond. Wiederum gibt es, namentlich in den Hexenerzählungen von der Verführung Luzifers durch Diana, eine Verbindung mit der Göttin.

Baphomet trägt gekrümmte Hörner, ganz wie die Teufel – möglicherweise ein zusätzlicher Hinweis auf den Mond. Man kann sie für ein Symbol des Halbmondes halten oder für das gute und das böse Horn des Mondes. Einst glaubten die Menschen, der Mond sei das Heim des Teufels, oder wenigstens, daß die Teufel den Raum zwischen Mond und Erde bevölkerten. Die Jungfrau Maria wurde oft auf

einem Halbmond stehend abgebildet, als ob sie ihn besiegt hätte; die gebogenen Hörner des Teufels könnten bedeuten, daß er noch vom Bösen beherrscht wird.

Mondmagie

Bei so vielen Mondgöttinnen und Symbolen um uns herum kann es nicht überraschen, daß die Hexenkunst viele Mond-Riten und Mond-Rituale kennt. Zum Bekanntesten zählt das Hineinschauen in die Kristallkugel, die Hexen von alters her benutzen, um ihre Hellsichtigkeit zu fördern. Wie erfolgreich sie dabei sind, hängt von den Mondphasen ab. Doch keine der Phasen ist für sich besser als eine andere – jede Hexe muß die zu ihr passende selbst herausfinden.

So mancher denkt beim Wort »wahrsagen« sofort an eine Kristallkugel, doch Hexen benutzen dafür auch viele andere Gegenstände. Der alte Hexenkessel ist einer davon; seine dunkle Innenwand ist eine günstige Voraussetzung für gutes Sehen. Wenn er mit Wasser gefüllt ist und eine Silbermünze auf seinem Boden liegt, sieht das Ganze aus wie der Mond in einer dunklen Nacht. Die Hexe oder Seherin fixiert das Wasser ganz entspannt, bis ein Bild vor ihrem Auge – oder: vor ihrem geistigen Auge – erscheint, gewöhnlich als Antwort auf eine gestellte Frage.

Ein Zauberspiegel hat die gleichen Eigenschaften wie eine Kristallkugel. Er muß bei Mondschein hergestellt werden. Hexen sagen, daß es besonders wirkungsvoll ist, ihn selbst herzustellen und zu weihen. Man braucht eine runde, konkave Glasscheibe, zum Beispiel von einem alten Bilderrahmen oder einem Zifferblatt. Bei zunehmendem Mond werden mehrere Schichten schwarzer Emaillefarbe auf der konvexen Seite aufgetragen.

Der Spiegel darf niemals unmittelbar dem Sonnenlicht ausgesetzt werden, denn das würde ihn unempfindlich machen; Mondlicht dagegen »lädt ihn auf«. Bevor er benutzt wird, muß der Spiegel bei Vollmond geweiht werden, was häufig mit folgendem Zauberspruch geschieht:

»Rund von Silber, leuchtend hell,
wie der Mond zur Mitternacht,
Wenn die Hexenstunde schlägt,
Zeige Schatten mir des Lebens.
Diese Rune tut den Zauber,
nun gewähr' mir das Gesicht.«

Der Spiegel darf nie für etwas anderes als Magie benutzt werden und ist mindestens dreimal im Jahr dem Mondlicht auszusetzen.

Mit dem Spiegel kann man nicht nur in die Zukunft, sondern auch in die Vergangenheit sehen. So kann man eine weiße Kerze so in einem dunklen Raum aufstellen, daß sie das eigene Gesicht beleuchtet, aber nicht im Spiegel zu sehen ist. Starrt man dann in sein Spiegelbild und spricht: »Orakel von Mondeslicht, sende mir das zweite Gesicht«, sieht sich entspannt und ohne zu blinzeln in die Augen, so mag sich das Abbild des eigenen Gesichts langsam zu etwas verändern, was einem auf merkwürdige Art bekannt vorkommt.

»Orakel von Mondeslicht, sende mir das zweite Gesicht.«

Linke Seite: Die fröhlichen Riten des Pan, des mondgehörnten Naturgottes, sind ein Teil des heidnischen Erbes der Hexenkunst.

Die Spiegelung des Mondes im Wasser kann ein wirksames Mittel sein, um das eigene innere Wesen zu erforschen … und vielleicht ein paar lunare Geheimnisse zu entdecken.

Eine andere Methode bezieht den Mond auf viel unmittelbarere Weise ein. Die entsprechende Anweisung besagt: Nimm einen kleinen, konvexen Spiegel mit nach draußen, wenn der Mond in klarer Nacht voll und hoch am Himmel steht. Finde eine Position, in der du den Mond bequem im Spiegel einfangen kannst. Sieh auf die Enden der Lichtstrahlen und neige den Spiegel sachte hin und her, so, daß das Bild des Mondes in sanfter Bewegung ist. Dann erforsche die Wirkung des Mondes auf dein inneres Wesen.

Versuche auch einmal, die Spiegelung des Mondes auf der Meeresoberfläche zu betrachten. Sitze ganz einfach am Strand und gestatte deinen Augen, dem Pfad des Mondlichts zum Horizont und zurück zu folgen. Setze dies fort, bis du den Wunsch verspürst, die Augen zu schließen. Dann behalte das Nachbild und spüre, wie sich zum Rauschen des Ozeans das freundliche Licht in dir versammelt.

Seen, Dianas Spiegel, können genauso verwendet werden wie Kristallkugeln oder Spiegel. Dazu heißt es: Lege dich in einer Vollmondnacht neben einen See, betrachte entspannt die Spiegelung des Mondes auf dem stillen, schwarzen Wasser und bitte Diana um Hilfe, bis Nachrichten und Symbole auftauchen. Falls du eine bestimmte Frage hast, stelle sie jetzt; ansonsten lasse einfach zu, was das Leben dir sagen will.

»Denn auch sie liebte die Einsamkeit der Wälder und Hügel, und sie sah, wenn sie in klaren Nächten hoch oben wie der silberne Mond vorüberschwebte, mit Freude auf ihr eigenes, schönes Bild, das die stille, glatte Fläche des Sees, Dianas Spiegel, zurückwarf.«[48]

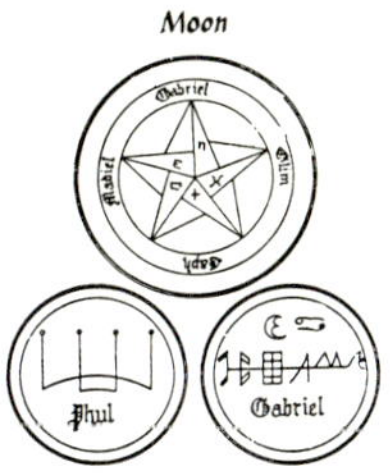

Mondgeheimnisse

Der Mond-Hexen-Verbindungen sind unzählige. Auch die verschiedenen Zahlen, die wir mit Hexerei verbinden, finden ihren Ursprung im Mond. Die Zahl 7, beispielsweise, wird verehrt. Sie geht auf die »Heiligen Sieben« zurück, die sieben Himmelskörper Saturn, Jupiter, Mars, Sonne, Venus, Merkur und Mond. Die Hexen übernahmen die Zahl vielleicht von den alten Astrologen, die glaubten, alles werde von ihr, beziehungsweise von jenen Himmelskörpern bestimmt.

Die Zahl 13 ist im Volksglauben die Zahl der Hexen bei einer Hexenversammlung, doch sie steht im Grunde für die Zahl der Mondmonate eines Jahres. Ähnlich verhält es sich mit der Zahl 3 (eine Beschwörung wird stets dreimal gesprochen!): Sie entspricht den drei Mondphasen. Die alten Druiden sagten, es gebe »drei preisende Namen des Mondes: die Sonne der Nacht, das Licht der Schönheit, die Lampe der Feen.«

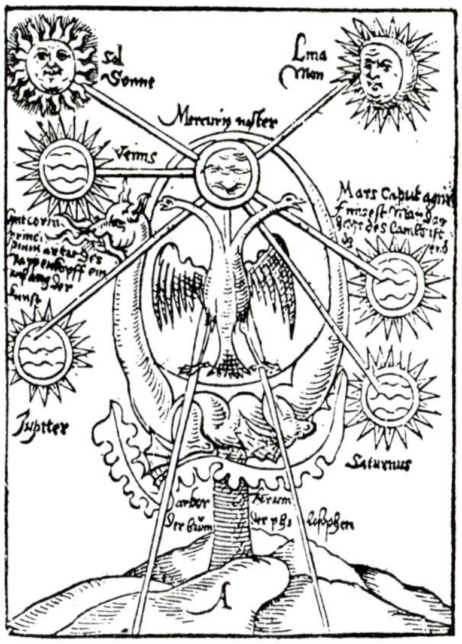

Hexenamulette bilden oft den Mond ab. Ein italienisches Amulett hat beispielsweise die Form eines Zweiges von Gartenraute und Eisenkraut, die als Dianas Lieblingspflanzen gelten. Natürlich ist das Stück aus Silber, Dianas Metall, und zeigt einen abnehmenden Mond, der seinen Träger vor Bösem schützen soll.

Achtung vor Kreuzungen in dunkler Nacht! Sie sind, eingedenk der Dreifaltigkeit der Mondgöttin, von jeher Treffpunkt der Hexen. Die Griechen und Römer errichteten Diana- oder Hekate-Statuen, wo drei oder mehr Straßen zusammentrafen, und so wurden Kreuzungen der Mondgöttin heilig. Überbleibsel dieser Praktik können heute noch hie und da gefunden werden. Im »Wych Cross« in Ashdown Forest beispielsweise, im englischen Sussex, treffen drei Straßen aufeinander: Ursprünglich hieß die Kreuzung »Witch Cross« (Hexen-Kreuz), eben weil sie ein Hexentreffpunkt war. Und im nahen New Forest, Hampshire, trafen sich Hexen an der Waldkreuzung »Wilverley Post«, nahe einer alten Eiche, die »Naked Man«, also »Nackter Mann« genannt wird.

Für die berüchtigtste Tätigkeit der Hexen, die Beschwörungen, ist der Mond von größter Bedeutung. Beschwörungen richten sich traditionell nach den Mondphasen: Der zunehmende Mond ist für den guten Zauber da, der abnehmende für bösartigere Absichten.

»Bete zum Mond, wenn er schön rund.
Glück kommt dir dann zu jeder Stund'.
Was du suchst, wird dann ein Fund,
Sei's auf See, sei's auf festem Grund.«

Mondrituale und Mondbeschwörungen

Obwohl es viele alte Beschwörungen gibt, kann jeder seinen eigenen, mächtigen Zauber erschaffen, indem er Rituale erfindet, die den Mond einbeziehen. Zwei zeitgenössische amerikanische »Hexen« verraten ihre Methoden:

»Letzte Nacht hingen wir aus dem Ostfenster und heulten den Mond an, die unglaubliche Kugel, die über die östlichen Hügel glitt ... und wir dachten uns ein Lied für ihn aus. Während der Nacht hatte ich einen Traum, der es mir ermöglichte, unter den Bauch des Todes zu schlüpfen, als Lebensspenderin ...«[49]

Und als Neumondfeier:

»Wir sitzen in einem weiten Kreis vor der Hütte. Wir fassen uns bei den Händen und gehen hinunter in die Wiesen, ins Dunkel. Wir erzählen uns Geschichten der Dunkelheit ... Bilder von Furcht tauchen auf, aber auch Macht und Stärke, von Wärme, von innerer und äußerer Ruhe. Eine große Kerze wird entzündet ... (Billie) hat 10 Schnürbeutel gebastelt; jede Schnur hat am Ende eine schwarze Perle, die den dunklen Mond symbolisiert. Sie gibt jeder von uns einen Beutel ... In den Beuteln finden wir Samen. Samen, die ersten Anfänge, der neue Mond ...« (Adler, op. cit.)

Der Mond und die Liebe

Für alle, die eine kleine Hilfestellung für Mondbeschwörungen brauchen, sind hier ein paar zum ausprobieren. Die erste hat allerdings mehr Unterhaltungswert als moralische Kraft! Sie stammt aus *Aradia, oder das Evangelium der Hexen*[50], einem Buch des 19. Jahrhunderts.

»Wenn ein Zauberer, ein Anbeter Dianas, einer, der den Mond anbetet, die Liebe einer Frau erringen will, kann er sie in einen Hund verwandeln. Sie wird, da sie vergißt, wer sie ist, sofort in sein Haus kommen und ... ihre natürliche Gestalt annehmen und bei ihm bleiben. Und wenn die Zeit gekommen ist, daß sie gehen muß, wird sie wieder ein Hund werden und nach Hause laufen, wo sie ein Mädchen wird. Und sie wird sich an nichts erinnern ... Und sie wird eines Hundes Form annehmen, weil Diana immer einen Hund an ihrer Seite hat.«

Dies ist der Spruch, den der wiederholen muß, der seine Geliebte in sein Haus holen will:

»Diana, schöne Diana!
Du bist so gut, so schön.
Bei der Verehrung, die ich für dich hege,
und all den Liebesfreuden, die du kennst,
beschwöre ich dich, hilf mir in meiner Liebe!«

Den Mond trinken

Ein anderer Spruch aus dem gleichen Buch erfleht Dianas Hilfe bei der Weinerzeugung.

»Der eine gute Ernte und guten Wein haben will, soll ein Trinkhorn voll Wein nehmen und damit in seine Weinberge gehen ... und dort aus dem Horn trinken und sprechen:

Trink ich aus diesem Horn, trink ich das Blut,
das Blut Dianas – zum Wohle!
Werf' ich einen Handkuß dann dem neuen Mond zu,
und bitte die Königin, den Wein zu schützen ...
So mag mein Weinberg wohl gedeihen.«[51]

Lunarer Liebeszauber

Diese Beschwörungsformel ist sehr alt, und interessanterweise gibt es darin ein Horn, das Symbol des neuen Mondes, das Diana geweiht ist. (Es heißt, Apollo habe Diana einen Altar ganz aus Hörnern gebaut.)

Liebeszauber richten sich häufig nach den Mondphasen. Um beispielsweise einen zukünftigen Geliebten im Traum zu sehen, wird anempfohlen, Schafgarbe zu sammeln, wenn der Neumond zu sehen ist. Dann soll man die Pflanzen unter das eigene Kopfkissen legen und folgende Verse immer wieder sprechen:

Du schönes Kraut aus der Venus Baum,
du, Schafgarbe mit Namen;
Wer mir erfüllt den Liebestraum,
das sage du mir morgen.«

Hoffentlich sind die Resultate besser als die Reime!

Zaubersprüche und Beschwörungsformeln, Räucherwaren und Heilpflanzen … alles wird von Hexen für ihre Zwecke benutzt, doch immer im Einklang mit den Mondphasen.

Mond und Geld

Dieser Zauber, so heißt es, bringt Bargeld: Stelle einen Teller, am besten aus Silber, der mit Wasser gefüllt ist, so in das Licht des zunehmenden Mondes, daß der Mond sich für dich darin spiegelt. Tauche deine Hände ins Wasser, und stelle dir, während sie an der Luft trocknen, vor, wie das Geld zu dir strömt. Es sollte dir von unerwarteter Seite zufallen, noch ehe der Mond wieder den gleichen Punkt in seinem Zyklus erreicht hat.

Monddiät

Der folgende Zauber muß von Hexen unserer Tage erfunden worden sein, denn er ruft den Mond um Hilfe beim Abnehmen an, was erst im 20. Jahrhundert Mode wurde. Dazu wird folgendes vorgeschlagen: Zeichne mit Bleistift so perfekt wie möglich die Silhouette, die du anstrebst. Dann zeichne um diese Silhouette herum die Umrisse, die du heute hast. Sei ehrlich! Verwahre die Zeichnung bis Vollmond an einem sicheren Ort. Dann verkleinere den äußeren Umriß etwas und entferne so – symbolisch – etwas Gewicht. Wiederhole das vierzehn Tage lang jeden Tag, solange der Mond abnimmt. Da erst ganz allmählich ein Ergebnis sichtbar werden dürfte, wiederhole die Prozedur beim nächsten Vollmond. (Scott Cunningham: *Earth Power*; Minnesota: Llewellyn Publications, 1986)

Den Mond anziehen

Hier ein Zauber, der Liebe einbringen soll. Dafür braucht man getrocknete Rosenblätter, eine Prise echte Katzenminze, eine halbe Handvoll Schafgarbe, je eine Prise Minze, Huflattich, Erdbeerblätter, zerstoßene Veilchenwurzel, Rainfarn und Eisenkraut. Diese sollten an einem Freitagabend, bei zunehmendem Mond, zusammengemischt und in drei Portionen geteilt werden.

Ist das geschehen, so nimmt man eine der drei Portionen und geht damit nackt ins Freie, läßt sich vor dem Mond auf ein Knie nieder, wirft die Mixtur in die Luft und bittet darum, daß er einem Liebe sende. Ist man dann wieder ins Haus gegangen, so verstreut man die zweite Portion im Schlafzimmer. Endlich näht man die letzte Portion in grünes oder rosafarbenes Tuch ein und trägt dies auf dem Körper. Der betörende Geruch allein sollte schon reichen, Liebe zu bringen![52, 53]

Räucherwaren werden traditionell bei Mondzaubern benutzt, um Schwingungen zu ergänzen. Sich seine eigenen herzustellen, vertieft das Erleben, vor allem wegen der Energie, die man in die Herstellung steckt. Eine solche Räuchermischung kann auf glühenden Kohlen in einem Räucherbecken verbrannt oder in ein Feuer geworfen werden.

Segen

Dies Rezept ist für den Gebrauch bei Vollmond gedacht, es soll seinen Segen bringen und kann in allen Ritualen verwendet werden, die mit dem Mond zu tun haben. Man mische dazu gleiche Teile von zermahlenem Weihrauch und weißem Sandelholz, füge ein Viertel Veilchenwurzel und ein paar Tropfen Lotusöl hinzu und verbrenne die Mischung im Angesicht des Vollmonds.

Ähnlich verhält es sich mit folgender Mischung, die alle nahen Himmelskörper beschwört, denn jede ihrer Zutaten ist einem von ihnen geweiht; sie ist sehr wirkungsvoll, wenn sie in Ritualen verwendet wird. Sie besteht zu gleichen Teilen aus Weihrauch (Sonne), Veilchenwurzel (Mond), Lavendel (Merkur), Rosenblättern (Venus), Drachenblut (Mars), Fünffingerkraut (Jupiter) und Weißwurz (Saturn).

Und hier zwei Räucherwaren, deren Herstellung sich nach den Mondphasen richten sollte. Die erste soll Wohlstand bringen: Man mische zu gleichen Teilen

Klee, Muskatnuß, Zitronenbalsam, Mohnsamen und Zedernholz; mit ein paar Tropfen Geißblatt- und Mandelöl anfeuchten. Dies geschehe an einem Donnerstag, wenn der Mond zunimmt. Die zweite, eine Liebesräucherei, sollte an einem Freitag, bei zunehmendem Mond, hergestellt werden. Man mischt dafür zu gleichen Teilen Rosenblätter, Zimt, Patschuli und rotes Sandelholz und verbrennt die Mischung später während der Rituale, die Liebe bringen sollen.

Liebe verjagen

Falls Sie die Liebe lieber fernhalten möchten – oder zumindest eine uninteressante Person –, benutzen Sie Kampfergummi. Kampfer soll vom Mond beeinflußt sein. Überreden Sie die unerwünschte Person, daran zu riechen, und sie wird Sie sofort in Ruhe lassen! Kampfer kann auch zum Räuchern benutzt werden – für leichteres Einschlafen –, und in einem Lederbeutel um den Hals getragen werden, um Erkältungen abzuwehren.

Auch die Gurke soll eine Pflanze des Mondes sein. Sie soll die Fruchtbarkeit steigern, wenn sie im Schlafzimmer aufbewahrt wird! Andere Pflanzen, die auch mit dem Mond zu tun haben und in Ritualen verwendet werden können, sind: die Gardenie – um das andere Geschlecht anzuziehen und um eine Verbindung mit dem Mond herzustellen; Huflattich – er läßt einen einschlafen, wenn man seinen Saft auf die Stirn reibt, und blockiert das Verlangen, wenn man seine Blätter ißt; Mohn – mischt man seine Samen unter das Essen, tragen sie dazu bei, daß eine Frau schwanger wird. Um Träume zu leiten, nimmt man eine getrocknete Mohnkapsel, schneidet ein kleines Loch hinein, entfernt die Samen, schreibt eine Frage auf ein Stück Papier, steckt es in die leere Samenkapsel und legt sie neben das Bett – die Träume sollten danach die Frage beantworten; Sandelholz soll die Zimmerluft klären und wird viel für Heilöle und Räucherwaren verwendet; Weiden schließlich haben alle möglichen Verbindungen mit Hexen und Mond, vielleicht wegen ihres wäßrigen Ursprungs. Für Heilrituale wird ein Weidenstab benutzt, und Hexenbesen werden von Weidenbast zusammengehalten. Weiden können den Segen des Mondes herabholen und das Haus schützen, neben dem sie stehen. Ein Weidenstück bei sich zu haben, soll selbst Todesfurcht unterdrücken.

Der letzte Zug

Und wenn wir nun »den Mond herunterholen« wollen? So, wie es dereinst Brauch war? Dafür gibt es allerlei verschiedene Methoden. Vergessen Sie jene, die eine Tasse und einen Dolch einschließen, denn sie verwenden im Grunde Sonnenrituale. Folgendes »Rezept« schließt alle Elemente ein, die man braucht, um den Mond auf die Erde zu zwingen.

Der uralte Ritus wird im Freien vollzogen, nach Sonnenuntergang, während der ersten drei Nächte nach Neumond. Man braucht dazu drei Leute, von denen mindestens zwei weiblich sein sollten. Eine Schale aus Silber oder Glas wird in die Runde gestellt. Dazu kommen ein kleiner runder Spiegel und eine Flasche Weißwein oder Quellwasser. Die erste Person hält die Schale, die zweite gießt Wein hinein und die dritte hält den Spiegel so, daß er das Bild des Mondes in die

Schale wirft. Wenn das Spiegelbild dort zu sehen ist, wird eine der Mondgöttinnen – Diana, Artemis oder Isis – angerufen, damit sie ihren Segen und ihre Macht in den Wein beziehungsweise das Wasser leitet. Gebete, Rezitationen oder Gesänge können, als Gegenleistung für die Weisheit des Mondes, dargeboten werden.

Dann wird gedankt, und ein paar Tropfen des kostbaren Weins werden vergossen, auf die Erde, aus der er einst kam. Dann wird der Wein getrunken – ein Zeichen der Einheit mit der Mondgöttin. Falls es statt Wein Wasser gibt, kann dieses noch für Segnungen und Vorhersagen genutzt werden, es sollte aber zu Vollmond verwendet sein. Speziell bereitete Mondkekse (Rezepte dafür folgen in Teil II) können mit dem Wein verspeist und einige Krümel zum Dank ausgestreut werden. Diese einfache, aber wirksame Zeremonie kann einen, wenn sie mit Liebe und Respekt durchgeführt wird, wieder zu den eigenen inneren Kräften, den Verbindungen zur Mondgöttin, zurückfinden lassen.

Alchimie

In einem wichtigen alchimistischen Text aus dem frühen 16. Jahrhundert, *Der Rosengarten der Philosophen*, sind ein König und eine Königin abgebildet, die auf einer Sonne beziehungsweise einer Mondsichel stehen; zwischen ihnen gekreuzte Blumen und eine Taube. Die Bildunterschrift lautet: »Merke auf: In unserer gelehrten Kunst wird von den Philosophen nichts verborgen, außer dem Geheimnis der Kunst, das nicht allen und jedem eröffnet werden darf. Denn wenn das geschähe, würde dieser Mann angeklagt werden: Er würde sich Gottes Zorn einhandeln und am Schlage sterben. Deshalb haben alle Fehler in der Kunst ihre Ursache darin, daß nicht mit den richtigen Substanzen begonnen wird.«[54]

So werden wir davor gewarnt, mit der alchimistischen Kunst zu spielen. In diesem Zusammenhang ist bemerkenswert, daß sich die Figuren nicht die rechten,

sondern die linken Hände geben – Alchimie ist also ein Weg der Intuition und der Kreativität. Hier werden Gegensätze verbunden, Mann und Frau, Sonne und Mond. Wie der Text nämlich ebenfalls sagt: »Für diese Arbeit sollst du die ehrwürdige Natur nutzen, denn von ihr und durch sie wird unsere Kunst geboren, und von nichts sonst: So ist unsere Wissenschaft ein Ergebnis der Natur, nicht ein Ergebnis unseres Handelns.«

Die Vereinigung der Gegensätze – von denen einer klar durch den Mond verkörpert wird – drückt sich auch in den sich kreuzenden Blumenstengeln aus, von denen einer von einer Taube im Schnabel gehalten wird, die von einem Stern herabkommt. Sie verbinden Ost und West, Nord und Süd, das Oben und das Unten, Sonne und Mond, Mann und Frau. Diese Gegensätze müssen, sagen die Alchimisten, zusammengebracht werden, um einen Menschen ganz werden zu lassen. So sind Sonnen-König und Mond-Königin Symbole des Prozesses, der in den Experimenten der Alchimisten vollzogen werden sollte.

Links: Sonnen-König und Mond-Königin der Alchimisten des Mittelalters versinnbildlichen die Einheit der Gegensätze.

Die Experimente sind im Grunde einfach und praktisch, doch die Alchimisten hofften, etwas wirklich Neues zu finden, indem sie versuchten, die Mysterien des Lebens und unbekannte Kräfte ins Spiel zu bringen.

Der Text fährt fort: »Die Blicke (von König und Königin) trafen sich und sprachen von den noblen, offenen Herzen ... die linken Hände – der Herzseite – griffen spontan zu, und die rechten – des Geistes – kreuzten blumige Beweise des gemeinsamen Ideals, das zu verwirklichen war: nicht das gemeine, des Verlangens, sondern das edle, der Selbstvergessenheit eines jeden in seiner Existenz jenseits von Zeit und Raum.«

Das nächste Bild zeigt Sonnen-König und Mond-Königin im Bad (Sonne und Mond sind nicht mehr abgebildet). Die Gegensätze haben sich verbunden: Blumen und Arme bilden nun einen Kreis, und das Wasser verbindet alles.

Dann folgt ein Bild vom Koitus des Sonnen-Königs und der Mond-Königin, das den Absturz ins Chaos versinnbildlicht, vielleicht sogar die allerersten Schöpfungsmächte. Sie tauchen im Wasser unter, doch dabei erschaffen sie eine neue Seele. Die Reime unter dem Bild lauten:

Sonnen-König und Mond-Königin tauchen ein in die quecksilbrige Flüssigkeit der geschlechtlichen Vereinigung.

»O Luna, die ich hier umarme,
Sei stark wie ich, zeig soviel Charme.
O Sonne, hellstes Licht, das ich kenne,
du brauchst mich doch, wie der Hahn die Henne.«

Unten und rechts: Der Mond ist in unzähligen alchimistischen Abbildungen ein Symbol der Anima.

Das Rosarium sagt über dieses Bild: »Dann erhob sich Beya (die mütterliche See) über Gabricus und schloß ihn in ihren Schoß, so daß nichts mehr von ihm gesehen ward. Und sie umarmte Gabricus mit so viel Liebe, daß sie ihn vollständig in sich aufsog und er in seine kleinsten Teile zerfiel.« Kein Wunder, daß der Mensch Angst vor dem Mond hatte!

C. G. Jung warf in den zwanziger Jahren ein neues Licht auf Sonnen-König und Mond-Königin. Er vertrat die Meinung, sie seien Symbole des Bewußten und des Unbewußten. Man könnte sagen, daß der Ich-Bereich des Sonnen-Königs von Freud und seinen Nachfolgern untersucht wurde, während Jung (interessanterweise zunächst auch ein Anhänger Freuds) in die Tiefen der Mond-Königin hinabstieg. Jung nannte die beiden Kräfte *animus* und *anima.* Das Unbewußte neigt ihm zufolge dazu, im Mann in weiblicher Gestalt aufzutauchen; in Frauen nimmt es dagegen männliche Gestalt an. Die *anima* besteht aus vielen, uralten Frauenbildern, sie ist die »ewige Frau« – und wird oft durch den Mond symbolisiert.

Die Alchimisten stellten ein Amalgam aus Quecksilber und Silberlösung her, kristallisiertes Silber. Es wurde »Dianas Baum« oder »Baum der Philosophen« genannt, denn für die Alchimisten war Silber die Farbe Dianas.

In der Alchimie wurde jedem Planeten ein Metall zugeordnet. Beider Namen waren austauschbar. Sie sollten direkten Einfluß auf Gesundheit und Charakter eines Menschen haben. Ein Grübler galt beispielsweise als saturnischer Typ und wurde mit Silber behandelt; damit nahm er den Mond ein, der ihn in Bewegung brachte und seinen Tiefsinn schwinden ließ.

Kapitel 7

Mondsüchtigkeit

»Das ist der wahre Irrtum dieses Monds:
Er kommt der Erde näher, als er will,
Und macht die Menschen wild.«[55]

Dem Mond ist die Schuld für viele Fehltritte des Menschen in die Schuhe geschoben worden. Bei Vollmond sind wir wohl alle etwas »verrückter« als sonst. Der Mond stellt selbst unbescholtenen Bürgern die Haare zu Berge, läßt sie auf allen vieren kriechen oder macht sie bisweilen zu Werwölfen. Zumindest glaubt man vielerorts, daß wir bei Vollmond über besondere psychische Kräfte verfügen.

In diesem Kapitel sollen jene Geschichten eine Rolle spielen, die von Mondsüchtigkeit in der einen oder anderen Form handeln. Könnte etwas Wahres an ihnen sein? Macht der Mond uns wirklich verrückt?

Wo sind die Werwölfe?

»Sie erreichten einen Punkt der Straße, an dem sie von Grabmalen gesäumt war, wie das wohl an jeder Straße in der Nähe einer römischen Stadt der Fall war. Das Mondlicht war fast so hell wie die Mittagssonne, als sein Begleiter seitwärts zwischen die Gräber trat … er zog sich aus und legte seine Kleider an der Straße ab … er stand da wie tot. Der Soldat urinierte einen Kreis um seine Kleider und dann verwandelte er sich plötzlich in einen Wolf … er heulte auf und verschwand in die Wälder. Niceros wußte zuerst überhaupt nicht, was er tun sollte, doch dann ging er, die Kleider des Mannes aufzuheben. Sie hatten sich in Stein verwandelt. Ihn überkam eine tödliche Lähmung, doch er zog sein Schwert und hieb auf Schatten ein, bis er die Villa seiner Geliebten erreicht hatte. … Sie sagte: Ein Wolf ist bei uns eingebrochen, hat alle Schafe verängstigt und dann unter ihnen gehaust wie ein Schlächter. Doch ihm wird das Lachen schon noch vergehen; unser Sklave hat ihm mit einem Speer in den Hals gestochen.

In vielen Völkern soll es Fälle von Lykanthropie gegeben haben.

Niceros verließ das Haus bei Tagesanbruch und ging zu der Stelle, wo die Kleider zu Stein erstarrt waren. Er fand sie dort nicht mehr, nur eine kleine Blutlache. Als er das Haus erreichte ... versorgte ein Arzt die Wunde am Hals. Da begriff er, daß der andere Mann ein Wendepelz, ein Werwolf war.«[56]

Solche haarsträubenden Werwolf-Erzählungen kann man auf der ganzen Welt finden. Etwas haftet ihnen an, das an die tiefste Angst eines jeden rührt. Der Glaube an Werwölfe kann beispielsweise bis ins antike Griechenland zurückverfolgt werden; die Navajo-Indianer meinten, sie schlügen Schafe und grüben die Toten aus; im Buch Daniel heißt es, daß König Nebukadnezar an Depressionen litt, die ihn glauben ließen, er sei ein (grasfressender) Wolf. Im Europa des 16. Jahrhunderts wurden viele Männer wegen Lykanthropie (eine Form des Wahnsinns, die bewirkt, daß der Kranke sich für ein Tier hält und große Mengen Nahrung verschlingt, die Stimme ändert usw.) vor Gericht gestellt, für schuldig befunden und hingerichtet.

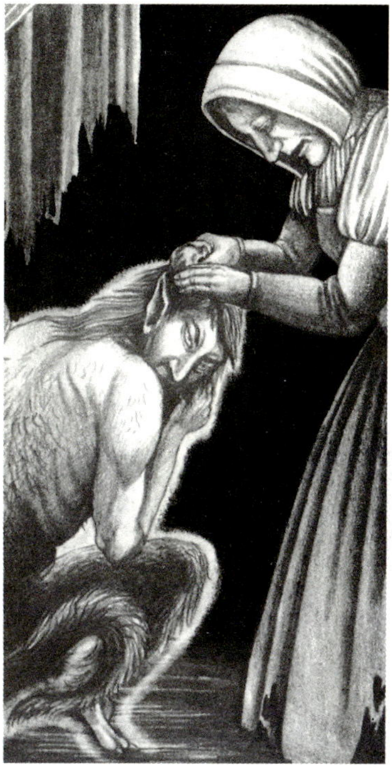

Dem silbrigen Mondlicht gab man die Schuld an der vielleicht bizarrsten menschlichen Krankheit – der Lykanthropie, also der Wahnvorstellung, ein Werwolf zu sein.

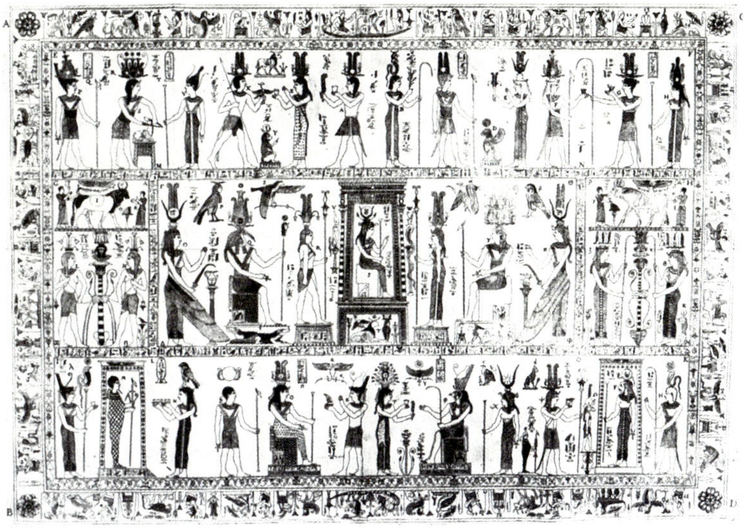

Doch in welchem Land und unter welchen Umständen auch immer – stets wurde dem Mond die Schuld daran zugeschrieben.

Ein Priester aus dem 19. Jahrhundert beschreibt, was bei Vollmond passiert:

»Es überfällt sie der Wunsch, loszulaufen. Sie verlassen ihre Betten, springen aus dem Fenster und hinein in einen Brunnen. In dichtes Fell gehüllt, kommen sie von ihrem Bad, laufen auf allen vieren und beginnen eine Jagd durch Wiesen und Felder, durch Wälder und Dörfer, auf der sie alles beißen, Mensch oder Tier, das ihnen in den Weg kommt. Wenn der Morgen graut, kehren sie an die Quelle zurück, springen hinein, verlieren ihr Fell und legen sich wieder in ihre eben noch verlassenen Betten.«[57]

Wie man einen Werwolf erkennt

Auf folgende Zeichen – so wird erzählt – sollte man achten, wenn andere anfangen, sich seltsam zu benehmen: auf ein Teufelsmal an der Kehrseite; einen buschigen Schwanz; zusammengewachsene Augenbrauen (dies war vor allem den Dänen ein Zeichen, für die die Mittelmeerländer voll von Werwölfen gewesen sein müssen); jede Wunde, die einem Werwolf beigebracht wird, bleibt, wenn er sich wieder in einen Menschen zurückverwandelt; Werwölfe, die bei Vollmond nicht verwandelt sind, haben Haare unter ihrer Haut. Eine beliebte Werwolf-Prüfung bestand deshalb darin, dem Verdächtigen die Haut abzuziehen, um zu sehen, ob darunter Haare wuchsen! Wenn man dort freilich keine Haare fand, war es für das Opfer bedauerlicherweise meist schon zu spät.

Es ist – wie es scheint – offensichtlich erheblich einfacher, ein Werwolf zu werden, als ein Vampir.

Zum einen muß man als Werwolf nicht tot sein. Man braucht nur einen Vollmond und einen kleinen Fluch; vielleicht tut es auch ein Gürtel aus Menschenhaut. Damit schon kann es jedem passieren. Anders als der Vampir ist der Werwolf geradezu schrecklich lebendig. Kundige Schwarzer Magie konnten sich angeblich beliebig in Werwölfe verwandeln, indem sie ihre Haut mit einer magischen Salbe bestrichen und einen Zaubergürtel aus Wolfs- oder Menschenhaut anlegten.

Der Stoff, aus dem die Alpträume sind … Das seltsame Licht, das uns des Nachts verwirrt, gebiert Ungeheuer.

Verwandlung in einen Wolf

Falls jemand glaubt, das sei alles bloße Spinnerei, denke er vielleicht doch noch einmal darüber nach.

Schon die Vorstellung, sich in einen Wolf zu verwandeln, hat eine ganz reale Wirkung auf das Leben des Erkrankten. Im Europa des Mittelalters gab es zuhauf Bekenntnisse vermeintlicher oder angeblicher Werwölfe. Das erscheint weniger erstaunlich, wenn man bedenkt, daß glühende Eisen und die Streckbank benutzt wurden, um aus Verdächtigen »die Wahrheit« herauszupressen. Dem Geständnis folgte die Hinrichtung, üblicherweise durch Hängen oder Verbrennen, doch manchmal auch, auf besonders poetische Art, durch eine Kugel aus Silber, dem Metall des Mondes.

Der arme Peter Stump wurde 1589 in Deutschland dieses Verbrechens wegen hingerichtet. Ein zeitgenössischer Bericht beschreibt die Hinrichtung so: »Das Fleisch verschiedener Körperteile wurde mit glühenden Zangen herausgerissen, seine Arme, Beine und das Becken auf dem Rad gebrochen, und schließlich sein Körper verbrannt. Er starb reuig und bat, seinem Körper keine Qual zu ersparen, damit seine Seele gerettet werden möge.«

1521 wurden drei Menschen der Verwandlung in einen Wolf verdächtigt und hingerichtet.

1573 rief ein regionales französisches Parlament die Bürger auf, »mit Küchenspießen, Hellebarden, Speeren und Stöcken den Werwolf, der unseren Distrikt verpestet, zu jagen, zu binden und zu töten«. Vielleicht wurde diese Entwicklung von den obszönen Geschichten des Franzosen Jean Peyral ausgelöst, der davon überzeugt war, ein Werwolf zu sein. 1518 platzte der Gerichtssaal aus allen Nähten, in dem Menschen gierig seine Geschichten verschlangen, wie er mit Wölfinnen kopuliert habe und vom Teufel in einen Wolf verwandelt worden sei. Selbst der Gestank der Salbe, die er dafür verwendet hatte und die er dem Gericht präsentierte, vertrieb das Publikum nicht. Peyral wurde gefoltert und hingerichtet; seine Leiche verbrannt und die Asche in alle Winde verstreut.

Gilles Garnier, ein anderer Franzose, gestand sein Verbrechen 1573. Er erzählte, er habe mehr als ein Dutzend Kinder verschlungen, indem er sie mit Zähnen und Krallen zerrissen habe. Viele Zeugen waren bereit, das zu bestätigen. Garnier wurde auf dem Scheiterhaufen verbrannt.

Es überrascht wohl nicht, daß viele »Werwölfe« die harten Konsequenzen scheuten und ihre üble Krankheit heilen lassen wollten. Eine Heilmethode bestand darin, die Kopfhaut eines Werwolfs zu ritzen. Dies soll einem reichen Mann in Palermo (Italien) widerfahren sein, der wölfische Neigungen hatte. Wenn ihn ein Anfall packte, ließ ihn sein Diener durch eine geheime Tür aus dem Haus, damit er umherstreifen konnte. Eines Nachts traf er auf einen jungen Mann, der von einem Trinkgelage heimkehrte. Der Werwolf griff ihn an. Doch der junge Mann, zu betrunken um wegzulaufen, zog ein Messer und hieb ihm über die Stirn. Als das Blut hervorschoß, heulte der Wolf vor Schmerz auf und nahm wieder menschliche Gestalt an. Und niemals wieder stand er im Banne des Mondes.

Beeinflußt das Licht des Nachthimmels unseren Geist auf eine Art, die wir gerade erst zu verstehen beginnen?

Andere Unglückliche versuchten, sich während mondheller Nächte in Zimmern mit vergitterten Fenstern einzuschließen. Es heißt, man konnte einen Werwolf heilen, indem man ihm einfach auf den Kopf zusagte, daß er einer sei, oder indem man ihn dreimal bei seinem Vornamen rief und drei Blutstropfen vergoß. Falls der Werwolf einen Pakt mit dem Teufel eingegangen war, mußte man ihm den linken Daumennagel, der immer länger und horniger wurde, abschneiden, um den Eid aufzuheben.

Ist das nun alles nur Material für Horrorfilme wie »Der Werwolf in London«? Oder steckt mehr dahinter, als wir uns vorstellen mögen ...?

Eine kühne Erklärung wäre, daß sich der Astralleib eines Menschen in Wolfsform materialisiert, während der physische Leib in Trance fällt. Eine andere Erklärung besagt, es handle sich um eine Geisteskrankheit, bei der der Kranke auf allen vieren herumläuft, heult und glaubt, er sei ein Wolf. Was aber völlig außer Zweifel steht, ist die tiefsitzende Furcht, die der Gedanke in uns auslöst – Furcht vor dem Wolf, vor unserer eigenen tierischen Natur, vor der Unsicherheit – die ganze Angst des Lebens. Doch was auch immer die Wahrheit ist, warum sollte der arme Mond am Schicksal der Werwölfe schuld sein? Ist es nur angenehm, etwas zu haben , das man dafür verantwortlich machen kann, oder hat der Mond wirklich auch in diesem Sinn Einfluß auf uns? Die Vorstellung, daß der Mond einen in den Wahnsinn treiben kann, ist alt. Und während das Werwolfdasein in seiner letzten Ausprägung glücklicherweise doch eher selten anzutreffen ist, kann man ein erregteres, chaotischeres Verhalten zu Vollmond selbst bei »normalen« Menschen feststellen. »Ich habe einen Mann ... doch er ist so ein Mondling, daß keine menschliche Vernunft ... ihn hindern kann, sich wie ein Esel zu verhalten.«[58]

Mondsüchtigkeit

Das Mondsüchtigkeitsgesetz von 1842 spricht den verschiedenen Mondphasen die Fähigkeit zu, verschiedene Geisteszustände zu erzeugen, wobei die hellen Momente in den beiden ersten Mondphasen liegen. Ein zweihundert Jahre altes englisches Gesetz unterscheidet tatsächlich zwischen Geisteskranken und »Mondsüchtigen«, die im Wechsel der Mondphasen verrückt wurden. Die Irrenwärter glaubten mit Gewißheit an die Mondkräfte: Zu Vollmond wurden von jeher die Mannschaften der Irrenhäuser verstärkt. Im 18. Jahrhundert wurden die Insassen kurz vor Vollmond gründlich durchgepeitscht – ein schwacher Versuch, sie daran zu hindern, vollends durchzudrehen und aggressiv zu werden.

> *»Wenn der Mond ganz zugenommen hat,*
> *hat der Verstand ganz abgenommen.«*

Das Wort »lunatisch«, mondsüchtig, kommt vom lateinischen Wort *luna*, Mond. Der mittelalterliche Arzt Paracelsus nannte das Gehirn denn auch den »mikrokosmischen Mond« und stellte fest, daß sich Irrsinn bei Vollmond verschlimmerte. Diese Verbindung wurde bis Ende des letzten Jahrhunderts nicht bezweifelt, und man gestand für Verbrechen, die bei Vollmond begangen wurden, grundsätzlich mildernde Umstände zu.

Legenden bezeugen die seltsamen Vorgänge zu Neumond: Ein skandinavisches Märchen, *Der Zauberspiegel*, erzählt von König Alting, der sich bei Vollmond wie ein wildes Tier aufführte. In Island rät man Schwangeren, nicht im Mondlicht zu sitzen, wenn ihr Kind nicht gestört auf die Welt kommen soll.

Die Ägypter meinten, Irrsinn könne geheilt werden, wenn der Kranke bei Vollmond Fleischbällchen aus dem Fleisch einer bestimmten Schlange verspeise. Interessanterweise herrschte der ägyptische Gott Thot sowohl über die Intelligenz als auch über den Mond. Der babylonische Gott Sin war ebenfalls zugleich Herr der Weisheit und des Mondes. Und in südeuropäischen Ländern dachte man, Wesen vom Mond brächten den Irrsinn auf die Erde. Die Reihe ließe sich nahezu beliebig fortsetzen.

Es gab vielfach die Mahnung, sich nicht dem Mondlicht auszusetzen und keinesfalls im Mondlicht zu schlafen. Der rational denkende Hippokrates sagte, Mondlicht erzeuge Alpträume; der jüdische Talmud warnt davor, im Mondlicht zu schlafen; und der griechische Philosoph Plutarch behauptete, solcher Leichtsinn müsse in den Irrsinn führen.

> *»Der Durchlaß ist erst klein, dann reißt er auf,*
> *der Wahnsinn bricht bei Vollmond durch zuhauf.«*
> (Cowper, 1780)

Und dann gibt es da natürlich noch Jekyll und Hyde. Abgesehen von Robert Louis Stevensons bekannter Erzählung über Dr. Jekyll und Mr. Hyde, gibt es in der Tat auch noch den Fall des englischen Arbeiters Charles Hyde, der sich wegen Mordes und anderer Verbrechen verantworten mußte. Er wurde mit der Begründung freigesprochen, sein Verhalten sei durch Neumond und Vollmond ausgelöst worden.

»Macht das der Mond der Sommernacht?
Ist alle Welt verrückt geworden?« [59]

Es heißt, bei Vollmond geschähen ganz allgemein mehr Verbrechen als sonst. Gibt es dafür Beweise, die einer Überprüfung standhalten?

In Dade County wurden die dort zwischen 1956 und 1970 begangenen Morde daraufhin untersucht: Die 1.887 Morde häuften sich auffallend um Vollmond beziehungsweise Neumond. Eine ähnliche Feststellung machte 1978 eine Studie in Cuyahoga County. Andere Studien kommen nicht zu diesem Ergebnis, doch dafür gaben die gewöhnlich sehr skeptischen Wissenschaftler H. J. Eysenck und D. K. B. Nikias einen interessanten Grund an[60]: Die meisten Mordstatistiken erfassen jeweils den Zeitpunkt, zu dem der Tod festgestellt wurde – und nicht den der Tat selbst: Beide können weit auseinanderliegen. Die Dade-County-Studie hatte sich indes auf den Tatzeitpunkt bezogen. Kriminalstatistiken Floridas aus den Jahren 1956 bis 1970 zeigen, daß die meisten Morde an Vollmond begangen wurden und daß sich die Taten um Neumond herum erneut häuften. Eine Studie in Ohio fand ein ähnliches Muster, doch lagen die Höhepunkte hier drei Tage nach Voll- beziehungsweise Neumond. Der Unterschied wurde mit der nördlicheren Lage Ohios begründet.

Das »American Institute of Medical Climatology« kommt zu dem Schluß, daß »Verbrechen und Vergehen mit stark psychotischer Ursache, wie Pyromanie, Kleptomanie, extrem aggressives Fahrverhalten und mörderischer Alkoholismus, alle an Vollmond ihre Spitzenwerte erreichen, und daß Bewölkung keinen Schutz vor diesem Trend bietet«[61]. Also ist das Mondlicht offenbar unschuldig – der Mond an sich hat Schuld.

Eine neue Erklärung lautet, daß der Zeitpunkt des örtlichen Hochwassers (unabhängig davon, ob sich der Ort am Meer befindet oder nicht) wichtiger ist als die Mondphase. Studien zeigen, daß Kriminalitätsraten dann ihren Höhepunkt erreichen, wenn der Mond im Zenit steht, und wenn er das tut, herrscht eben Hochwasser.

Wie könnte denn nun die etwas abgedroschene Geschichte vom Wahnsinn bei Vollmond bewiesen werden? Zum einen könnte man sich die Zahl der Patienten ansehen, die psychiatrische Kliniken während der einzelnen Mondphasen aufnehmen. Doch da gibt es einen Haken – es dauert manchmal Tage, bevor jemand aufgenommen wird. Eine Studie über mehr als 1.000 Aufnahmen eines Hospitals in Ohio hat versucht, dies zu berücksichtigen. Und sie stellte prompt einen signifikanten Zusammenhang zwischen Vollmond und nervlich bedingten Zusammenbrüchen fest.

Kann man die Wirkung des Mondes auf das Gehirn messen? Man kann: Der Neurologe Dr. Leonard Ravity hat die winzigen elektrischen Nervenströme mit einem Mikro-Voltmeter gemessen. Er stellte bei Neumond und Vollmond heftige

Die Ägypter hatten eine einzigartige Heilmethode für Werwölfe: Bei Mondlicht sollten die Kranken Schlangenfleischbällchen essen.

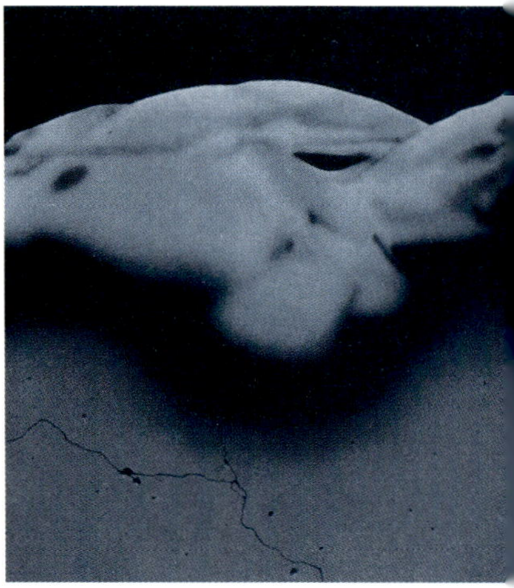

Veränderungen fest und schloß daraus, daß bereits angeschlagene Menschen zu diesen Zeiten noch wankelmütiger werden.[62]

Wenn dies alles so ist, könnte der Mond dann nicht auch unsere geistigen Kräfte beeinflussen? Unsere Eingebung sagt uns, daß der Schein des kalten, hellen Lichtes Dinge in uns auftauchen läßt, die in den Tiefen unseres Wesens verborgen liegen. Doch in diesem Zeitalter der Wissenschaft und des Argwohns gegenüber unbelegten Behauptungen müssen wir uns nach handfesteren Beweisen umsehen. Ein unerschrockener Wissenschaftler hat versucht, die flüchtigen psychischen und telepathischen Kräfte zu messen. Es hört sich fast wie die Erschaffung Frankensteins an, wenn Andrija Puharich[63] selbst die Prozedur beschreibt:

»Fünf Jahre der Vorbereitung waren nötig, bevor ich einen ganzen Mondmonat lang eine zufriedenstellende Serie telepathischer Tests durchführen konnte … Der Proband war Harry Stone, den sechs Monate Laborarbeit gründlich an die Kontrollmechanismen gewöhnt hatten … Der Versuchsraum war ein Faradayscher Käfig … Die telepathischen Fähigkeiten wurden durchweg mittels zweier äußerlich identischer Kartensets überprüft … Die Spitzen der Trefferquoten lagen bei Neumond und bei Vollmond. Letzterer zeigte eindeutig die höchsten Werte.«

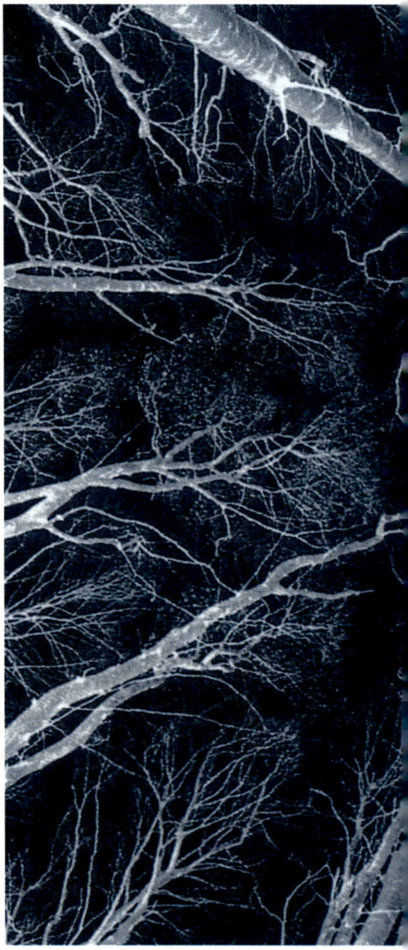

Puharich macht dafür die gleichen Anziehungskräfte verantwortlich, die auch die Gezeiten bewirken. Der Mond »zieht« unsere telepathischen Kräfte, unsere kundalinischen Energien, in bestimmten Phasen stärker an als in anderen. Das sollte uns nicht sonderlich überraschen, nachdem wir seine Verbindungen mit Menstruation, Werwolfempfindungen und dem geheimnisvollen Fluß des Lebens kennengelernt haben. Obwohl die Idee schon ziemlich alt ist, gibt es hier freilich noch viel zu erforschen.

Zum Schluß hier noch ein paar Forschungsergebnisse, die den Körper betreffen. An ihnen zumindest gibt es wenig zu bezweifeln.

Als wissenschaftlich erwiesen gilt, daß der Mond Blutungen beeinflußt. Ein amerikanischer Wissenschaftler, Dr. Edson Andrews, fand heraus, daß 82 % der operativ verursachten Blutungen im letzten und ersten Viertel des Mondzyklus auftreten, wobei eine auffallende Häufung um den Vollmond herum festzustellen ist. Er schloß daraus: »Diese Daten scheinen mir so schlüssig und überzeugend zu sein, daß ich ein Schamane werden möchte, der nur in stockdunklen Nächten operiert und die mondhellen Nächte der Liebe vorbehält.« (L. Watson, op. cit.) Und wenn der Mond schon Blutungen beeinflussen kann, soll man dann nicht auch über seine Wirkungen auf unser seelisches und geistiges Leben reden, auf Ebbe und Flut der menschlichen Gezeiten?

»Ja, schöner Mond! Wenn du so mild und hell –
und sicher gegen deinen Willen – schnell
in wilde Launen jagst die angstvoll starre Seele,
Gestatte, daß das Gegenteil ich nicht verhehle;
Es gibt ein einfühlsames, zärtliches Teil
im Herzen eines jeden Menschen, das zum Heil du rührst,
zu Heilung und Gelassenheit.«[64]

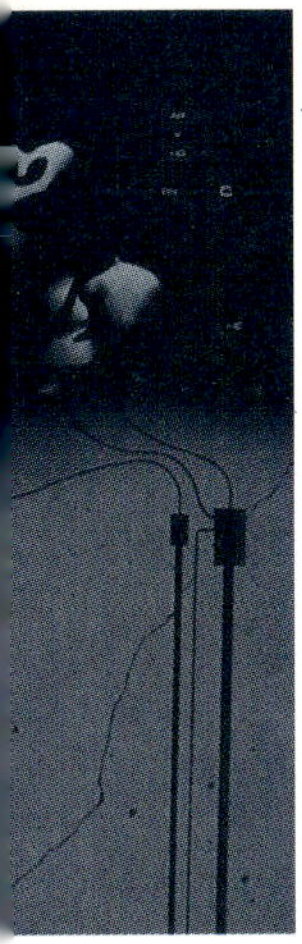

Der Mond nimmt zu und ab, geht auf und unter und zieht die Wasser der Welt zu sich hin. Und er zieht auch uns, so scheint es, zeitigt in uns geistige und körperliche Wirkungen.

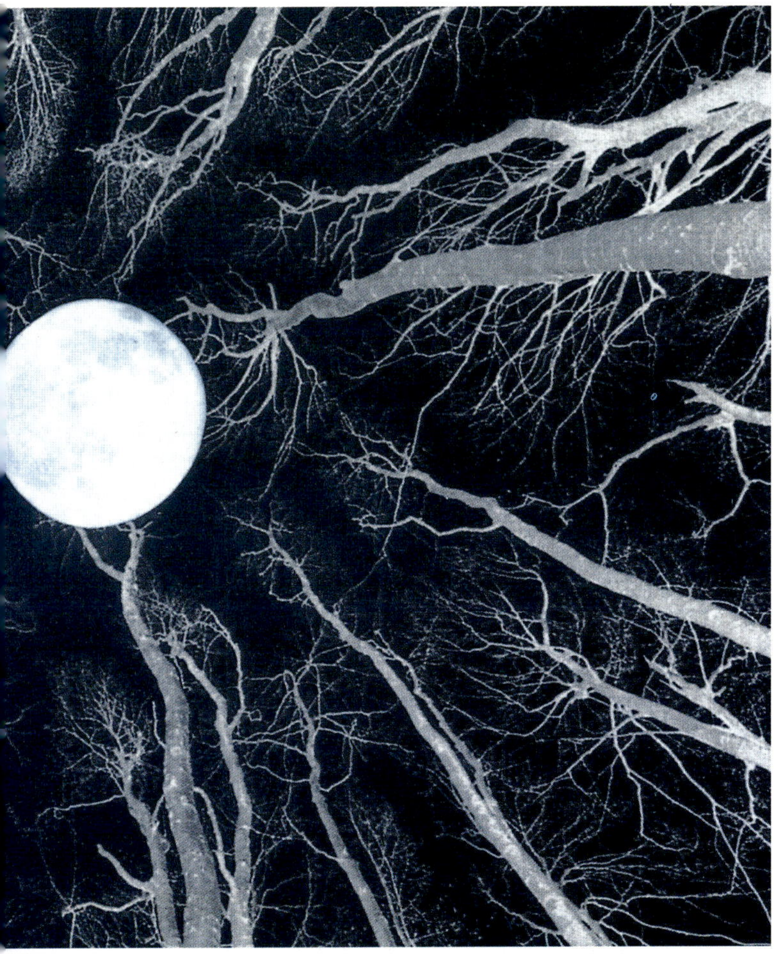

Kapitel 8

Im Mondenschein

Riten und Bräuche

»Manche beten statt Gott die Sonne an, manche den Mond.«[65]

Beim ersten Strahl des Neumonds eine Silbermünze in der Tasche herumdrehen; den Erntemond feiern; einen Knicks vor dem Mond machen; das sind einige der Bräuche, von denen die meisten schon gehört haben. Doch es gab und gibt viel, viel mehr, zu allen Zeiten und in allen Kulturen.

Einige Völker sind so weit gegangen, den Mond anzubeten. Im Buch Hiob, dem vielleicht ältesten Buch der Bibel, ist die Rede davon:

»Hab' ich das Licht angesehen, wenn es hell leuchtete, und den Mond, wenn er herrlich dahinzog,

daß mich mein Herz heimlich betört hätte, ihnen Küsse zuzuwerfen mit meiner Hand?

Das wäre auch eine Missetat, die vor die Richter gehört; denn damit hätte ich verleugnet Gott in der Höhe.« (Hiob 31, 26–28)

Dies ist ein Hinweis auf den alten Brauch, den Mond mit Handkuß zu grüßen.

Die Ureinwohner des östlichen Kaukasus hatten gar einen Mond-Tempel, in dem sie geweihte Sklaven hielten, von denen sich viele gut in okkulten Fragen auskannten. Wenn einer von ihnen etwas verrückter auftrat als üblich, fesselte ihn der Hohepriester mit einer heiligen Kette und ließ ihn ein Jahr lang in Luxus schwelgen. Dann wurde er geopfert, indem man ihm einen geheiligten Speer durchs Herz stieß. Die Art, wie er fiel, wurde als Omen genommen, als Zeichen gelesen.

Die Zikkurrat von Ur war dem Mondgott Nannar geweiht. Dieser Turm wurde um 3000 v. Chr. erbaut und ist damit einer der ältesten seiner Art. In seinem Fundament befand sich ein Heiligtum des Gottes, so daß er hinuntergleiten und dabei im Tempel wirken konnte. So waren Himmel und Erde dauerhaft verbunden.

Andere Völker wandten sich gerade in Notzeiten dem Mond zu. Bei den Eskimos läßt sich der Schamane in eine Art Trance fallen und »reist« zum Mond, um

die Göttin zu versöhnen. Seine Seele setzt sich den Gefahren der Reise aus, während sein Körper von seinen Begleitern gepflegt wird. Seine »Rückkehr« begleiten öffentliche Beichten, in denen zugegeben wird, Tabus übertreten und so den Mond beleidigt zu haben. Im östlichen Grönland ist der Mond Herrscher über alles Getier.

Mondanbeter

Es gibt viele Praktiken, die irgendwo zwischen Religion und Aberglauben angesiedelt sind. Belegt ist, daß die »wilden Iren« des 17. Jahrhunderts vor dem Neumond knieten und das Vaterunser beteten. In Yorkshire betete man den Neumond gar auf bloßen Knien an. Damals war es noch üblich, den Mond mit den Worten zu grüßen: »Dort steht der Mond, Gott segne ihn«. Plutarch berichtet, daß Römerinnen »aus den edelsten und ältesten Geschlechtern« kleine, halbmondförmige Amulette auf den Schuhen trugen. Diese sollten die Mondstrahlen einfangen, die sonst in die Köpfe eingedrungen wären und dort unabsehbaren Schaden angerichtet hätten.

Im 15. Jahrhundert beschwerte sich ein Autor, »dieser Tage beten die Menschen Sonne, Mond und Sterne an«. 1453 wurden ein Metzger und ein Arbeiter aus Herfordshire angeklagt, weil sie behauptet hatten, es gebe keinen Gott neben Sonne und Mond. Ein gewisser Richard Baxter, der im 17. Jahrhundert einen Sprengel in Kidderminster übernahm, war entsetzt, als er erfuhr, daß »einige glauben, Christus sei die Sonne … und der Heilige Geist der Mond«.[66]

Viele Jahrhunderte vor ihm hatte Plinius einen Opferritus der Druiden beschrieben: Dieser mußte am sechsten Tag des Mondes stattfinden und begann damit, daß man Mistelzweige von einer Eiche schnitt: »Vorbereitungen für ein Fest und die Opferung von zwei weißen Stieren wurden getroffen. Ein Druide in

»Dieser Tage beten die Menschen Sonne, Mond und Sterne an.«

weißem Gewand erklomm die Eiche und schnitt mit einer goldenen Sichel … einen Mistelzweig, der, darniederfallend, mit einem weißen Tuch aufgefangen wurde. Dann wurden die Stiere geopfert.«[67]

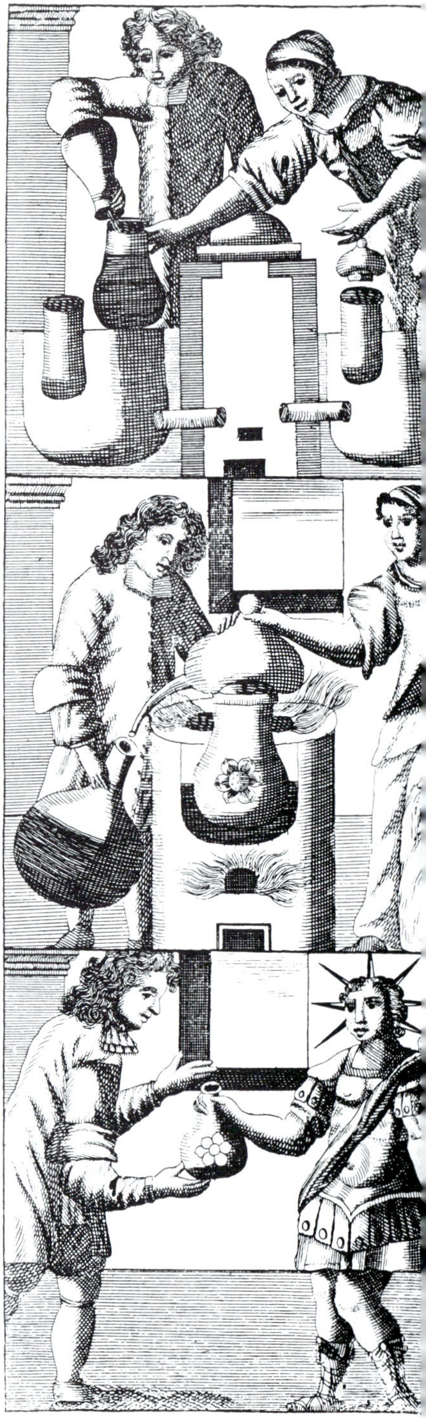

Mondkondensate

Die alte Vorstellung, daß der Mond kalt und wäßrig sei, führte zu der Schlußfolgerung, er bewirke Tau und Regen. Die Alchimisten versuchten, das Mondlicht zu sammeln und zu kondensieren. Dafür verwendeten sie große Schalen aus Silber – aus eben jenem Metall, das dem Mond zugeschrieben wurde, wie Gold der Sonne. Daher auch der Aberglaube, es bringe Glück, beim Anblick des neuen Mondes eine Silbermünze in der Tasche umzudrehen. In Britannien sagte man, es bringe Unglück, wenn man mit dem Finger auf den neuen Mond zeigte, und es war üblich, ihn zu grüßen, indem man den Hut lüftete oder knickste. Wenn jemand kurz nach Neumond starb, ging man davon aus, daß es in der Familie bald noch mehr Tote geben werde.

Der Mondstein ist in Indien ein heiliger Stein und wird traditionell nur auf gelbem Tuch ausgestellt: Gelb ist seinerseits eine heilige Farbe. Er wird als Liebespfand hoch geschätzt, und man sagt, er verleihe Liebenden die Gabe, in die Zukunft zu sehen. Dafür muß man ihn bei Vollmond in den Mund nehmen. Es wird behauptet, daß manche Mondsteine je nach Mondphase Farbe und Zeichnung wechseln.

An hohen Feiertagen bereiteten die alten Inder einen berauschenden Trank namens Soma; die Pflanze, die sie dazu verwendeten, galt als Königin der Pflanzen und Abbild des Mondes. Soma wurde möglicherweise aus Hanf gewonnen und hatte offensichtlich eine ähnliche Wirkung wie heute der indische Bhang-Trank, der ebenfalls aus Hanf gewonnen wird und schon unter Hippies gut bekannt war! Der Mond galt als Beherrscher aller Pflanzen und sollte diejenige besonders lieben, die Soma produziert.[68]

Himmelshirten

Die Himmelshirten der Zulus sind Experten in der Himmelsdeutung. Um Himmelshirte zu werden, muß ein Novize gründlich vorbereitet und eingeführt werden; letzteres schließt Schnitte in die Haut und Beschneidung ein. Die Initiation – die nicht sehr verlockend erscheinen mag, aber hoch angesehen ist – kann nur stattfinden, wenn der Novize das Haus des Himmelshirten beim ersten Strahl des Neumonds erreicht. Wenn später der Mond voll ist, betrachtet man auch den Novizen als mit Weisheit und Wissen gefüllt und somit bereit, seinen Platz als Himmelshirte einzunehmen.[69]

In Persien wurde eine Löwenstatue auf die Gräber tapferer Soldaten gesetzt. Ängstliche Soldaten mußten in Vollmondnächten mehrmals unter dem Löwen hindurchkriechen, um dadurch an Tapferkeit zu gewinnen.

Für die einzelnen Mondphasen gibt es verschiedene Bräuche und Riten. Die meisten gelten dem neuen Mond: Er wird begrüßt, wenn er aus der Dunkelheit tritt, und gilt als Neubeginn. »Großvater, laß uns in Frieden leben« oder »Ah, Mond, Tochter des Luftgeistes Deng, wir beten zu Gott, daß du in Güte erscheinest. Viele Menschen sehen dich jeden Tag. Laß uns leben« – so rufen die Nur im Südsudan den Neumond an. Dabei zeichnen sie sich mit Asche ein Kreuz auf die Stirn und werfen weitere Asche und ein Hirsekorn in die Luft.[70]

Zur Wintersonnenwende, wenn sich die Sonne scheinbar wieder zur Nordhalbkugel hin zu bewegen beginnt, halten die Moissi in Burkina Faso Zeremonien zu Ehren des neuen Jahres ab. Sie müssen an dem Neumond durchgeführt werden, der der Sonnenwende am nächsten liegt; mithin zur besten Zeit, der Sonne einen Weg zu bahnen. Die Wege zum königlichen Palast werden von Unkraut

Die Alchimisten versuchten, Mondlicht zu kondensieren, und dem Mond wurde von alters her nachgesagt, er beeinflusse das Wachstum der Pflanzen.

Zu den einzelnen Mondphasen haben sich im Laufe der Zeiten unterschiedliche Riten und Rituale entwickelt.

befreit; der König, der seinen Palast verlassen hat, kehrt, ganz wie die Sonne, zurück, sobald die Wege geräumt sind. Die Wintersonnenwende ist auch die Zeit, zu der manche afrikanischen Stämme ihre Medizinvorräte auffrischen. Doch auch dies muß an besagtem Neumond geschehen. Die königlichen Ratgeber der Swazi erforschen den Morgen- und den Nachthimmel, um den Zeitpunkt zu bestimmen, an dem Sonne und Mond zusammentreffen.

Mondgrüße

Die Dobu-Insulaner im Westpazifik halten aufmerksam Ausschau nach den ersten Zeichen des neuen Mondes, denn er verheißt ihnen Glück. Die Kinder begrüßen ihn mit lautem Schreien – doch ist ihnen dies verboten, solange ein wichtiger Mann sein Abendessen verzehrt! Sie haben auch einen Spruch, der das Erscheinen des neuen Mondes fördern soll:

»Über Kedagwaba zeigt der neue Mond
seinen Rücken.
Sie rufen ihm weinend zu,
Sie rufen ihm weinend zu,
Sie sind glücklich
Sie schauen auf den Pfad hinaus
Sie suchen uns
Sie suchen mich
Sie suchen.«[71]

Die Eskimos glaubten, daß sie im Frühling besonders viel Glück bei der Seehundjagd haben würden, wenn sie nach Neumond Schnee in ihr Iglu brächten, denn der zunehmende Mond gebe dem Schmelzwasser Kraft.[72]

Vollmond ist die Zeit der Vollendungszeremonien. In heidnischen Zeiten wurde nach der Aussaat, im März, an Vollmond ein Mondfest gefeiert.

Japans Erntemonat ist als »Süßkartoffel-Mond« bekannt. Susukisprossen (Eulalia), die der Reispflanze ähneln, werden auf den Veranden ausgelegt, um eine gute Ernte herbeizuführen. Man ißt Dango, kleine, aufgezogene Küchlein, und Süßkartoffeln, die der Jahreszeit ihren Namen gegeben haben.

Die Japaner haben schon immer gern den Mond betrachtet – dafür gibt es sogar ein Wort: *tsukimi* – und Jugoya, die Nacht des Erntevollmonds im achten Monat, geht ihnen über alles.

In Japan spielt der Vollmond das ganze Jahr über eine große Rolle. Am 15. Tag des ersten Mondmonats wird Koshogatsu, das Kleine Neue Jahr, gefeiert; das wichtige Bon-Fest, das buddhistische Fest der Toten, an dem die Ahnen geehrt werden, fällt auf den 15. Tag des siebten Mondmonats.[73]

Viele Religionen verehren die Zeit des Vollmonds als »Hochzeit« der geistigen Kräfte. Die Buddhisten feiern den Wesakmond, den Vollmond im Mai, denn Prinz Gautama wurde unter ihm, als er nachts unter einem Baum meditierte, erleuchtet. Auch der Hindugott Schiwa wird oft unter dem Vollmond meditierend dargestellt.

Die Griechen hielten den Tag des Vollmonds für den günstigsten Tag zur Heirat. Als Agamemnon in Euripides' *Iphigenie* gefragt wird, an welchem Tag er heiraten werde, sagt er: »Wenn die gesegnete Zeit des Vollmonds gekommen ist«.

Rechts: Zeiten, in denen der Mond nicht zu sehen ist, haben ihre eigenen Regeln. Oft wurde behauptet, daß dann die Menschen – weniger wachsam als sonst – besonders anfällig für Krankheiten sind.

Schwarze und Weiße Mondmedizin

Der unsichtbare, dunkle Neumond hat gleichfalls seine Bräuche. Die Babylonier hielten die Zeit des »dunklen Mondes« für eine Zeit großer Gefahren, die nur durch Feste und religiöse Zeremonien überwunden werden konnte. Westafrikas Tiv warnen vor Erkältungen und Verhexungen, die man sich am ehesten zu Neumond einhandeln könne.

Die Balinesen bemühten sich am neunten Neumond, die Teufel von ihrer Insel zu vertreiben. Dazu versammelten sich die Menschen im Haupttempel, und an einem Kreuzweg wurde für die Teufel eine Opfergabe bereitgestellt. Mit den Priestern wurden Gebete gesprochen, und Hörner wurden geblasen, um die Teufel zu dem Mahl zu rufen, das ihnen bereitet worden war. Die Männer zündeten an der heiligen Tempellampe Fackeln an, liefen damit durch die Straßen und riefen den Teufeln zu, sie sollten verschwinden. Jeder machte so viel Lärm wie möglich. Danach pflegte völlige Stille zu herrschen, die bis in den nächsten Tag hinein andauerte.

Es überrascht nicht, daß viele Rituale im Zusammenhang mit Sonnen- und Mondfinsternissen entstanden sind. Sie kehren zwar nicht so häufig wieder wie die Mondphasen, dafür zählen sie aber zu den dramatischsten Naturereignissen. Die Ojebway-Indianer dachten, bei einer Sonnenfinsternis verlösche die Sonne gänzlich. Sie schossen brennende Pfeile in den Himmel und hofften, damit die

Sonne wieder zu entzünden. Die peruanischen Sencis taten das gleiche, jedoch gedachten sie damit ein wildes Tier zu verscheuchen, das ihrer Meinung nach mit der Sonne kämpfte. Die Arawak in Guinea glauben, daß Sonne und Mond miteinander ringen, und stoßen schreckliche Schreie aus, um die beiden zu trennen.

Gab es eine Mondfinsternis, vergruben einige Stämme des Orinoco-Gebiets brennende Holzscheite in der Erde, denn sie fürchteten, daß der Mond verlösche und damit auch alles Licht auf der Erde, mit Ausnahme freilich des Lichtes, das sie selbst versteckten.

Die Chilcotin-Indianer gürteten ihre Gewänder, als ob sie reisen wollten, und gingen, auf ihre Stöcke gestützt im Kreis, als hätten sie schwer zu tragen, bis die Mondfinsternis vorüber war. Das sollte der Sonne bei ihrem schweren Gang über den Himmel helfen.

In diesem Sinne schritt auch im alten Ägypten der König, als Verkörperung der Sonne, um die Mauern eines Tempels, und sollte damit sicherstellen, daß die Sonne ihren Himmelslauf ohne Verfinsterung oder andere Unglücke fortsetzen könne.

Wir haben schon angeführt, daß der Mond seine Hand für Fruchtbarkeit von Bedeutung sein soll, und es gibt auch hier reichlich Anlaß für Mondriten. Ein südamerikanisches Ritual soll dem Mann zu einem großen Glied verhelfen. Bei Vollmond ziehen die Moscovi-Knaben an ihrer Nase und bitten den Mond, ihr Geschlechtsteil ordentlich zu verlängern. Ein anderes Ritual kann nur mit tätiger Unterstützung aller Dorfbewohner stattfinden. Die alten Araucan sahen in den einzelnen Mondphasen ein Mädchen, eine schwangere Frau und ein abgemagertes altes Weib. An Vollmond banden sich tanzende junge Männer ein fingerdickes Wollseil um ihr Glied und ließen Frauen und Mädchen daran ziehen. Diesem Ritual folgten, so ist es überliefert, »Szenen mit Geschlechtsverkehr in wechselnder Besetzung«.[74]

Die traditionellen Tswanasiedlungen in Afrika werden nach dem Vorbild des Mondes gebaut. Zuerst scheint das *ktolga* (Dorf) wild zu wachsen, doch im weiteren Verlauf entsteht eine Halbmondform, die anzusehen ist wie der zunehmende Mond. Die Tswana vergleichen das Zunehmen des Mondes mit dem Wachstum von Dorf und Familie: Auch diese beiden müssen zunehmen, bis sie voll sind. Wenn der dörfliche Kreis genauso rund ist wie der Mond, kommt die Zeit, ein neues Dorf zu gründen.

Ein Bantu-Vater darf sein Kind nicht in den Arm nehmen, bevor es nicht die *yandla*-Zeremonie, ein wichtiges Übergangsritual, mitgemacht hat. Am ersten Neumond nach dem Wiedereinsetzen der Menstruation seiner Mutter nimmt letztere eine brennende Fackel und schleudert sie dem Mond entgegen. Die Großmutter wirft das Baby in die Luft und sagt: »Da ist dein Mond«. Sie legt das Kind auf einen Haufen Asche; erst dann darf es der Vater auf den Arm nehmen. Mond und Asche symbolisieren Abkühlung. Das Kind kommt von der warmen, mütterlichen

Es heißt, die Fruchtbarkeit eines Mannes könne erhöht werden, wenn bei Vollmond gewisse Rituale durchgeführt werden.

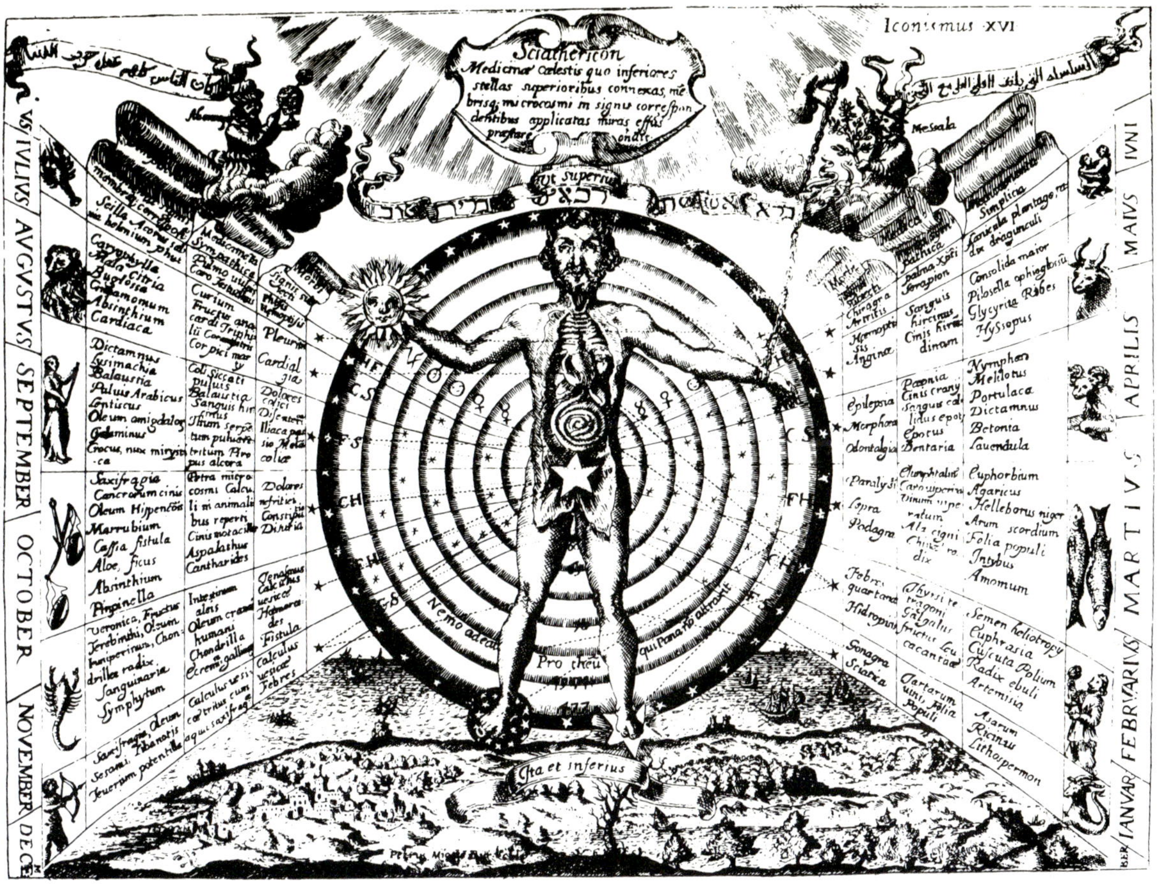

Die Medizin des Mittelalters verband jeden Körperteil mit einem Sternzeichen: Der Krebs steht für den Mondeinfluß.

Welt in die kühle Gruppenwelt des Vaters, zu einer Zeit, da auch der Mond wie ein Kind ist.[75]

Die afrikanischen Lakher behaupten, daß Verstimmungen zwischen einer Frau und ihrem Bruder oder ihrem Onkel mütterlicherseits zur Unfruchtbarkeit führen. Um sie zu heilen, muß der betroffene der beiden Männer bei abnehmendem Mond mit einer Haarnadel etwas vergorenen Reis in den Mund der Frau stecken; beide dürfen nicht sprechen, ehe nicht der neue Mond aufgegangen ist.

Von allen Mondriten sind uns wahrscheinlich heute die medizinischen noch am besten bekannt. Einige der entsprechenden Kuren scheinen allerdings schlimmer zu sein als die Krankheit, der sie abhelfen sollen!

Die Tonga in Natal, Südafrika, praktizieren ein ausgefeiltes Ritual, um jemanden von Krankheit und Wahnsinn zu befreien. Er wird mit Blut, Schweiß und vielleicht ein paar Tränen behandelt – aber erst, wenn sich der Mond am richtigen Ort befindet! Sie glauben, daß man krank wird, weil die Beziehung zum Mond gestört ist; das Ritual kann also erst mit dem neuen Mond beginnen. Die Zeremonien dauern viele Tage und schließen eine wilde Trommelei ein, während derer sich der Patient ins Feuer stürzen kann, ohne sichtbare Schäden davonzutragen. Daraufhin wird sein Kopf in eine Wasserschüssel getaucht; die Augen läßt er dabei weit offen, damit er wieder sehen lernt. Etwas später wird das Blut eines Huhnes oder, noch besser, einer Ziege getrunken. Wenn der Körper so gereinigt worden ist, harmonieren Mann und Mond wieder miteinander, und der Mann ist wieder er selbst.[76]

In der Volksmedizin gibt es viele Bräuche und Praktiken, in denen der Mond ein Teil des »Rezeptes« ist. Eine schweizerische Heilmethode besteht darin, Finger- und Fußnägel freitags, wenn der Mond abnimmt, zu schneiden und die Nagelreste unter die Schale einer Krabbe zu praktizieren, die das Fieber mit sich nehmen möge. Gürtelrose kann, vertraut man einer jüngeren amerikanischen Methode, mit dem Blut einer ganz schwarzen Katze, die vorzugsweise bei Mondlicht getötet wurde, geheilt werden. Das Blut sollte einige Stunden lang auf die Haut aufgetragen werden. Ringelflechte wurde vor langer Zeit in Los Angeles

Warzenkuren, die vom Mond abhängen, kann man überall auf der Welt finden.

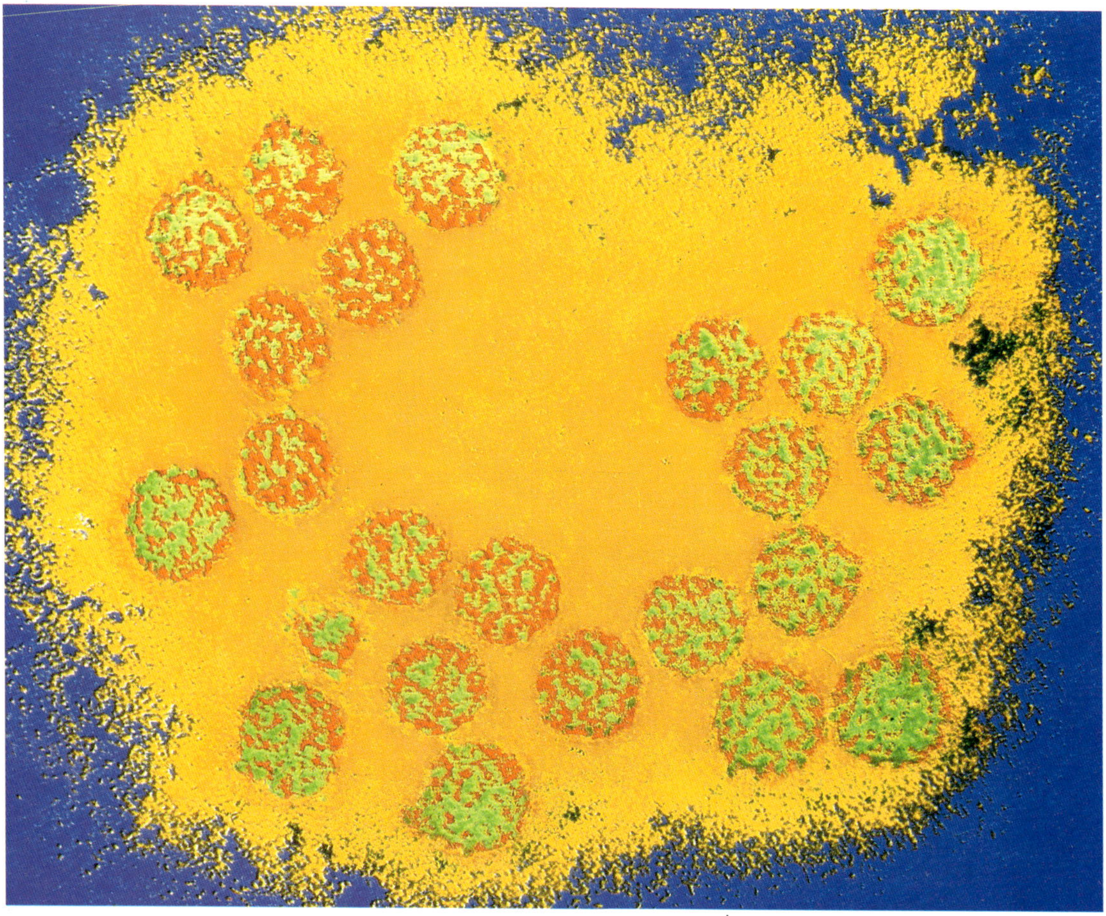

behandelt, indem man auf einen goldenen Fingerhut spuckte, diesen auf die befallene Gegend setzte und ihn dreimal herumdrehte – natürlich bei Mondlicht. Im New Forest, in der englischen Grafschaft Hampshire, hängte man Kranken durchlöcherte Steine um ihren Hals. Die Steine mußten aber zunächst drei Nächte lang dem Vollmond ausgesetzt worden sein.

Gegen Warzen gibt es vielerlei Mondmittel. Wenn man beispielsweise eine Leiche erreichbar hat, sobald der Mond abzunehmen beginnt, versuche man, dreimal mit der Hand über den Leichnam zu streichen und berühre dann die Warze. In New Hampshire ist eine weniger dramatische Methode gebräuchlich: Bei Vollmond reibt man die Warze mit einer Bohne, die anschließend über die Schulter geworfen wird. In Texas geht es – natürlich – nur eine Nummer größer: Dort wirft man im Mondlicht eine tote Katze über einen Ast. Illinois hingegen liebt es gerade etwas einfacher: Beim ersten Strahl des neuen Mondes beugt man sich zu Boden und hebt auf, was sich zufällig unter dem eigenen Fuß befindet; damit reibt man die Warze und wirft es anschließend über die Schulter.[77]

Verletzte Kinder können gemäß einer Gepflogenheit aus San Diego folgendermaßen geheilt werden: Ein junger Weidenstamm wird bei Vollmond längs gespalten; das Kind muß durch den Spalt hindurch, die beiden Baumhälften werden zusammengebunden, und wie sie wieder zusammenwachsen, heilt auch die Wunde.

Selbst die Pest konnte angeblich gestoppt werden, wenn zwölf nackte Jünglinge und Jungfrauen an einem Samstag oder Sonntag nach Neumond ab Mitternacht sieben Furchen um die betroffene Stadt pflügten. So wurde in südslawischen Ländern verfahren, und es war verboten, mit den Pflügenden zu sprechen, sie zu berühren oder sie lüstern anzusehen. Es heißt, im alten Ungarn wälzten sich in Neumondnächten die Krüppel im Tau und die Blinden netzten sich mit dem Tau die Augen.

Von allen Mondritualen sind heute diejenigen am gebräuchlichsten, die mit unserer Gesundheit zu tun haben.

Einige der auf den Mond bezogenen Heilmethoden geben noch genauere Anweisungen. Zahnlöcher sollten im dritten oder vierten Viertel des Mondes gefüllt werden, wenn er abnimmt und in bestimmten Sternzeichen (Wassermann, Stier, Löwe, Skorpion) steht. Gezogen werden sollten Zähne allerdings gerade, wenn der Mond zunimmt und in den Fischen, Zwillingen, in der Jungfrau, im Schützen oder Steinbock steht. Selbst Zahnbrücken haben ihre Zeit: Sie sollten hergestellt werden, während der Mond abnimmt. Um unerwünschte Auswüchse, Körner, Haare oder Warzen zu stoppen, warte man auf das letzte Viertel des Mondes in Wassermann, Stier, Löwe, Schütze oder Jungfrau. Operationen schließlich sollten im ersten oder zweiten Viertel des Mondes vorgenommen werden, in denen Wunden schneller als sonst verheilen.

Zum Schluß noch ein Brauch aus Neapel. Dort bitten Frauen die fruchtbringende Kraft des Mondes, ihre Brüste zu vergrößern. Sie stehen splitternackt im Mondlicht und sagen neunmal die Formel »Santa Luna, Santa Stella, fammi crescere questa mammella« (Heiliger Mond, heiliger Stern, laß diese Brust wachsen). Der Umfang der Brust soll dann wie der Mond zunehmen. Dieses Verfahren ist geprüft worden und hat angeblich zu 90% funktioniert. Ob etwa aufgrund der zusätzlichen Aufmerksamkeit oder wegen des Mondeinflusses, möge ein jeder für sich entscheiden!

Teil II

ÜBER DEN MOND

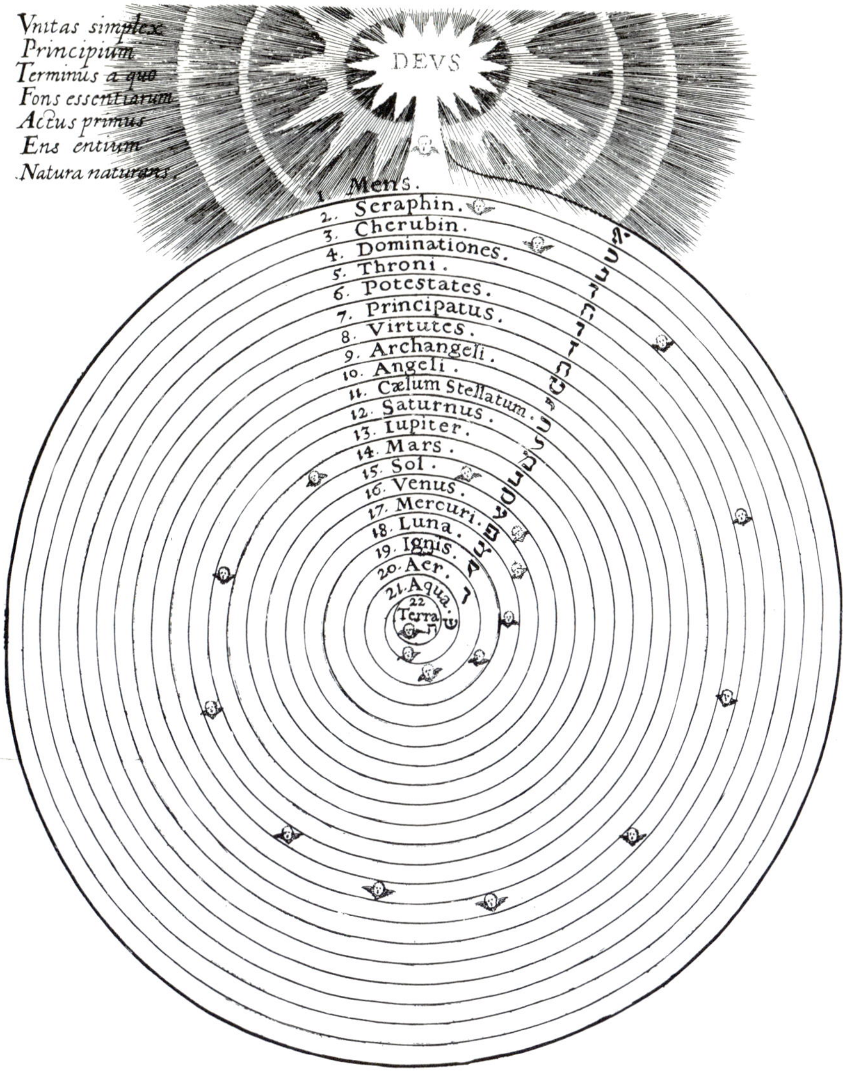

Kapitel 1

Mondsteine

Wir haben gesehen, wie der Mond durch die Jahrhunderte verehrt wurde. Der Mensch erschuf sich Mondgöttinnen und hielt ihnen zu Ehren Rituale und Zeremonien ab. In diesem Kapitel wollen wir uns die unumstößlichen Beweise für den Einfluß des Mondes auf unser Leben ansehen, und wie wir ihn in unseren Alltag einbezogen haben.

Überall in Großbritannien, im übrigen Europa, in Mittel- und Südamerika finden sich uralte Steinkreise und Megalithe. Jahrhundertelang wurden sie von den meisten Menschen als bedeutungslose Steinhaufen abgetan, doch während sie auseinandergerissen wurden und als Mühlsteine oder im Häuserbau Verwendung fanden, hielten doch ein paar Leute ihre Geheimnisse am Leben, selbst wenn sie ihre Bedeutung nur als fernes Echo aufnahmen.

Heutzutage versuchen viele Menschen, dieses Echo zu hören und zu verstärken. Und durch den Nebel der Zeiten wird wieder die Stimme des Mondes hörbar. Ein schottischer Historiker des 16. Jahrhunderts lag vielleicht ganz richtig, als er die Steinkreise »alte Göttertempel« nannte, in denen »der Neumond mit bestimmten Lobpreisungen begrüßt wurde«. Wir werden nie den Wortlaut dieser Lobpreisungen erfahren, doch die Wissenschaft findet immer mehr über die Verbindung der Steinkreise mit dem Mond heraus.

Was haben diese Steinhaufen also mit dem Mond zu tun? Einige von ihnen sind, wie wir noch sehen werden, eine Art astronomischer Rechenschieber, der so beschaffen war, daß man mit ihm wichtige Mondbewegungen vorhersagen konnte.

Doch gibt es auch eine andere, geheimnisvollere Verbindung mit dem Mond. Viele Steingruppen bezeugen nur die wichtige Rolle, die der Mond im Leben ihrer Errichter spielte. Der Mond stand, so scheint es, im Zentrum ihres Glaubens. Viele Felsen markieren den höchsten und die tiefsten Punkte der Mondbahn am Himmel – für zeremonielle Zwecke? Vielleicht sollten sie die Essenz des Mondes »einfangen«, während er um die Ringe kreiste, die sie als Abbild seiner Kreisbewegung errichtet hatten.

Was läßt uns glauben, daß der Mond für die Erbauer der Steinkreise so wichtig war? Wir sollten uns in Gedanken an einen Ort versetzen, an dem keine Straßenbeleuchtung die stockdunkle, mondlose Nacht erhellt, an dem keine Lampe mit einem Fingerdruck angeschaltet werden kann, an dem mondhellen Nächten eine viel größere Bedeutung zukommt, als wir jemals verstehen werden. Der Monats-

Astronomen glauben, daß viele der uralten Steinkreise als Observatorien dienten.

zyklus des Mondes war viel leichter zu erkennen und ein viel besseres Zeitmaß als die langsame Reise der Sonne durch das Jahr.

Daher seien hier einige der Orte betrachtet, die wohl mit dem Mond vor Augen erdacht worden sind.

Auf der schwarzen Küstenlinie zeichnet sich ein Kreis aus hohen, schmalen Felsen ab. Das sind die »Standing Stones« von Callanish auf den Hebriden, den Inseln nordwestlich vor Schottland. Die Düsterkeit des Ortes läßt sie nur um so geheimnisvoller erscheinen. Es muß hart genug gewesen sein, an diesem Ort zu überleben; warum steckte man dann noch so viel Energie in ein solches Bauwerk?

Astronomen glauben heute, daß der Kreis mit seinem beherrschenden zentralen Pfeiler dazu gedient haben könnte, Mondfinsternisse vorherzusagen und andere Berechnungen anzustellen. Felsreihen führen hier zu den Windrosenpunkten des Kreises. Die Felsen könnten auf die wichtigsten Bewegungen von Sonne und Mond ausgerichtet sein.

Und es gibt noch ein anderes Rätsel. Vor etwa hundert Jahren fand man in der Nähe des zentralen Pfeilers verbrannte menschliche Knochen. Hatte es hier ein rituelles Begräbnis in Verbindung mit dem Mond gegeben? Über die Todesumstände in jenen Tagen können wir nur spekulieren, doch es sieht so aus, als hätten unsere Vorfahren eine gewichtige Aussage über ihre Verbindung mit dem Mond, dem Himmel, den Geheimnissen von Leben und Tod machen wollen.[78]

Felsreihe um Felsreihe steht in Carnac in der Bretagne (Frankreich), eine erstaunliche und immer noch geheimnisumwitterte Anlage, die sich kilometerweit erstreckt. Wozu könnte sie wohl gedient haben? Selbst heute weiß es niemand so recht. Es gilt als beinahe sicher, daß ein benachbarter Monolith, Le Grand Menhir Brise von Locmariaquer, für Mondberechnungen benutzt wurde. Der Fels ist in vier Teile zerborsten, muß aber zuvor etwa 20 Meter hoch und wenigstens 355 Tonnen schwer gewesen sein. Er könnte dazu gedient haben, die Auf- und Untergangspositionen des Mondes an den vier Extrempunkten seines 18,6 Jahre währenden Zyklus zu markieren. Dazu hätte man acht Beobachtungspunkte gebraucht – vier für die Aufgänge, vier für die Untergänge. Bei einer Untersuchung des Monolithen fand man an nicht weniger als vier dieser theoretischen Punkte prähistorische Markierungen (Mulden beziehungsweise Steine).

The Merry Maidens ist ein wundersamer Kreis kleinerer Felsen auf Land's End, in der Grafschaft Cornwall, an der Südwestküste Großbritanniens. Hier soll eine Mädchengruppe zu Stein verwandelt worden sein, weil sie am Sabbat tanzte. Wie bei den meisten Steinkreisen auf Land's End steht auch hier der größte Stein gen West-Südwest und könnte damit als astronomische Markierung für das Mondminimum gedient haben.

Viele steinzeitliche Kreise hatten ursprünglich eine kleinere Höhle aus drei großen Felsen in ihrer Mitte, die der äußersten sommerlichen Monduntergangs-

The Merry Maidens, Land's End, Cornwall.

position zugewandt war. Ein Kreis dieser Art ist Arbor Low in Derbyshire, England, wenngleich hier die drei Felsen umgefallen sind. Wieder gibt es Verbindungen zwischen Mond und Tod – die Höhlungen waren wie Eingänge zu Grabkammern, vor denen Begräbnisrituale zelebriert wurden. In Arbor Low grub man neben der Höhle ein männliches Skelett aus. Diese großartigen Kreise und Reihen aufgerichteter Felsen, die ungefähr von 2500 v. Chr. datieren und in vielen Teilen Europas, wie Avebury, Stonehenge, Arbor Low und Stenness, gefunden wurden, geben uns heute noch viele Rätsel auf. Da sie alle viel größer sind, als es zur bloßen Beobachtung nötig gewesen wäre, dürften sie mit großer Wahrscheinlichkeit auch für Zeremonien benutzt worden sein.

Arbor Low, Derbyshire, England.

Silbury Hill, unweit von Avebury in England, hatte möglicherweise mit Sonne und Mond zu tun und seine größte Bedeutung zur Erntezeit. Wir können nur darüber spekulieren, was zu jener Zeit passiert ist, aber das uralte Symbol der Göttin oder des Mondes, drei Hörnerpaare, wurde dort vergraben gefunden. Im Heiligtum von Avebury führt ein kreisförmiger Gang zur Grabstätte eines vierzehnjährigen Jungen, dessen Knochen alle gebrochen waren und der in Fötushaltung auf

Die Doubler Stones in West Yorkshire, England, sind von prähistorischen Ritzungen und muldenförmigen Zeichen bedeckt, die den Mond verkörpern könnten.

seiner rechten Seite, mit dem Gesicht gen Osten gerichtet lag; auf ihm die Knochen eines Ochsen sowie ein Hornamulett. Archäologen glauben, daß es sich um ein Menschenopfer handelt und daß solche Opfer am Winteranfang dargebracht wurden, um die sterbende Mutter Natur zu besänftigen. Da der Mond im bäuerlichen Kalender wichtiger war als die Sonne, könnten solche Zeremonien an Neumond stattgefunden haben.[79]

Kit's Coty House in der englischen Grafschaft Kent ist ein Dolmen, also ein Gebilde aus drei aufrecht stehenden Felsen, auf denen ein vierter quer liegt. Ein altehrwürdiges Ritual, das dort stattfindet, mag zunächst sinnlos erscheinen, könnte aber ein Überrest eines noch älteren Ritus sein. Wenn bei Vollmond ein Gegenstand auf das Felsendach gelegt wird und der Bittsteller dreimal um den Dolmen herumgeht, soll der Gegenstand angeblich verschwinden. Aber wozu sollte man das anstreben? Vielleicht legt der Umstand, daß der Dolmen einst Teil einer Grabkammer war, nahe, daß es dort auch ein Totenritual gab, von dem jetzt nur noch dieses bescheidene Echo existiert.

Bevor Instrumente zur Beobachtung von Sonne, Mond und Sternen erfunden wurden, konnte man ihre Position nur beurteilen, indem man sich ihre Auf- und Untergangspunkte einprägte. Am einfachsten war das, wenn man beispielsweise den Mond hinter einer auffälligen Geländeerhebung, einem Berg oder dergleichen, untergehen sah. Dann stellte man zwei Felsen auf, von denen der eine den Standpunkt des Betrachters markierte, der andere die Position des Mondes am Horizont. Darüber verlief die Peilungsgerade. Auf diese Weise konnte man selbst die komplizierten Bewegungen des Mondes dazu benutzen, Mondfinsternisse vorherzusagen.

Mondobservatorien wurden vermutlich ab etwa 2800 v. Chr., dem Zeitpunkt der Errichtung des ersten Kreises von Stonehenge, erbaut. Die meisten der megalithischen Monumente in Britannien und der Bretagne könnten sowohl für die Mondbeobachtung als auch für Rituale verwendet worden sein. Die Observatorien hatten alle erdenklichen Formen und Größen: Außer Steinen und Kreisen gab es auch große Erdaufschüttungen, Cursus genannt (einer ist nahe Stonehenge zu sehen; ein neun Kilometer langer befindet sich in Dorset).

Diese sind mit Horizontmarkierungen ausgefluchtet, die die Auf- oder Untergangspositionen wichtiger Mondphasen festhalten. Einzelne Menhire konnten zum gleichen Zweck dienen, wenn sie eine Linie mit Hügelgräbern oder mit Markierungen bildeten, die in fernere Hügel gegraben waren. Dieses Interesse am Festhalten der Mondbahn entsprang wohl in keinem Fall einer bloßen Laune. Ihr Zweck blieb den Bauwerken gut tausend Jahre lang erhalten.

Wie verhält es sich nun mit dem berühmtesten Steinkreis, jenem von Stonehenge? Hatte selbst er eine lunare Bedeutung? 1960 brachten Computerberechnungen von Professor Gerald Hawkins an den Tag, daß Stonehenge sowohl über die Sommersonnenwende Auskunft gab, als auch über den Auf- und Untergang von Sonne und Mond an Sonnenwenden, am Frühlings- und am Herbstanfang. Und es wurde klar, daß Stonehenge zur Berechnung von Sonnen- oder Mondfinsternissen hätte verwendet werden können – wie ein Computer.

Stonehenge ist heutzutage freilich auch berühmt – oder eher berüchtigt – für die Sommersonnwendfeier: Der »Heel Stone« zeigt jene Stelle an, an der die Mittsommersonne im Jahre 2900 v. Chr. aufging. Weniger bekannt ist, daß dieser Stein wahrscheinlich auch eine Markierung für Mondbeobachtungen war.

Dies berechnete man aus den jahrhundertelangen Positionsverschiebungen des Mondes, die – ehe Graben und Wall gebaut wurden – mit Pfahlreihen festgehalten worden waren. Diese werden »Aubrey Holes« genannt, nach John Aubrey, der sie im 17. Jahrhundert entdeckte, und markierten über mindestens ein Jahrhundert hinweg die nördlichsten Positionen des Mondaufganges, wobei sämtliche Positionsverschiebungen im 18,6-Jahres-Zyklus berücksichtigt sind. Der Heel Stone und eine Reihe kleinerer Steine dienten als äußere Markierungspunkte. Die extremste Mondaufgangsposition lag nördlich der Mittsommer-Sonnenaufgangsposition, die von der Achse markiert wird; doch neun Jahre später, auf der Hälfte des Mondzyklus, fielen beide Aufgangspositionen zusammen. Es scheint also, als sei Stonehenge eine Art Bühne gewesen, auf der die beiden herausragenden Ereig-

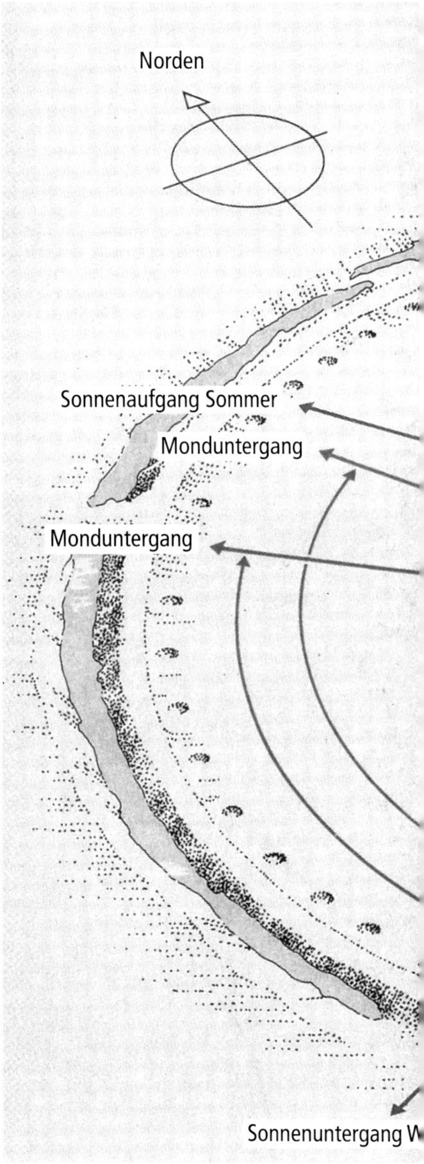

Stonehenge ist ein gigantisches Observatorium für alle Himmelskörper.
Die Ausrichtung auf die Sommersonnenwende ist bekannt, jedoch ist heute klar, daß die Ausrichtungen auf den Mond genauso wichtig sind und möglicherweise aus einer früheren Bauphase stammen.

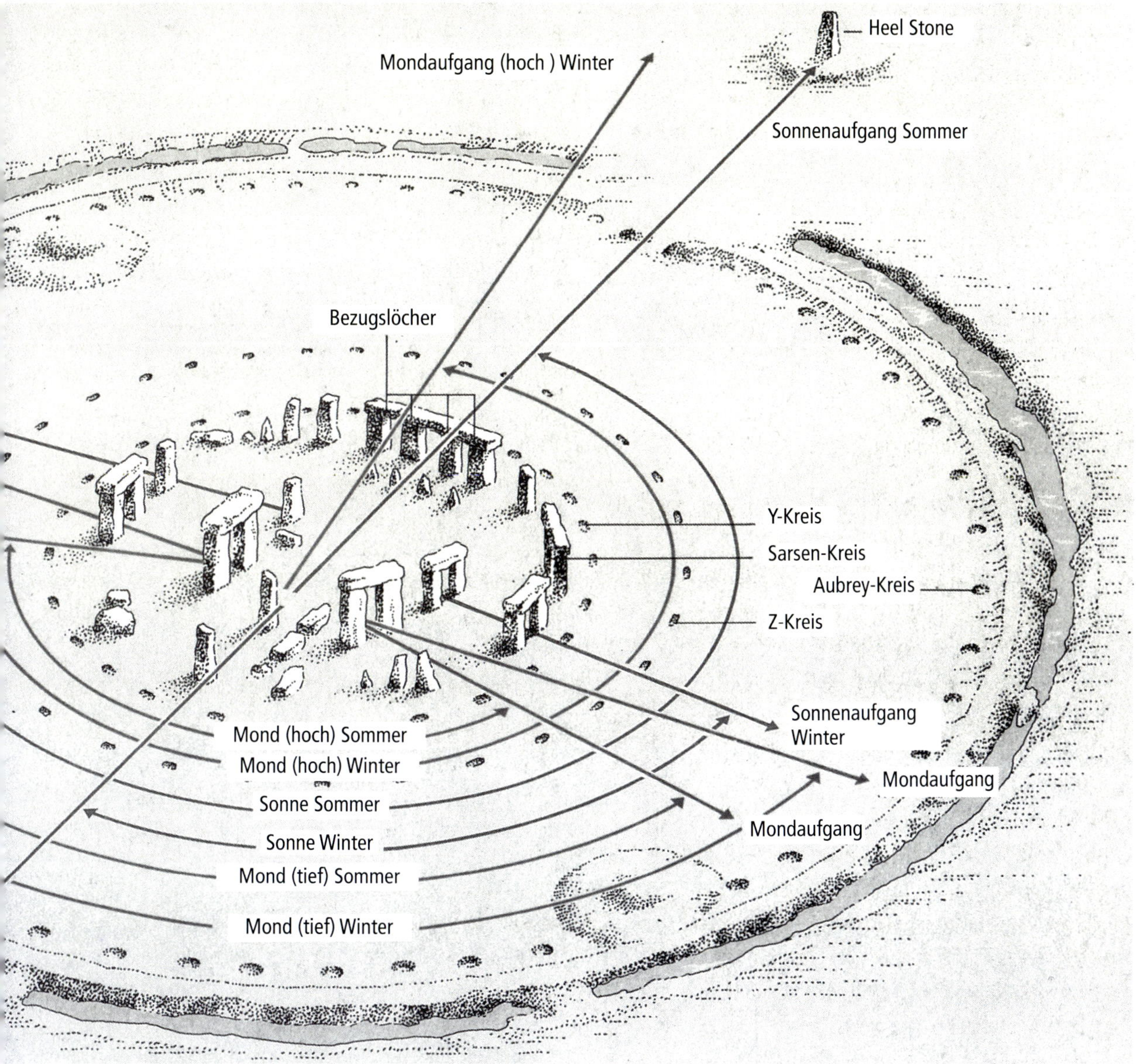

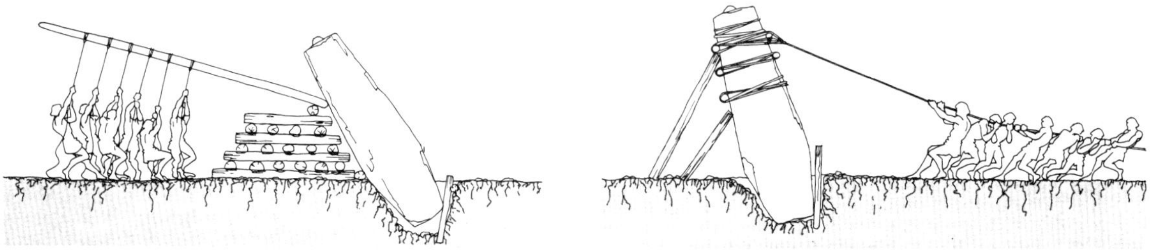

Tiefe Löcher mit einer angeschrägten Seite wurden gegraben, um die riesigen Sandsteinblöcke, die bis zu 45 Tonnen wiegen, aufzunehmen. Die Blöcke wurden vermutlich mit Hilfe von Seilen und Rollen bis zur Mulde transportiert und dann mittels eines Gerüstes, das als Angelpunkt eines mit Seilen bewegten Hebels diente, aufgerichtet. Im letzten Stadium mögen Seile genügt haben, um den Felsen in die Senkrechte zu bringen.

nisse – mittwinterlicher Mondaufgang in der Nacht und mittsommerlicher Sonnenaufgang bei Tagesanbruch – gefeiert werden konnten: eine hübsche Dualität.

Vielleicht – und wir können darüber nur spekulieren – legt die Tatsache, daß Sonnen- und Mondbahn derart zusammentreffen, die Vermutung nahe, daß alle achtzehn oder neunzehn Jahre, wenn die beiden sich überlagerten, eine besondere Feier stattfand. Denn obwohl das Pfahlsystem festhalten konnte, wo sich der Mond in seinem Zyklus befand, war es nicht sehr präzise, und es scheint, als seien die Pfosten eher errichtet worden, damit die Versammlung den Mondaufgang während einer Zeremonie verfolgen konnte.

Könnte es in Stonehenge eine symbolische Verbindung von Sonne, Mond und Tod gegeben haben? Der Kreis könnte seinen Ursprung in einer Holzhütte gehabt haben, in der man Leichen verrotten ließ; später baute man einen Wall darum herum, innerhalb dessen die Asche der Toten bestattet wurde; als nächstes errichteten die Menschen einen Steinkreis; dieser wurde später von ihren Nachfahren wieder zerstört, als diese die riesigen Sandsteinblöcke aufstellten, die heute noch stehen. Mit anderen Worten: Stonehenge könnte ursprünglich ein Tempel gewesen sein. Fast schon selbstverständlich scheint es, daß die Gräber rund um Stonehenge nach den extremen Mond- oder Sonnenaufgangspositionen ausgerichtet sind, oder gen Osten blicken, wo Sonne und Mond im Frühling beziehungsweise im Herbst aufgehen.

Könnte Stonehenge ursprünglich, bevor die Felsen aufgerichtet wurden, ein Mondobservatorium gewesen sein, das einer Form der Muttergottheit geweiht war? Das ist nicht ausgeschlossen: Ein Paar Ochsenhörner – ein altes Symbol für Fruchtbarkeit und für den Mond – wurde in der Mitte der Stätte ausgegraben. Eine Art Priester oder Magier könnte zu einer gewissen Zeit in der Mitte des ganzen gehaust haben, umgeben von einem Wald von Markierungspfählen, die »Himmel und Erde in einem ewigen Mondgitter unverrückbar zusammenhielten. Im langsamen Lauf der Zeit wurden Sonne und Mond und die unsichtbaren Mächte der Unterwelt damit unentrinnbar vor den Willen des Menschen gespannt.«[80]

Die Archäologie findet immer mehr Hinweise darauf, daß solche Orte für Mondbeobachtungen genutzt wurden. In Newgrange, einem megalithischen Hügel, der einen Gang und eine Kammer umfaßt, konnte ein Archäologe kürzlich erstaunliche Verbindungen mit der Wintersonnenwende nachweisen – die Sonne fällt, genau an diesem Tag, tatsächlich auf einige bemerkenswerte Ornamente.

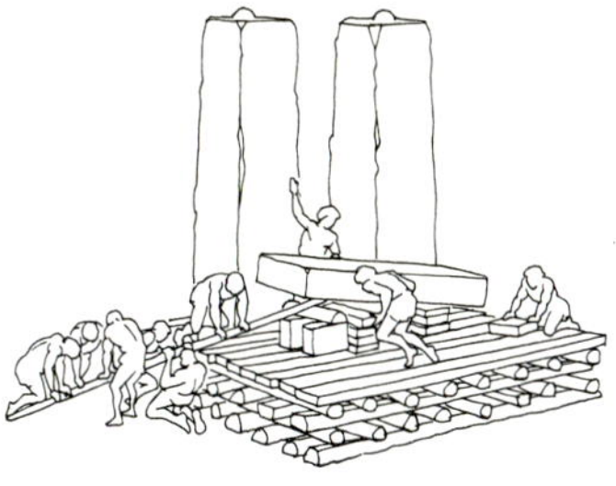

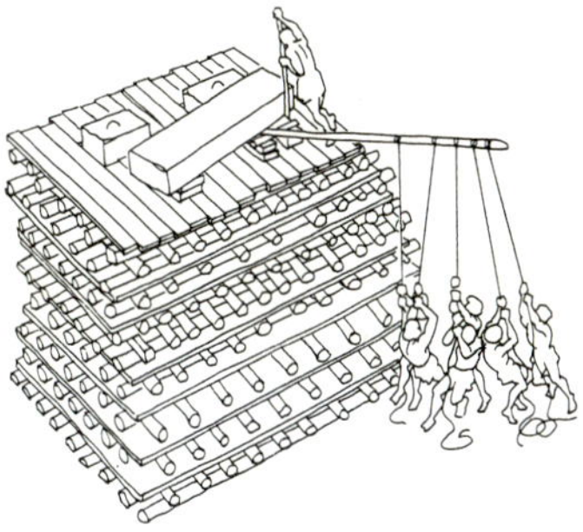

Wenn die senkrechten Blöcke standen, wurde die sieben Tonnen schwere Abschlußplatte wahrscheinlich auf eine Holzplattform gelegt. Die Platte wurde wohl mit Hebeln, Keilen und Blöcken hochgehievt, während man die Plattform unter ihr immer höher baute. Schließlich ließ man sie auf die beiden senkrechtstehenden Felsen gleiten, die zwei Rundungen aufwiesen, welche genau in entsprechende Ausbuchtungen in der Platte paßten.

Angesichts dieser Entdeckung wollte er herausfinden, ob auch der Vollmond bei der Errichtung des Hügels eine Rolle gespielt haben mag:

»Wir saßen in völliger Finsternis. Da wurden wir durch das plötzliche Erscheinen eines mysteriösen, dünnen Strahles silber-weißen Lichtes überrascht, der den Gang durchdrang und einen hellen Fleck auf einen der Steine in der Kammer zauberte. Wir sahen verwundert zu, wie der Lichtfleck rasch zusammenschrumpfte und wieder verschwand. Es war wie eine Erscheinung … gewißlich das fremdartigste und zugleich schönste Erlebnis, das wir jemals in einem solchen Hügel hatten. Danach habe ich nie wieder daran gezweifelt, daß den Bauten der Megalithkulturen ein starkes Element der rituellen Beobachtung anhaftet, unabhängig davon, was ihre Erbauer auf dem Gebiet der Astronomie geleistet haben mögen.«[81]

Brennan, der Archäologe, ging davon aus, daß praktisch auszuschließen war, solche Lichteinfälle seien reiner Zufall – und er entdeckte einen 18,6-Jahres-Kalender. Vielleicht preisen auch die Ornamente im Hügel – Spiralen, konzentrische Kreise und Rauten – den Mond. Und konnte die Tatsache, daß der lange Gang nach der Wintersonnenwende ausgerichtet war, bedeuten, daß er den Geburtskanal repräsentierte, das neue Leben nach der Sonnenwende?

Zumindest sollten die erstaunlich genaue sphärische Geometrie der Ganggräber in Avebury und Stonehenge ebenso wie die Ornamente an ihren Wänden als Hinweise darauf gewertet werden, daß sie von der Anordnung der Planeten und der Sterne beeinflußt waren, denen unsere Vorfahren so viel Aufmerksamkeit widmeten. Es ist merkwürdig, daß all die Steinkreise, aufrechten Felsen und Reihen sich viel deutlicher von ihrer Umgebung abheben, wenn man sie von oben sieht – wie auch die atemberaubenden Muster, die die Nazca-Indianer in der peruanischen Wüste schufen, erst von oben gesehen so recht als Abbildungen erkennbar sind. Vielleicht sah der Mensch vergangener Zeiten die Erde als Teil der Unendlichkeit des Universums und bot die Monumente der Sonne, dem Mond und den Sternen als Lobpreisung dar.

Viele Megalithen sind mit runden Vertiefungen übersät. Sie werden oft mit Bestattungen in Verbindung gebracht und könnten Mondsymbole sein. Eines von vielen Beispielen ist in Kittierney, im nordirischen Distrikt Fermanagh, zu finden, wo ein liegender Stein mit Vertiefungen auf den mittwinterlichen Mondaufgang ausgerichtet ist.

Noch ein Hinweis auf die Mondgöttin kehrt in der Sprache der Steine stets aufs neue wieder: Viele Steinformationen enthalten die Zahl Neun in ihrem Namen (z. B. »Nine Maidens«), wobei diese eigentümlicherweise nicht mit der Zahl der vorhandenen Steine übereinstimmen muß. Es könnte sein, daß hier die große, im Mond verkörperte Muttergottheit verehrt wurde. Die Göttin erschien in den drei Formen neuer Mond, Vollmond und abnehmender Mond, aus denen schließlich drei Göttinnen wurden. Diese hatten wiederum je drei Aspekte – und so gab es schließlich neun Göttinnen beziehungsweise Maiden.[82]

Uralte, in die Hügel Britanniens gegrabene Figuren könnten sich ebenfalls auf den Mond beziehen. In die Gogmagog Hills bei Cambridge sind die Figuren Gog und Ma-Gog eingegraben, die die Sonnen- und die Erd- beziehungsweise Mondgöttin darstellen sollen. Es wird auch behauptet, die Figuren lägen auf einer Linie mit verschiedenen prähistorischen Befestigungen und Hügelgräbern.

Und was ist mit den Felsen selbst? Wer jemals einen dieser Orte besucht hat, wird möglicherweise den Drang verspürt haben, die Hand auszustrecken und die Steine zu berühren, als ob sie energiegeladen wären. Um viele der uralten Steine haben sich örtlich Legenden gewoben, in denen die Felsen sich bewegen, als ob sie ein Eigenleben hätten. Doch für gewöhnlich brauchten sie, so sagen wiederum die Legenden, dafür etwas wie einen Katalysator – und das war oft der Mond. Der Waterstone in Wrington, Avon, soll tanzen – aber nur bei Vollmond zur Sommersonnenwende.

Im Laufe der Zeit bildeten sich Rituale um die Felsen und den Mond. Der Odin-Stein auf den Orkney-Inseln, der 1814 leider zerstört wurde, wurde hoch verehrt, weil er imstande sein sollte, magische Kräfte zu verleihen. Wer sie erhalten wollte, mußte den Stein in neun aufeinanderfolgenden Monaten bei Vollmond besuchen, neunmal auf bloßen Knien um ihn herumkriechen und dann durch ein Loch im Stein sehen, während er sich etwas wünschte.

Die Steine an diesen Orten sollen, sagen Wünschelrutengänger, vom Mond beeinflußt werden; vielleicht über unterirdische Wasserströme.

Wünschelrutengänger sagen auch, daß die Steine anscheinend »spiralförmig von einem Kräfteschild umgeben sind«[83], das sich den Mondphasen entsprechend verändert. Könnte dies im Zusammenhang mit dem keltischen Kalender stehen, dessen Monat am sechsten Tag nach Neumond und dessen Jahr am sechsten Tag nach Frühlingsanfang begann? Ein Wünschelrutengänger behauptet sogar, daß die Ladung der Steine zwischen negativ und positiv wechselt, und zwar mit dem Mondzyklus und entsprechend dem keltischen Kalender.

Rechte Seite: Menschliche Überreste wurden bei mehreren Steinformationen gefunden. Die Anordnung der Steine legt nahe, daß es sich um Mondopfer handelt.

Kapitel 2

Mondzeichen

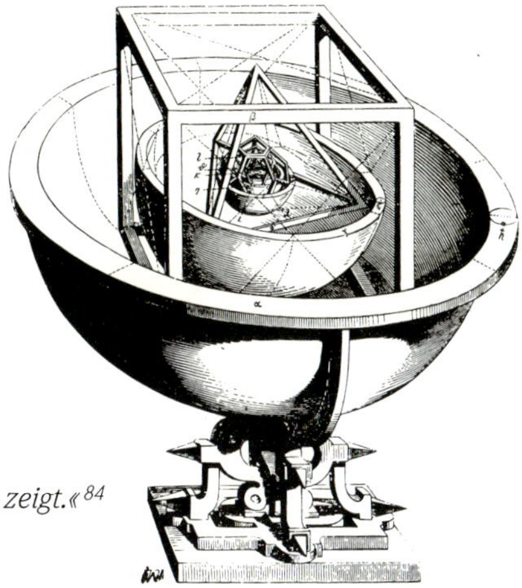

»Jedermann ist ein Mond und hat eine dunkle Seite, die er niemals zeigt.«[84]

»Ich weiß nicht, was alles für Wirkungen von einem Körper auf einen anderen Körper ausgeübt werden, ich weiß aber, daß, wenn der Mensch nicht in irgendeiner Weise von den Himmelskörpern, Sonne und Mond beeinflußt wird, er das einzige Ding auf Erden ist, das sich diesem Einfluß entziehen kann.«[85]

Wir mögen nicht länger Steinkreise errichten, um die Mondgöttin auf die Erde zu holen, aber wir spüren noch ihren Einfluß und versuchen, unsere Geheimnisse in ihr wiederzufinden. Die sanften Künste Astrologie und Tarot wissen das eine oder andere von der Verbindung zwischen uns und dem Mond zu sagen.

Astrologie

In der heutigen Astrologie spielt die Sonne eine wichtigere Rolle als der Mond – wir kennen alle unsere Sonnenzeichen, die zwölf Tierkreiszeichen, die täglich in der Zeitung stehen, doch wer von uns kennt seine Mondzeichen? Die Position des Mondes am Himmel ist von größter Bedeutung; schließlich wechselt er alle zweieinhalb Tage in ein anderes Sternbild, während die Sonne das nur zwölfmal im Jahr tut. Allerdings ist der Mond nicht immer so vernachlässigt worden.

»Der göttliche und lichtspendende Mond befand sich, als zunehmender Halbmond, im Stier auf 13 und einem tausendstel Grad; im Haus der Venus; an seiner eigenen Überhöhung; im Zeichen des Merkur; in einem weiblichen und festen Zeichen; wie Gold; den Rücken des Stieres erklimmend.« (Aus einem der frühesten überkommenen Horoskope, Griechenland, 81 n. Chr.)

Die alten Babylonier hatten ein hochentwickeltes astronomisches Wissen und verehrten den Mond als Königin der Nacht. Die Erde sollte ihr Kind sein und daher fortwährend unter ihrem Einfluß stehen. Im alten Rom war das Mondzeichen wichtiger als das Sonnenzeichen, und die Menschen wurden demzufolge auch in erster Linie nach ihm eingeschätzt.

Bevor Kopernikus die Dinge richtigstellte, dachte man allgemein, die Erde sei das Zentrum des Universums (siehe Illustration). Um die Erde verliefen die Planetenbahnen, von der äußeren des Saturn bis zur inneren des Mondes. Man glaubte, der Mond ziehe die verborgenen Kräfte der Sterne zur Erde. Jede Planetenbahn wurde angeblich von einem verständigen Wesen bewacht – die des Mondes beispielsweise vom Engel Gabriel.[86] Er wird gelegentlich mit einem Flußkrebs abgebildet, dem Symbol des Tierkreiszeichens »Krebs«, das vom Mond beherrscht wird.

Viele mittelalterliche Illustrationen zeigen den Mond in Verbindung mit dem Bauch oder den Geschlechtsteilen einer Frau. Die mittelalterlichen Astrologen benutzten eher den Mond als die Sonne, um den Weg durch die Fixsterne zu studieren, denn er durchläuft den Tierkreis in etwa einem Monat; die Sonne dagegen benötigt ein ganzes Jahr dafür. Sie teilten den Himmel in achtundzwanzig Teile,

Der Engel Gabriel sitzt unter dem Krebs, dem Symbol des Mondes. Er galt als die geistige Macht, die über diesen Planeten herrschte.

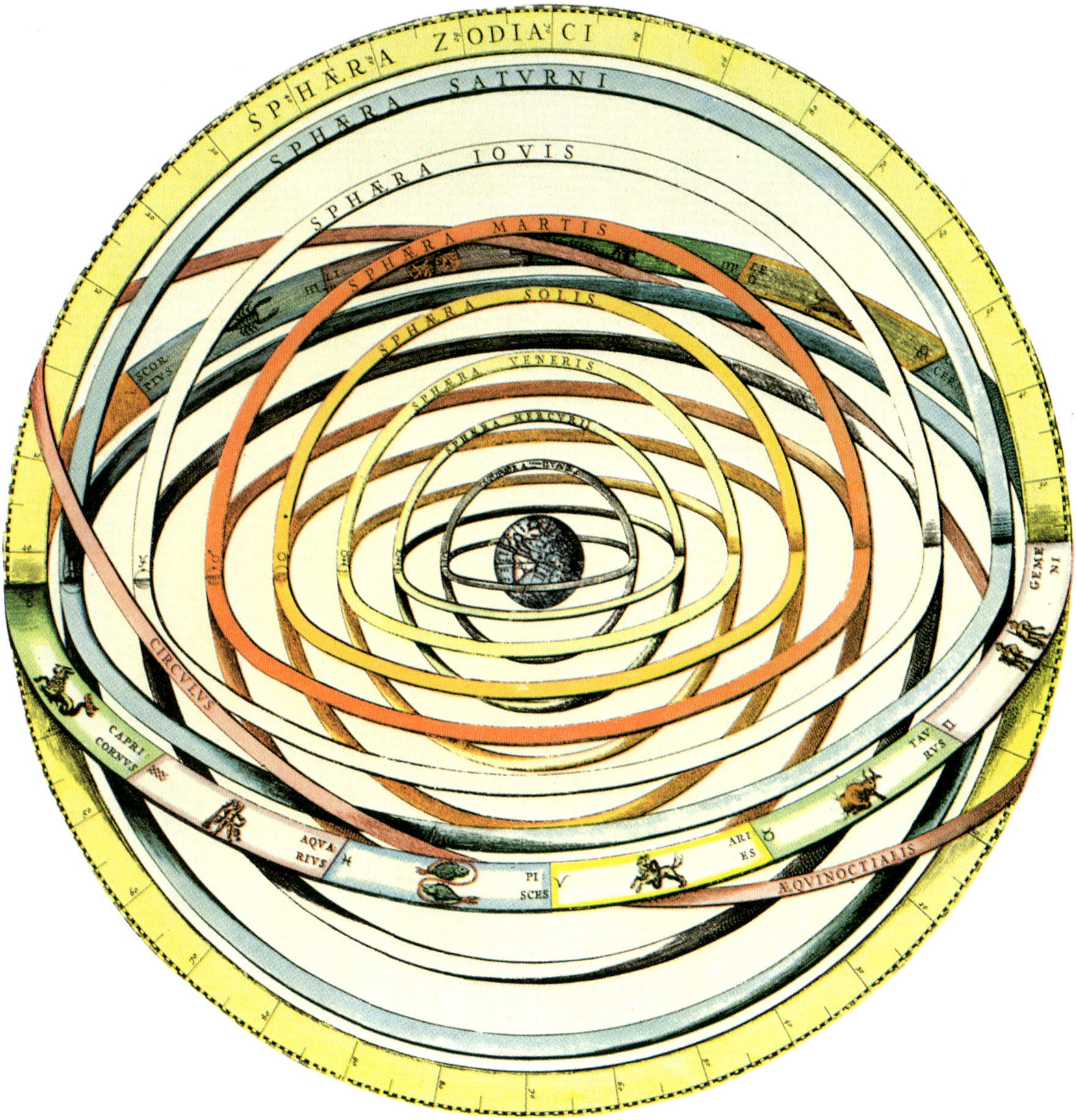

Im vorkopernikanischen Universum dachte man sich die Erde als Mittelpunkt allen Geschehens.

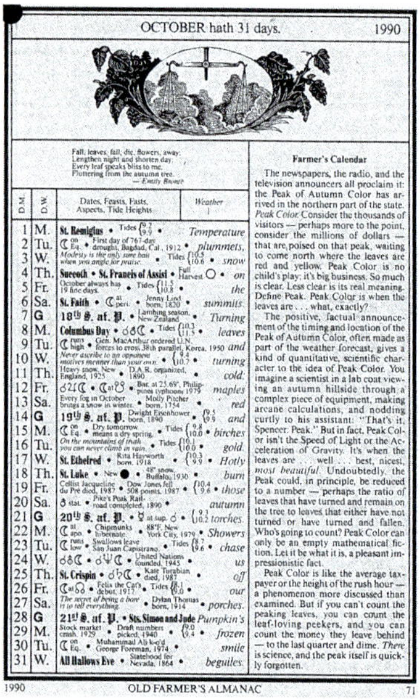

OCTOBER hath 31 days. 1990

Fall, leaves, fall; die, flowers, away;
Lengthen night and shorten day;
Every leaf speaks bliss to me,
Fluttering from the autumn tree.
— *Emily Brontë*

D.M.	D.W.	Dates, Feasts, Fasts, Aspects, Tide Heights	Weather ↓
1	M.	**St. Remigius** • Tides {9.2 / 9.9 •	*Temperature*
2	Tu.	☾ on Eq. • First day of 767-day drought, Bagdad, Cal., 1912 •	*plummets,*
3	W.	*Modesty is the only sure bait when you angle for praise.* • Tides {10.5 / 10.6 •	*snow*
4	Th.	**Succoth • St. Francis of Assisi** • Full Harvest ○ •	*on*
5	Fr.	October always has 19 fine days. • Tides {11.5 / 10.8 •	*the*
6	Sa.	**St. Faith** • ☾ at peri. • Jenny Lind born, 1820 •	*summits.*
7	G	**18th S. af. P.** • Lambing season, New Zealand •	*Turning*
8	M.	**Columbus Day** • ☌♅☾ • Tides {10.3 / 11.5 •	*leaves*
9	Tu.	☾ runs high • Gen. MacArthur ordered U.N. forces to cross 38th parallel, Korea, 1950	*and*
10	W.	*Never ascribe to an opponent motives meaner than your own.* • {9.4 / 10.7 •	*turning*
11	Th.	Heavy snow, New England, 1925 • D.A.R. organized, 1890 •	*cold:*
12	Fr.	☌♃☾ • ☾ at ☋ • Bar. at 25.69", Philippines typhoon, 1979	*maples*
13	Sa.	Every fog in October brings a snow in winter. • Molly Pitcher born, 1754 •	*red*
14	G	**19th S. af. P.** Dwight Eisenhower born, 1890 • {9.5 / 9.9	*and*
15	M.	☾ on Eq. • Dry tomorrow means a dry spring. • Tides {9.8 / 10.0 •	*birches*
16	Tu.	*On the mountains of truth you can never climb in vain.* • Tides {10.1 / 10.0 •	*gold.*
17	W.	**St. Ethelred** • Rita Hayworth born, 1918 • {10.3 / 9.9 •	*Hotly*
18	Th.	**St. Luke** • New ● • 48" snow, Buffalo, 1930 •	*burn*
19	Fr.	Cellist Jacqueline du Pré died, 1987 • Dow Jones fell 508 points, 1987 • {10.4 / 9.6 •	*those*
20	Sa.	♅ stat. • Pike's Peak Railroad completed, 1890 •	*autumn*
21	G	**20th S. af. P.** • ☿ at sup. ☌ • {9.1 / 10.2	*torches.*
22	M.	☾ at apo. • Chipmunks hibernate. • 88°F, New York City, 1979 •	*Showers*
23	Tu.	☾ runs low • Swallows leave San Juan Capistrano. • Tides {8.7 / 9.6 •	*chase*
24	W.	☌♅☾ • ☌♆☾ • United Nations founded, 1945 •	*us*
25	Th.	**St. Crispin** • ☌♄☾ • Kate Turabian died, 1987 •	*off*
26	Fr.	☾ at ☊ • Felix the Cat's debut, 1917 • Tides {8.1 / 9.0 •	*our*
27	Sa.	*The secret of being a bore is to tell everything.* • Dylan Thomas born, 1914 •	*porches.*
28	G	**21st S. af. P. • Sts. Simon and Jude**	*Pumpkin's*
29	M.	Stock market crash, 1929 • Draft numbers picked, 1940 • {9.0 / 9.4 •	*frozen*
30	Tu.	☾ on Eq. • Muhammad Ali k-o'd George Foreman, 1974 •	*smile*
31	W.	**All Hallows Eve** • Statehood for Nevada, 1864 •	*beguiles.*

Farmer's Calendar

The newspapers, the radio, and the television announcers all proclaim it: the Peak of Autumn Color has arrived in the northern part of the state. *Peak Color.* Consider the thousands of visitors — perhaps more to the point, consider the millions of dollars — that are poised on that peak, waiting to come north where the leaves are red and yellow. Peak Color is no child's play; it's big business. So much is clear. Less clear is its real meaning. Define Peak. Peak Color is when the leaves are . . . what, exactly?

The positive, factual announcement of the timing and location of the Peak of Autumn Color, often made as part of the weather forecast, gives a kind of quantitative, scientific character to the idea of Peak Color. You imagine a scientist in a lab coat viewing an autumn hillside through a complex piece of equipment, making arcane calculations, and nodding curtly to his assistant: "That's it, Spencer. Peak." But in fact, Peak Color isn't the Speed of Light or the Acceleration of Gravity. It's when the leaves are . . . well . . . best, nicest, *most beautiful.* Undoubtedly, the Peak could, in principle, be reduced to a number — perhaps the ratio of leaves that have turned and remain on the tree to leaves that either have not turned or have turned and fallen. Who's going to count? Peak Color can only be an empty mathematical fiction. Let it be what it is, a pleasant impressionistic fact.

Peak Color is like the average taxpayer or the height of the rush hour — a phenomenon more discussed than examined. But if you can't count the peaking leaves, you can count the leaf-loving peekers, and you can count the money they leave behind — to the last quarter and dime. *There* is science, and the peak itself is quickly forgotten.

1990 OLD FARMER'S ALMANAC 71

etwa entsprechend den Tagen des Mondmonats; dies war der »Mondkreis«. Die wichtigsten Sterne jedes Tages darin nannte man Mondstationen.

Im 16. und 17. Jahrhundert beschrieben volkstümliche Almanache den Menschen, wie sie ihr Leben in Übereinstimmung mit den Mondphasen gestalten sollten. Es gab viele Handlungen, die man am besten zu bestimmten Mondphasen unternahm. Die Almanache sagten einem, an welchem Tag der Mond günstig stand, um umzuziehen, sich zu verheiraten, zu reisen, zur Ader gelassen zu werden oder die Nägel zu schneiden! Freilich waren diese Empfehlungen vermutlich genauso zutreffend wie die Sonnenzeichen-Horoskope in unseren Zeitungen – und sicherlich genauso populär!

Was sahen die alten Astrologen im Mond? Nun, sie hielten ihn für ein Symbol des menschlichen Geistes; seine Phasen entsprachen der allmählichen Zunahme der menschlichen Wahrnehmungsfähigkeit. Der Mond spiegelt die Züge der Sonne wider, wie ein stiller See Bäume und Himmel mit sanfter Klarheit widerspiegelt. So kann der Mensch im Mond ein Abbild der Sonne betrachten, denn die Sonne direkt anzusehen, ist gefährlich.

Wenn die Vorstellung von den Wirkungen des Mondes auf uns in moderneren, rationaler orientierten Zeiten auch etwas in den Hintergrund getreten ist, so ist sie doch nie ganz verschwunden. Madame Blavatsky, Gründerin der Geistesbewegung der Theosophen, hielt sie im 19. Jahrhundert am Leben:

»Falls bestimmte Aspekte des Mondes greifbare Wirkungen zeitigen, die von Menschen zu allen Zeiten erfahren wurden, tun wir dann der Logik Gewalt an, wenn wir es für möglich halten, daß eine bestimmte Kombination stellarer Einflüsse ebenfalls mehr oder weniger Wirkung zeigt?«[87]

Sie zitiert die Hindus von Travancore: »Milde Worte sind besser als harte; das Meer wird vom kühlen Mond angezogen, nicht von der heißen Sonne.«

»Geboren, als der Mond im Krebs stand,
Gib ihr einen Namen, auf den sie hören wird,
Nenne sie Grün – und der Winter macht sie nicht blaß,
Nenne sie Grün – wegen der Kinder, die sie machten
Kleine Grün, sei eine Zigeunertänzerin.« [88]

In unserer hektischen, ganz auf Technik ausgerichteten Epoche ist es schwierig, Zeit zu erübrigen, um den Himmel zu betrachten. Und doch fühlen wir ein wachsendes Bedürfnis, uns der sanften Anziehungskraft des Mondes auszusetzen.

Was der Mond in einem persönlichen Horoskop bedeuten kann, ist eine sehr komplexe Frage, über die viele Bücher geschrieben worden sind. Der Mond wechselt etwa alle zweieinhalb Tage das Zeichen. Jeder kann herausfinden, in welchem Zeichen der Mond für ihn steht, indem er astrologische Kalender befragt. Doch selbst danach ist es noch ratsam, ein Kosmogramm von einem Astrologen erstellen zu lassen, der in der Lage ist, zu sehen, wie der Mond mit allem übrigen einer Konstellation zusammenhängt; es gibt auch gute Bücher, die sich eingehend mit diesem Thema befassen. Wir können aber ungeachtet dessen betrachten, was der Mond ganz allgemein in der Astrologie bedeutet. Die flüchtige Mondgöttin gilt als Verkörperung des weiblichen Teils, des »Yin«-Teils unseres Geistes. Sie beherrscht das Zeichen des Krebses, und die nicht gegenständliche Welt – das Unbewußte, den Geist –, aber auch die die Mutterschaft betreffenden Vorgänge Empfängnis und Geburt. Des Mondes quecksilbernes Licht weckt in uns die nächtlichen, unterweltlichen Seiten – das Okkulte, das Magische. Und natürlich zieht der Mond unwiderstehlich das Licht der Sonne, das männliche Prinzip, an. Der Mond ist die *anima*, die das Ich eines Menschen mit seinem Geist verbindet. Der Mond soll auch die Kindheit symbolisieren, die frühere Welt, das Heim, in dem man aufwuchs und das Verhältnis zur Mutter. Er bringt auch das Instinktverhalten zur Geltung, und wie sich dieses in engen, vom Gefühl bestimmten Beziehungen ausdrückt, und in allen anderen Situationen, in denen der Instinkt eine Rolle spielt.

So verkörpert der Mond in der Astrologie zwei Archetypen: die äußere Erscheinung, unseren Lebensstil, den wir mögen, weil er unsere Umgebung, besonders die unserer Kindheit, »wiedergibt«; und die geheimnisvollere Verbindung mit der Quelle, dem Ursprung des Lebens – wenn man will, der Großen Mutter. Vielleicht ist das astrologische Symbol des Mondes deshalb die Mondsichel: Die beiden zusammenlaufenden Linien bringen Materie und Geist, Unbewußtes und Bewußtes zusammen und zeigen jedem von uns, wie die Dualität für ihn aufzulösen ist.

Der Mond soll auch die Körpersäfte beherrschen, besonders den Samen mit seiner weißen, perlenden, mondgleichen Erscheinungsform. Er bestimmt das Wachstum und die geheimen Prozesse der Natur, die Abläufe, die in den verborgenen Teilen der Erde vor sich gehen.

Alten astrologischen Weisheiten zufolge steht der Mond in der Sternkonstellation eines Menschen an der gleichen Stelle wie die Sonne in seinem vorigen Leben! Wenn also für jemanden der Mond jetzt in der Jungfrau steht, war in seinem vorigen Leben die Jungfrau sein Sonnenzeichen. Eine interessante Vermutung. Das Mondzeichen wäre eine Verbindung mit einem vergangenen Leben, im Sinne von Kindheit und Erbe im weiteren Sinne. Es zeigt, wo die tiefsten Bedürf-

nisse eines Menschen liegen – was ihn genährt hat, was ihm immer noch Sicherheit gibt und welche Nabelschnüre er durchtrennen sollte.

Michel Gauquelin, bekannt für seine umfangreichen Forschungen auf astrologischem Gebiet, fand heraus, daß es, wenn mindestens ein Teil eines Paares unter einem gerade aufgegangenen oder über seinen Zenit gewanderten Planeten geboren worden war, eine signifikante Wahrscheinlichkeit dafür gab, daß eventuelle Kinder ebenfalls unter diesem Planeten geboren werden würden. Dies galt vor allem in bezug auf Mond, Venus und Mars. Offenbar aber nicht für eingeleitete Geburten, sondern nur für ganz und gar natürliche.

Hier nun die einzelnen Mondphasen, und wie jede von ihnen unseren Alltag zu beeinflussen vermag:

Neumond: Anfänge, verborgene Wechsel, Chaos und Desorganisation, Verwirrung, Ruhe

Vollmond: Abrundung, Erfüllung, Tatkraft, Ruhelosigkeit, Aufmerksamkeit

Diese können noch weiter unterteilt werden:

1. Viertel: Anfänge, Aufbrechen, Keimen und Erscheinen

2. Viertel: Entwicklung solcher Vorgänge, die bereits begonnen haben

3. Viertel: Abrundung und Reife, Erfüllung

4. Viertel: Ruhe und inwendige Betrachtung, Zerfall vor neuen Anfängen

Um die Position des Mondes in einem astrologischen Kosmogramm zu bestimmen, braucht man Sterntafeln oder Ephemeriden (das sind meist ganze Bücher, in denen die Bewegungen der Planeten von Tag zu Tag festgehalten sind) oder einen Computer mit einem astrologischen Programm.

Wenn man mit Ephemeriden arbeitet, sucht man zuerst das Geburtsdatum oder das Datum, das einen interessiert, und dazu dann das passende Mondzeichen. Die Nachschlagewerke enthalten Bezugsgrößen wie 14° 15´ mittags oder Mitternacht, je nachdem, welches Werk man benutzt.

Der Mond in den Tafeln steht für die weibliche Seite der menschlichen Natur; wie jemand fühlt oder wahrnimmt, für die Kindheit, die Mutter und das Unbewußte. Auf der folgenden Seite wird erklärt, was der Mond in jedem der zwölf Tierkreiszeichen bedeutet.

Menschen mit dem Mond im *Widder* lieben sich selbst und sind sehr aktiv. Sie sind dynamisch, geben gute Führer ab und gehen gern Risiken ein. Das Leben ist für sie eine Mutprobe, bei der sie sich bewähren müssen, um zu bekommen, was sie erreichen wollen. Ihre negativen Seiten: Sie lieben sich selbst etwas zu sehr und wollen nicht mit anderen zusammenarbeiten. Unabhängigkeit richtig zu verstehen und sich mit anderen auf einer Ebene auseinanderzusetzen, kann diese negativen Züge ausgleichen.	Den Mond in der *Waage* führen künstlerisch, musikalisch veranlagte Menschen, die in aller Regel liebenswert und charmant und auch gerne mit anderen zusammen sind. Sie neigen in ihrem Wesen zur Diplomatie und können schnell von anderen abhängig werden. Auch insofern müssen sie daran arbeiten, mit ihren Gefühlen nach Möglichkeit ins reine zu kommen.
Menschen mit dem Mond im *Stier* haben ihren eigenen Kopf, sind aber sehr sinnlich und lieben die schönen Dinge des Lebens. Gutes Essen, materieller Überfluß und Schönheit bauen sie körperlich auf. Sie sind loyal, rege und stehen anderen bei. Vertrauen in ihre Überlebensfähigkeit und ihre Gefühle zu setzen, bleibt für sie stets eine Aufgabe, denn sie neigen dazu, daran zu zweifeln.	Der *Skorpion*-Mond gibt den unter ihm Geborenen ungewöhnliche geistige, insbesondere intuitive Kräfte und viel Fähigkeit zu Mitgefühl. Das mag sie unbewußt dazu bringen, andere zu manipulieren. Sie sind die klassischen »Primadonnen« und schlittern oft in hochdramatische Situationen hinein, die sie vermeiden könnten, wenn sie ihre Gefühle nicht so wichtig nähmen.
Wer den Mond bei seiner Geburt in den *Zwillingen* hat, interessiert sich später für alles. Solche Menschen sind unruhig, intuitiv, phantasievoll und geben gute Schauspieler ab. Sie gehen das Leben mit Verstand an, könnten freilich zumeist noch etwas spontaner werden, lockerer mit ihren Gefühlen und auch gefühlsbetonter mit anderen umgehen, um das rechte Gleichgewicht zwischen ihrem Verstand und ihren Empfindungen herzustellen.	Der Mond im *Schützen* bringt optimistische, von ihrer Sache hellauf begeisterte Führer hervor, die gerne reisen und Abenteuer erleben. Sie sind inspirierende Lehrer, denen es leicht fällt, andere Menschen zu ermutigen und aufzubauen. Ihnen liegt vor allem daran, Wissen zu erwerben; sie sollten oft versuchen, das Leben direkter zu erfahren, indem sie ihren Gefühlen folgen.
Ein Mensch mit dem Mond im *Krebs* neigt dazu, unsicher in seinen Gefühlen und launisch zu sein. Er verläßt nur ungern seine nähere Umgebung. So sollte er gefühlssicherer werden und Vertrauen in die Liebe setzen. Seine positiven Eigenschaften sind nichtsdestoweniger Liebesfähigkeit, Fürsorglichkeit und eventuell eine besondere Heilbegabung.	Ein Mensch mit dem Mond im *Steinbock* erlebt meist eine geregelte Kindheit, in der die Eltern sehr wichtig sind. Als ernsthaftes Kind hielt er sich eher abseits der anderen und meinte, über ihnen zu stehen. Als Erwachsener entwickelt solch ein Mensch Verantwortungsbewußtsein; er gibt einen hervorragenden Organisator ab, der gern die Kontrolle übernimmt. Mit den Jahren wird er lockerer. Er muß daran arbeiten, entspannt zu reagieren und nicht das Gefühl zu haben, die ganze Welt auf den Schultern zu tragen.
Menschen mit dem Mond im *Löwen* sind begabt, kreativ und haben Sinn für Dramatik, ebenso wie eine Vorliebe für Sport und Spiel. Sie wollen sein, was sie scheinen, und sehnen sich nach Anerkennung. Sie haben gern alles unter Kontrolle. Es wäre gut für sie, sich selbst mehr zu lieben und diese Liebe nicht bei anderen zu suchen.	Geboren mit dem Mond im *Wassermann*, findet man exzentrische, revolutionäre Zeitgenossen. Sie mögen auf den Gebieten Astrologie oder Computertechnik begabt sein, die in vielen Fällen eine wichtige Rolle in ihrem Leben spielen. Man darf ihnen nicht vorschreiben, was sie zu tun haben. Ihr Idealismus kann sie gefühllos und kalt machen; sie sollten daher ihre Gefühle ausdrücken, ohne andere zu verdammen. Sie können gute Medien abgeben.
Die mit dem Mond in der *Jungfrau* Geborenen besitzen eine erdverbundene Unschuld und wollen für sich gelassen werden. Sie sind hervorragende Organisatoren, handeln aber oft nur aus Pflichtgefühl oder aus einem Hang zum Märtyrertum heraus. Sie sollten ihre eigenen Gefühle weniger negativ sehen und es als Tatsache hinnehmen, daß sie so, wie sie sind, so vollkommen sind, wie sie sein können.	Menschen mit dem Mond in den *Fischen*, können lieben, geben und mitfühlen; sie schlagen dabei manchmal über die Stränge und werden zu Opfern. Auch können sie, aus einem Gefühl heraus, trickreich und hinterlistig sein, und es ist manchmal schwierig, sie festzunageln, wenn sie so durch ihre nebulösen Welten schweben und einen plötzlich mit ihrer »Hilfe« beglücken. Sie sollten stärker ihrer Intuition und dem Leben überhaupt vertrauen.

Tarot

Tarot, diese geheimnisumwobene Art des Kartenlegens, ist eine andere Möglichkeit, sich dem rätselhaften Fluß des Lebens anzunähern. Die Karten verkörpern unsere Lebensreise, und es überrascht nicht, daß der Mond in einem Satz Karten nicht einmal, sondern zweimal vorkommt. Und ganz nach lunarer Gepflogenheit erscheint er das eine Mal etwas unauffälliger als beim anderen Mal!

Die Mondgöttin erscheint als »Die Hohepriesterin«, während eine andere der Karten einfach nur »Der Mond« heißt. Diese Karte wird oft als das Unbewußte verstanden, wegen des Mondeinflusses auf die Wasser und auf unsere inneren, psychischen »Gezeiten«. Die beiden Karten stellen in gewisser Weise Gegensätze dar: Die Mondgöttin mit ihrer intuitiven Weisheit ist eine positive Ausprägung des weiblichen Prinzips, während die Mondkarte oft als täuschender Traum, also als etwas Negatives, angesehen wird. Die beiden zusammen vereinigen, poetisch und in ihrer Aussage, die verschiedenen Aspekte des Mondes.

Es gibt viele Varianten der Tarot-Karten. Hier sehen wir die Bilder des traditionellen Rider-Waite-Spiels, in dem auch Details liebevoll ausgestaltet sind.

Die Hohepriesterin ist eine weise Frau, ihr Kleid fließt wie Wasser zu Boden und fällt über eine Mondsichel. Sie sitzt zwischen zwei Säulen, die gute und böse Kräfte symbolisieren. Der Teppich hinter ihr zeigt überreife Früchte. Sie hält eine Rolle mit Geheimlehren im Arm. Ihr Kopf wird von zwei hornartigen Halbmonden und einer Halbkugel, dem Vollmond, gekrönt.

Dies ist Karte Nummer 2 des Satzes und steht für Gleichgewicht, aber auch für Dualismus. Sie ist insofern die Polarität, aus der heraus alle Dinge geschaffen werden, und auch die Trennung des Menschen von der ihn umgebenden Welt, sein Uneinssein mit dem Sein. Sie ist das zurückgeworfene Licht des Mondes, nicht das unmittelbare der Sonne.

Die Hohepriesterin ist die Essenz vieler Mondgöttinnen vieler Epochen. Das gekrönte Haupt erinnert an Abbildungen der Isis. Ihr positiver Aspekt ist die *anima* – das weibliche Element im Menschen –, Diana und Sophia, die gnostische Weisheitsgöttin, Herrin des Lichts. Ihre dunkle Seite tritt zutage, wenn die Kraft des weiblichen Prinzips mißbraucht oder mißachtet wird. Dann nimmt sie die Gestalt von Hekate, Königin des Dunklen Mondes, und Lilith, Herrin der Dämonen, an.

Hier liegt das Geheimnis des Lebens selbst – wir fühlen es, wenn wir den Mond ansehen. Die Hohepriesterin sitzt zwischen den Pfeilern der negativen und der positiven Kraft, nimmt sie in sich auf und verschmilzt sie, damit Leben werden kann: »Der Narr«, die Karte Nummer 1, hat die Aufgabe, ihr Geheimnis zu entdecken, wenn er seine Reise beginnt. Sie symbolisiert auch die Verbindung von Bewußtem und Unbewußtem, sie befindet sich an der Tür zur Psyche.

Wenn diese Karte in einer Tarot-Sitzung aufgedeckt wird, bedeutet das, daß bisher verborgene Dinge zutage treten werden; sie bringt Einsicht und Stärke nebst der Fähigkeit, Probleme zu lösen. Sie kann die Anwesenheit einer weisen und intuitiv veranlagten Frau anzeigen, vielleicht in der Person selbst, welcher die Karten gelegt werden.

Auch Kreativität zeigt sich, genauso, wie sich der Mond geheimnisvoll wandelt

»Der Mond« im Tarot weist auf die Geheimnisse des Unbewußten hin.

und wiedererschafft. Wenn die Karte auf dem Kopf steht, sollte man sich um Unsicherheiten im eigenen Gefühlsleben kümmern, denn diese könnten die eigene Urteilskraft trüben.

Die Karte »Der Mond« steht für das Ende eines anderen Stadiums der Suche. Aus einem unergründlichen Teich kriecht ein Krebs auf einen langen, gewundenen Pfad. Auf den beiden Seiten heulen ein grimmig aussehender Hund und ein Wolf den Vollmond an, der Wasser anzuziehen scheint. Zwei Pfeiler stehen, wie ein Tor zu einem unbekannten Land, an den Seiten.

Einerseits wird hier auf den uralten Glauben, der Mond sei der Aufenthaltsort der Toten, angespielt. Andererseits herrscht der Mond auch über Fruchtbarkeit und neues Leben – daher die beiden Pfeiler, Tod und Leben. Die Karte bedeutet, daß es Zeit ist, die Logik hinter sich zu lassen: Auf dem gewundenen Pfad kommt man nur mit dem nichtrationalen Licht seines inneren Wesens voran.

Die Karte stellt auch einen Wendepunkt dar: Gefahr droht, denn der Krebs aus den Tiefen könnte durch den Mond sein Leben verlieren. Die Hunde, Symbole des Reiches der Göttin des Dunklen Mondes, Hekate, könnten angreifen.

Doch wenn der Sucher dem Pfad unbeirrt folgt, wird er durchkommen und das Licht erreichen.

Sooft diese Karte in einer Sitzung aufgedeckt wird, deutet sie an, daß eine Glaubenskrise im Anzug ist, und daß Fortschritte nur erzielt werden können, indem man seiner Eingebung vertraut. Auf dem Kopf stehend besagt sie, daß die Kraft, über das Rationale hinauszugehen, nachläßt und gestärkt werden muß.

»Der Mond« ist also keine günstige Karte, aber eine vielseitige. Sie zeigt an, daß das letzte Stadium einer Prüfung durchlaufen werden muß – in der dunklen Nacht der Seele, in der alles flüchtig und illusionär zu sein scheint. Doch Glaube und Eingebung, das kühle Licht des Mondes, werden dem Frager hindurchhelfen.

Kapitel 3

Mondregeln

Leben nach dem Mond

Der Mond hat einen so großen Einfluß auf die Erde, daß er die Ozeane hienieden zweimal am Tag zu Ebbe und Flut zwingt. Wenn er so eine Leistung vollbringen kann, könnte er dann nicht auch anderes Leben auf der Erde beeinflussen? Pflanzen, Wetter, Tiere, den menschlichen Körper – auf alle soll der Mond Einfluß ausüben. Vor langer Zeit, im 4. Jahrhundert, meinte Aristoteles, Austern und Seeigel seien bei Vollmond fleischiger – und die Naturwissenschaft des 20. Jahrhunderts hat ihm recht gegeben. Andere Altweibergeschichten bergen nachweislich mehr als ein Körnchen Wahrheit in sich.

»Wenn du mit Blumen willst die schwangere Erde bestecken,
Bedenke, daß der Mond dem Werden günstig steht,
Denn Erde, stilles Grün der Mitternacht, gehorcht
und harret seines Laufs, ihm, der, ganz in Silberlicht gehüllt,
den ewigen Lauf der Jahreszeiten führt.«
(The English Gardener)

Die Idee, Getreide, Blumen und Bäume entsprechend den Mondphasen zu pflanzen, ist uns heute etwas fremd. Was könnte denn der Mond am Wachstum ändern? Und doch wurde lange geglaubt, daß der Mond eine wichtige Rolle in der Entwicklung der Pflanzen spielt – und moderne Forschungen belegen dies. Im allgemeinen, heißt es, pflanzt man am besten ein paar Tage vor Vollmond, wenn der Mond also noch zunimmt. Das scheint logisch zu sein. Aber die Wissenschaft des Mond-Pflanzens ist noch etwas komplexer.

Wir kennen alle den Mondeinfluß, wissen, daß er die Wasser der Erde täglich zu Ebbe und Flut bewegt. Doch hat diese starke Kraft auch auf andere Dinge Einfluß? Ihre Wirkung auf das Leben im Meer ist von alters her aufgezeichnet und in jüngerer Zeit auch wissenschaftlich belegt worden.

Zeit zum Säen, Zeit zum Reifen – allen Gesichtspunkten der Landwirtschaft wurden Mondzeiten zugeschrieben, mit dem Ziel, eine gute Ernte einfahren zu können.

»Medizinische Kräuter müssen gepflückt werden, wenn der Mond im Zeichen der Jungfrau steht; doch darf Jupiter nicht im Aszendenten sein, denn sonst verlieren die Kräuter ihre Wirkung.« (Paracelsus, 6. Jahrhundert)

Ein gewisser Anthony Askham meinte, er habe eine Pflanze namens Lunarium entdeckt, deren Wachstum direkt mit dem Mond zusammenhing: »Die Blätter dieses Krautes sind rund und blau und sie tragen das Zeichen des Mondes in ihrer Mitte ... Es wächst im neuen Mond für fünfzehn Tage ohne Unterlaß und nach fünfzehn Tagen verliert es jeden Tag ein Blatt, wie der Mond abnimmt.«[89]

Diese Pflanze mochte nur in seiner Phantasie blühen, aber die Wirkung des Mondes auf Pflanzen war dennoch zu keiner Zeit zu bestreiten. Ein ostenglischer Bauer schrieb 1562:

»Nimmt ab der Mond, säe Erbsen und Bohnen,
Wer früher sät, dem wird es nicht lohnen,
Mit dem Planeten soll man ruhen und rasten,
Denn reichste Frucht wird einem daraus erwachsen.«

Ein gewisser John Woolridge fügte etwa zur gleichen Zeit hinzu: »Samen, die doppelt tragen sollen, müssen an Vollmond ausgesät werden oder noch zwei oder drei Tage später. Es ist schon lange beobachtet worden, daß der Mond großen Einfluß auf die Pflanzen hat ... und wenn er überhaupt einen solchen Einfluß hat, dann zeigt er sich sicherlich in der Verdoppelung der Blüten.«

Selbst der bekannte Kräuterfachmann Nicholas Culpepper schrieb in seinem berühmten Buch *Herbal*, daß die Gestirne den Menschen beeinflussen, seine Krankheitsanfälligkeit und die Kräuter, die ihn heilen können. »Bedenke, welcher Planet die Krankheit verursacht ... von welchem Planeten der befallene Körperteil beherrscht wird. Du kannst die Krankheit mit Kräutern des Planeten bekämpfen ... jede Pflanze kuriert ihre Krankheit; wie Sonne und Mond durch ihre Kräuter die Augen heilen.«

Es scheint gewiß logisch, daß – wie viele Kräuterkundige glauben – die Lebenssäfte einer Pflanze nach oben steigen, wenn der Mond zunimmt, daß dies also die Zeit ist, all die Stengel, Blätter und Blüten zu sammeln – und daß sich die Energie in die Wurzeln zurückzieht, wenn der Mond abnimmt. Bauern meinten früher,

Kräuterkundler des Mittelalters glaubten, daß Blumen doppelt so viele Blüten trügen, wenn sie um den Vollmond herum gesät oder gepflanzt würden.

man solle bei zunehmendem Mond säen, aber bei abnehmendem Mond jede Art von Zerstörungswerk vornehmen, beispielsweise Ungeziefer tilgen und Unkraut jäten. Es gab jeweils besondere Empfehlungen für die einzelnen Pflanzen: Kartoffeln sollten bei Neumond, möglichst am Karfreitag, gepflanzt werden; Erbsen dagegen im Mondlicht; Knollengewächse am besten zwischen dem ersten Viertel und Vollmond; Blattgewächse, wenn der Mond gerade beginnt abzunehmen. Und die Amish, eine religiöse Gruppierung in Pennsylvania (USA), »pflanzen« sogar ihre Zaunpfähle nach den Mondphasen.

Man glaubte, daß Weideland stark verbessert werden könne, wenn man das Vieh nur im ersten und zweiten Viertel des Mondes darauf grasen ließ. Nach Vollmond, während des dritten und vierten Viertels, sollte man die Tiere fernhalten. *Der Garten Eden*, ein Buch aus dem Jahre 1600, spricht sich für Blumenzucht nach Mondphasen aus. Es behauptet, daß sich Einblütler wie Tulpen oder Gartennelken verdoppeln, wenn sie drei Tage nach Vollmond umgesetzt werden. *Der Gartenexperte* aus dem 17. Jahrhundert rät, Veilchen, Rosmarin und Lavendel auszusäen, wenn der Mond jung, Goldlack dagegen, wenn er alt ist.

Hier noch ein paar Altweibergeschichten über Pflanzen und den Mond:

Dem englischen Kräuterexperten Culpepper zufolge, hat die Mondraute die Macht, einem Pferd, das auf sie tritt, das Hufeisen zu lösen.

»Säe nicht einfach wie gewohnt,
schau erst nach dem Mond.«

Vollmond zu Weihnachten bedeutet, daß im Jahr darauf die Ernte schlecht wird. Okkulten Überlieferungen zufolge sollen Kräuter nur gepflanzt werden, wenn der

Ebenso wie Blumen und andere Pflanzen in Übereinstimmung mit bestimmten Mondpositionen gesät wurden, sammelten Kräuterkundige Kräuter zu anderen Mondzeiten ein, an denen ihre Lebenskraft angeblich ihren Höhepunkt erreicht hatte.

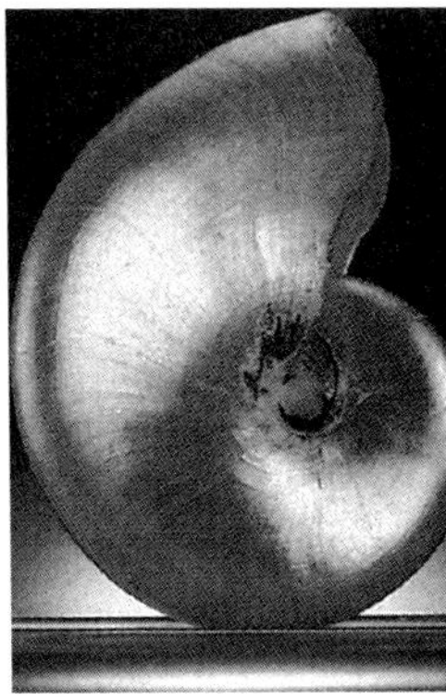

Mond in einem Wasserzeichen, also in einem fruchtbaren Sternzeichen steht – das sind Krebs, Fische und Skorpion.

Bäume, die starke Wurzeln schlagen sollen, müssen bei abnehmendem Mond gepflanzt werden, am besten nach dem letzten Viertel, aber noch vor Neumond.

Stark duftende Blumen, beispielsweise Lavendel, sollten im ersten Viertel des Mondes gepflanzt werden, möglichst im Zeichen der Waage, um den intensivsten Duft zu erzielen. Falls man ein Blumenmeer schaffen will, sollte man pflanzen, wenn der Mond in Krebs, Skorpion oder in den Fischen steht.

Gesammelt werden Blumen und Kräuter im allgemeinen am besten bei abnehmendem Mond, der sie schwächt und damit leichter brechbar macht.

Obstbäume sollten, wenn sie reichlich Früchte tragen sollen, allerdings nur bei zunehmendem Mond beschnitten werden.

Noch heute weit verbreitet ist der Glaube, daß Bauholz nur bei abnehmendem Mond geschlagen werden sollte, denn zu dieser Zeit ziehe sich der Saft zurück, sinke ab und mache so das Holz trockener. Mit anderen Worten, auch Bäume unterliegen den Gezeiten. Es gibt Zimmerleute, die Holz ablehnen, das bei zunehmendem Mond geschlagen wurde, weil sie meinen, es habe zu viel Feuchtigkeit in sich und müsse sich verziehen.

Im Laufe der Zeit haben sich in der Tat feste Regeln für Bäume entwickelt:

Harthölzer, wie Eiche und Kastanie, sollten nach Vollmond bis Mittag gefällt werden. Bäume mit hellem Holz, so etwa Kiefer und Ahorn, sollten gleichfalls vor dem Mittag geschlagen werden, aber zwischen Neumond und Vollmond, im Zeichen der Jungfrau.

Wer einen Baum oder Busch daran hindern will, zu groß zu werden, pflanze bei Neumond, wenn er im Zeichen des Krebses steht. Bäume, die schnell wachsen sollen, pflanze man im ersten Viertel des Mondes.

Ein Farmer in Arkansas versuchte, seine Obstbäume nach den Mondphasen zu pfropfen. Er kam zu dem Schluß, daß die beste Zeit dafür zwischen Neumond und Vollmond , und zwar zwischen dem ersten und dem zweiten Viertel, sei. Er empfahl zudem, mit dem Pfropfen zu warten, bis der Mond im Krebs steht, da dies »das fruchtbarste, beweglichste, wäßrigste und weiblichste Zeichen« sei.[90]

Einige Blumen sollen eine besondere Beziehung zum Mond haben. Mohn etwa wird als Blume des Mondes angesehen, vielleicht wegen seiner überlieferten Verbindung mit dem Tod. Die Rose ist Dianas Blume. Sie war ursprünglich eine griechische Königin, so schön, daß Diana neidisch wurde. Dianas Bruder, der Sonnengott, trocknete die Königin aus, bis sie zu einer Blume zusammengeschrumpft war; ihre drei Liebhaber, die ihr zu Dianas Tempel gefolgt waren, wurden ebenfalls aufs Strengste bestraft und kurzerhand in einen Schmetterling, einen Wurm und in eine Drohne verwandelt.[91]

Wenn der Mondgöttin in der Nacht, in der der neue Mond erstmals erscheint, weiße Blumen dargebracht werden, wird der folgende Monat ein glücklicher.

Weiße Blumen sollen ohnehin unter der Herrschaft des Mondes stehen. Man glaubte, daß in ihnen Mondgeister wohnen, die an Vollmond erscheinen; besonders im Juli, im August und im September. Auch der Jasmin ist eine Blume des Mondes und der nächtlichen Mysterien. Sein Öl dient dazu, Liebe zu wecken, und

sein Geruch fördert Selbstversenkung und Schlaf.

Vielleicht sollten all diese Pflanzregeln nicht als Altweibergewäsch abgetan werden, denn es gibt keinen Zweifel daran, daß Tiere vom Mond beeinflußt werden. Die Bewegung der Fische im Meer, das Ablaichen vieler Meerestiere, beispielsweise der Krabben, Miesmuscheln, Austern und Seeigel – all dies geschieht im Einklang mit den Mondphasen.

Selbst bei großen Tieren hat man bei zunehmendem Mond einen stärkeren Paarungsdrang als zu anderen Zeiten beobachtet. Viele Bauern früherer Zeiten regelten ihre Tierzucht nach dem Mond: Schweine wurden bei zunehmendem Mond geschlachtet, weil der Speck angeblich fetter als bei abnehmendem Mond war; Schafe wurden um diese Zeit geschoren, denn sie gaben mehr und dickere Wolle. Bauern meinten, daß Tiere, die unter einem abnehmenden Mond geboren werden, kränklich wären, und sie nahmen in dieser Zeit nicht einmal Kastrationen vor, weil sie fürchteten, die betroffenen Tiere könnten sonst erkranken.

Eier ließ man so ausbrüten, daß die Jungen im Mondlicht schlüpften, wenn der Mond in Krebs, Skorpion oder in den Fischen stand. Die Küken, die bei zunehmendem Mond schlüpften, sollten gesünder sein und schneller wachsen als jene, die später kamen; und die, die unter einem fruchtbaren Tierkreiszeichen geboren wurden, galten als gute Legehennen. Ein junger Hengst sollte entwöhnt werden, wenn der Mond im Steinbock, Wassermann oder in den Fischen stand. Tiere sollten sogar im Einklang mit den Mondzeichen geschlachtet werden. Fleisch, so hieß es, habe einen besseren Geschmack, sei zarter und halte länger, wenn das Tier drei

Während die Sterblichen schlafen und unter dem Mond ihre Träume träumen, wirkt dessen sanfte Kraft auf alles Wachstum dieses Planeten.

Nichts, was mit dem Mond zu tun hat, ist einfach! Es gibt sogar Mondregeln für das Bebrüten von Eiern, aber man muß wohl ein Astrologe sein, um sie zu begreifen.

Tage nach Vollmond geschlachtet wurde, vorzugsweise im Zeichen des Löwen. Gibt es heutzutage Beweise dafür, daß der Mond das Leben der Tiere beeinflußt? Jede Menge! Es fängt sogar an, etwas befremdlich zu wirken, daß wir es so lange bezweifelt haben. Lyall Watson, dem Autor des Klassikers *Supernature*, gebührt einiges Verdienst für die Wiedererweckung unseres Glaubens an die Wunder und die Geheimnisse der Natur. Er führt viele Beispiele für den tatsächlichen Einfluß des Mondes auf die Tiere an:

Ein kleiner, im Sand lebender Plattwurm namens *convoluta* gräbt sich bei Ebbe an die Oberfläche, und setzt sich der Sonne aus. Wenn er im Labor gehalten wird, folgt er weiter dem Gezeitenrhythmus, ohne daß in seiner unmittelbaren Umgebung noch der geringste Anlaß dafür bestünde. Ähnliches wurde bei anderen, nach den Gezeiten lebenden Tieren festgestellt.

Austern, die aus ihrer Umgebung in ein 1.500 km entferntes inländisches Laboratorium verpflanzt wurden, paßten ihr Verhalten (Nahrungsaufnahme bei Flut, geschlossene Schalen bei Ebbe) bald dem Gezeitenrhythmus an, und zwar verblüffenderweise einem Gezeitenrhythmus, wie er an ihrem neuen Standort geherrscht hätte, wäre er am Meer gelegen. Dies geschah selbst dann noch, als die Austern in lichtlosen Behältern gehalten wurden – mit anderen Worten, sie reagierten nur auf die Anziehungskraft des Mondes.

Ein kleiner Silberfisch, der Kalifornische Ährenfisch, nutzt den Unterschied zwischen Springflut und Nippflut. Kurz nach Vollmond, zwischen März und August, wenn die seltene, aber regelmäßig wiederkehrende Springflut gerade zurückzugehen beginnt, legt er mit akrobatischen Anstrengungen seine Eier in den feuchten Sand am Strand. Die Eier bleiben oberhalb der Hochwasserlinie ungestört im Sand liegen, bis die nächste Springflut sie erreicht; dann sind die Larven bereit, bei der ersten Wasserberührung zu schlüpfen.

Die Ruß-Seeschwalbe von der Insel Ascencion pflanzt sich nur an jedem zehnten Vollmond fort. In jener Nacht paart sie sich (die Eingeborenen nennen sie deshalb auch »Hellwache«). Dann fliegt sie davon und kehrt erst zehn Vollmonde später zurück.

Auch Hamster, die man vier Jahre lang beobachtete, folgten dem Mondrhythmus. Ihre größte Aktivität zeigten sie stets vier Tage nach Vollmond und vier Tage nach Neumond.

Beim Thema Wetter sind wir wieder im Reich der altehrwürdigen Folklore. Aber liegen die Dinge heute denn anders?

Der Mond galt schon immer als Omen des kommenden Wetters, weil er über die Wasser herrscht. In Indien glaubte man, daß der Regen vom Mond komme, und Regengüsse wurden immer mit Mondphasen oder besonderen Aspekten des Mondes in Verbindung gebracht.

Wenn in einem Kalendermonat der Mond zweimal erscheint, besonders im Mai, sind angeblich Fluten und andere Unannehmlichkeiten zu erwarten. Ringe um den Mond sollen Stürme ankündigen.

»Ein Ring um den Mond bringt bald Regen.«

»Zeigt ein silbern Schild der Mond,
bleibt dein Feld zunächst verschont.
Hat einen Ring er, ziemlich rund,
stapfen wir bald über nassen Grund.«

»Liegt der Mond auf seinem Rücken,
wird Südwestwind uns bald drücken.
Geht er auf und nickt uns zu,
trocknet der kalte Nordost im Nu.«

»Wenn die untere Spitze des Mondes nicht klar zu sehen ist, regnet es vor Vollmond. Wenn die Spitzen des Mondes am dritten Tag messerscharf sind, wird der ganze Monat schön werden. Wenn die obere Spitze des Mondes bei seinem Untergang nicht klar zu sehen ist, wird es bei abnehmendem Mond regnen. Ist das Zentrum verschwommen, regnet es zu Vollmond.«[92]

Wenn es im Frühling beim Phasenwechsel des Mondes donnert, wird das Wetter angeblich mild und feucht und gut für die Ernte werden. Falls bei Tagundnachtgleiche Vollmond ist, so heißt es, gibt es Stürme, danach aber einen sehr trockenen Frühling. So viele Tage der Mond am Michaelifest (29. September) alt ist, so viele Regengüsse soll es danach geben. Wenn der Mond an seinem vierten Tag noch keinen Schatten wirft, soll man sich auf schlechtes Wetter vorbereiten.

»Ein verschwommener alter Mond ist Gold wert,
ein verschwommener neuer Mond ist immer durstig.«[93]

»Ist um den Mond ein heller Schein,
wird's kalt und rauh noch obendrein.«

»Klarer Mond bringt bald Frost.«

»Blasser Mond bringt Regen, roter Mond bringt Wind,
Weißer Mond bringt Regen nicht, noch Schnee geschwind.«

Wenn der Mond kurz vor Mitternacht in seine nächste Phase tritt, soll das Wetter die nächsten sieben Tage lang schön bleiben. Wenn der Wechsel gegen Mittag stattfindet, so heißt es, werde das Wetter hingegen wechselhaft. Neumond am Sonnabend geht angeblich schlechtem Wetter voraus, und Neumond am Montag (»Mondtag«) wird als glückliches Zeichen und Vorbote guten Wetters angesehen. Wenn der Mond aber am Sonntag erscheint, soll es Regengüsse geben, bevor der Monat vorüber ist.

Lyall Watson erwähnt zwei unabhängige Studien, die in den sechziger Jahren in den USA beziehungsweise in Australien durchgeführt wurden: »Beide kamen zum gleichen Ergebnis, aber man zögerte, es zu veröffentlichen, weil man fürchtete, sich lächerlich zu machen. Erst als die eine Studiengruppe von der Existenz der anderen erfuhr und feststellte, daß beide Entdeckungen die jeweils andere bestätigten, wandten sie sich an die Presse – gemeinsam, sich gegenseitig unterstützend, in derselben Zeitschrift.«[94]

Die amerikanische Studie hatte Wetterdaten über einen Zeitraum von 49 Jahren untersucht und in den ersten und dritten Wochen des »symbolischen« Monats, also des Sonnenmonats erhöhte Niederschläge festgestellt – das heißt an den Tagen nach Voll- beziehungsweise Neumond. Die Australier hatten Daten aus 25 Jahren ausgewertet und das gleiche Muster gefunden. Watson meint, dies könne mit einem erhöhten Niederschlag von Meteoritenstaub zu Vollmond und Neumond zusammenhängen, der eine erhöhte Kondensation von Wasserdampf in Wolken und daher Regen verursacht. Beeinflußt aber der Mond nun auch den Körper des Menschen? Der Mond ist mit dem Gehirn verglichen worden: Aristoteles

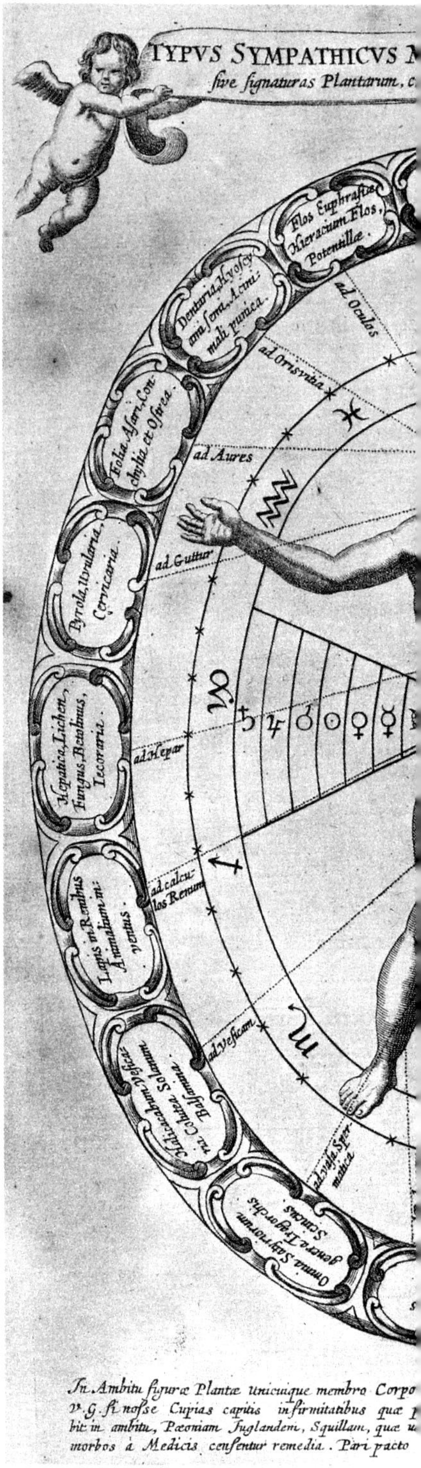

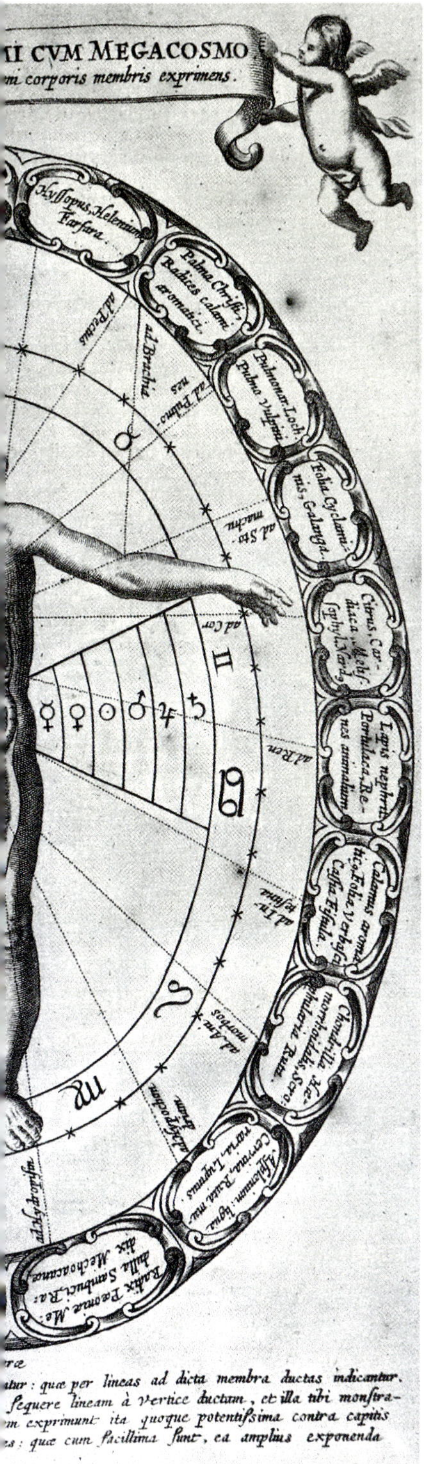

fand beide kalt, wäßrig und gefühllos! Er nahm an, daß das Gehirn wäßriger und größer werde, während der Mond zunimmt, im Gegensatz zur Phase des abnehmenden Mondes. Da ist es nicht weit zu dem Volksglauben, der Mond könne den Geist beeinflussen und Mondsüchtigkeit oder dergleichen hervorrufen.

Eine der gängigsten Meinungen, besonders in Küstenregionen, lautet, bei Vollmond gebe es mehr Geburten, denn der Mond wirke auf die Zusammenziehung der Gebärmutter. Viele Astrologen haben gesagt, daß der Mond mit dem Blutfluß verbunden ist. Im alten Indien operierten die Chirurgen nur bei abnehmendem Mond, um Narben zu verhindern.

Sehen wir uns aber an dieser Stelle einmal die Beweise für die Verbindung zwischen Mensch und Mond an. Nach einer Tuberkulose-Studie aus den vierziger Jahren sterben die meisten Patienten sieben Tage vor Vollmond. Das wird auf die vom Mondzyklus abhängige Entwicklung des pH-Wertes des Blutes zurückgeführt. Ein ähnlich begründeter Zusammenhang ergab sich bei Lungenentzündungen zwischen dem Harnsäuregehalt des Blutes und dem Todeszeitpunkt.

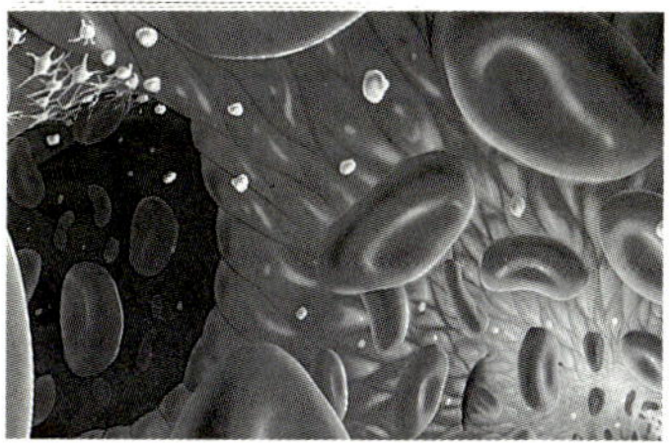

Die Wahrscheinlichkeit eines Blutsturzes nach einer Operation ist im zweiten Viertel des Mondes um 82 % höher als sonst, heißt es in einer Studie aus Florida. Die Problemfälle häuften sich in der Zeit des Vollmondes, die wenigsten fanden sich dagegen an Neumond. Zu ähnlichen Ergebnissen gelangte man bei einer Analyse offener Geschwüre im Verdauungstrakt. Eine irische Untersuchung von Oberschenkelhalsbrüchen kam zu dem Ergebnis, daß der Heilungsprozeß in den verschiedenen Mondphasen erkennbar unterschiedlich ausfiel.

Ein Nebeneffekt des Wettlaufs zum Mond in den sechziger Jahren war, daß im Zuge der großen Forschungsanstrengungen viele Mondeinwirkungen auf die Erde entdeckt wurden. Untersuchungen, die im *Journal of Geophysical Research* veröffentlicht wurden, zeigten mondabhängige, monatlich wiederkehrende Muster: bei der Zahl der Meteoriten, die die Erde trafen; bei der Zahl der hagelartigen Eiskörner, die in hochliegenden Wolkenschichten gebildet werden; beim Ozon-Anteil der Atmosphäre; beim Zeitpunkt heftiger Regenfälle in den USA und in Neuseeland. Auch die Wanderung des Erdmagnetfeldes folgt den Mondzyklen. Vielleicht sind heute gerade seriöse Naturwissenschaftler mehr als alle anderen Menschen vom Einfluß des Mondes überzeugt!

Der Glaube, daß die Planeten den Körper regieren, mag schon lange als unsinniger Aberglaube abgetan worden sein, aber die moderne Medizin entdeckt heute mehr und mehr merkwürdige Zusammenhänge.

Der Mond in der Literatur

»Mondbeglänzte Zaubernacht,
Die den Sinn gefangen hält,
Wundervolle Märchenwelt,
Steig auf in der alten Pracht.«

Mit diesen Worten schloß Ludwig Tieck den Prolog zu seinem Drama »Kaiser Oktavianus« (1804) und prägte damit eine Hauptidee der deutschen Romantik: die »mondbeglänzte Zaubernacht«. Doch schon vor der Romantik war der Mond ein Lieblingsobjekt der Deutschen gewesen, in dem sie ihren Seelenzustand widergespiegelt fanden. Das beginnt mit Matthias Claudius berühmtem Lied »Der Mond ist aufgegangen« und endet längst nicht mit dem gänzlich unromantischen Mond in Bertold Brechts »Alabama-Song«. Hier eine kleine Auswahl:

»Der Mond ist aufgegangen,
Die goldnen Sternlein prangen
Am Himmel hell und klar;
Der Wald steht schwarz und schweiget,
Und aus den Wiesen steiget
Der weiße Nebel wunderbar.

Wie ist die Welt so stille
Und in der Dämmrung Hülle
So traulich und so hold!
Als eine stille Kammer,
Wo ihr des Tages Jammer
Verschlafen und vergessen sollt.

Seht ihr den Mond dort stehen?
Er ist nur halb zu sehen
Und ist doch rund und schön!
So sind wohl manche Sachen,
Die wir getrost belachen,
Weil unsre Augen sie nicht sehn.

HALF MOON
BRAND
GROWN IN U. S. A.
Packed by GOLD BANNER ASSOCIATION
REDLANDS, SAN BERNARDINO CO., CALIF.

Wir stolzen Menschenkinder
Sind eitel arme Sünder
Und wissen gar nicht viel;
Wir spinnen Luftgespinste
Und suchen viele Künste
Und kommen weiter von dem Ziel.
Gott, laß uns dein Heil schauen,
Auf nichts Vergänglichs trauen,
Nicht Eitelkeit uns freun!
Laß uns einfältig werden

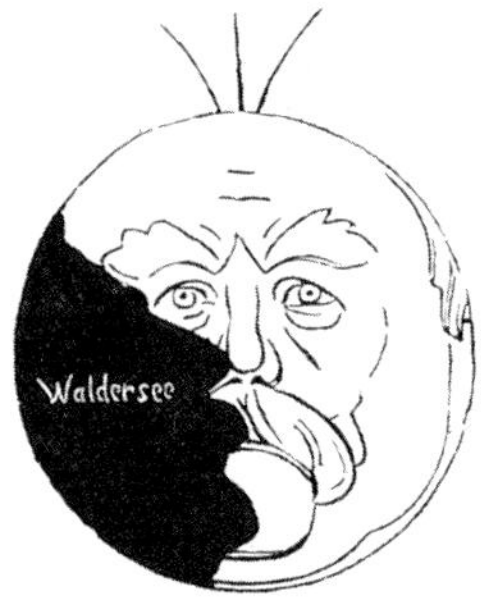

Der Mond – politisch. Partielle (Bismarck-) Mondfinsternis durch den Schatten des Generalstabschefs Waldersee, der 1890 zu Bismarcks Sturz beitrug.

Und vor dir hier auf Erden
Wie Kinder fromm und fröhlich sein.
Willst endlich sonder Grämen
Aus dieser Welt uns nehmen
Durch einen sanften Tod!
Und wenn du uns genommen,
Laß uns in Himmel kommen,
Du, unser Herr und Gott!

So legt euch denn, ihr Brüder,
In Gottes Namen nieder;
Kalt ist der Abendhauch.
Verschon' uns, Gott, mit Strafen
Und laß uns ruhig schlafen!
Und unsern kranken Nachbarn auch!«

(Matthias Claudius: Abendlied [1779])

»Willkommen, o silberner Mond,
Schöner, stiller Gefährte der Nacht!
Du entfliehst? Eile nicht, bleib, Gedankenfreund!
Sehet, er bleibt, das Gewölk wallte nur hin.

Des Maies Erwachen ist nur
Schöner noch, wie die Sommernacht,
Wenn ihm Tau, hell wie Licht, aus der Locke träuft
Und zu dem Hügel herauf rötlich er kömmt.

Ihr Edleren, ach, es bewächst
Eure Male schon erstes Moos.
O, wie war glücklich ich, als ich noch mit euch
Sah sich röten den Tag, schimmern die Nacht.«

(Friedrich Gottlieb Klopstock, 1724–1803:
Die frühen Gräber)

»Füllest wieder Busch und Tal
Still mit Nebelglanz,
Lösest endlich auch einmal
Meine Seele ganz;

Breitest über mein Gefild
Lindernd deinen Blick,
Wie des Freundes Auge mild
Über mein Geschick.

Jeden Nachklang fühlt mein Herz
Froh- und trüber Zeit,
Wandle zwischen Freud und Schmerz
In der Einsamkeit. (...)

Selig, wer sich vor der Welt
Ohne Haß verschließt,
Einen Freund am Busen hält
Und mit dem genießt!

Was von Menschen nicht gewußt,
Oder nicht bedacht,
Durch das Labyrinth der Brust
Wandelt in der Nacht.

(Johann Wolfgang von Goethe: An den Mond [1789])

»Wie dir auf nächtger Fahrt die nächste Reih der Bäume
Am Weg vorübereilt, als wären's deine Träume,

Dahinter langsamer die Bergflur schreitet,
Und hinter ihr der Mond nur deinen Lauf begleitet;

So fliehn am schnellsten auch auf deines Lebens Fahrt
Dir die Erscheinungen vorbei der Gegenwart,

Langsam die größeren Gestalten ferner Zeiten,
Und nur die Ewigkeit bleibt ewig dir zur Seiten.«

(Friedrich Rückert, 1788–1866)

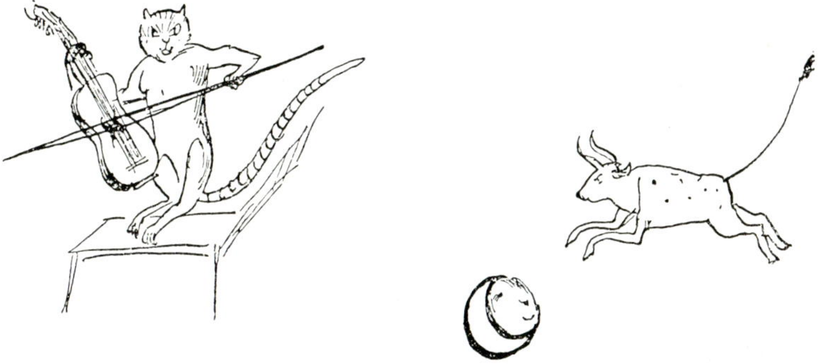

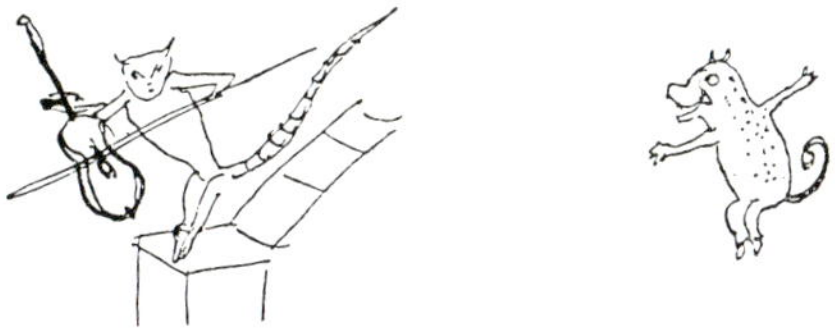

»Guter Mond, du gehst so stille
In den Abendwolken hin.
Bist so ruhig, und ich fühle,
Daß ich ohne Ruhe bin.
Traurig folgen meine Blicke
Deiner stillen, heitern Bahn:
O, wie hart ist mein Geschicke,
Daß ich dir nicht folgen kann.

Oben: Illustrationen für das Buch »Hey diddle diddle« von Edward Lear, dem Nonsens-Poeten. Es wurde behauptet, daß die Verse ursprünglich verborgene Bedeutungen gehabt hätten.

Mondbetrachtung (*tsukimi*) ist auch in der japanischen Dichtkunst ein häufiges Thema, und einige der schönsten traditionellen Gedichte verwenden den Mond als Symbol für Verlangen und Liebe. Er taucht in Gedichten ebenso häufig auf wie die Motive Schnee und Kirschblüten.

Dieses berühmte Gedicht des Dichters Narihira (9. Jahrhundert) benutzt den Mond, um das Gefühl unglücklicher Liebe auszudrücken:

»Tsuki ya aranu
Haru ya mukashi no
Haru naranu
Waga mi hitotsu wa
Moto no mi ni shite«

»Mond, bist du nicht derselbe?
Frühling, kann es sein, daß du nicht
Der alte Frühling bist,
Und ich allein
Bleibe, was ich war?«

Ein bekanntes Gedicht der Dichterin Komachi, ebenfalls aus dem 9. Jahrhundert, zeigt die praktische Bedeutung des Mondes für Liebende.

»Hito ni awan
Tsuki ni naki ni wa
Omoiokite
Mane hashiribi ni
Kokore yake ori«

»In solcher Nacht,
In der kein Mond uns zusammenführt,
Wach' ich voll brennender Leidenschaft,
In meinem Busen unkontrollierbares Feuer,
Das mein Herz völlig verzehrt.«

Guter Mond, dir darf ich's klagen,
Was mein banges Herze kränkt,
Und an wen mit bittern Klagen
Die betrübte Seele denkt!
Guter Mond, du sollst es wissen,
Weil du so verschwiegen bist,
Warum meine Tränen fließen
Und mein Herz so traurig ist.

Dort in jenem kleinen Tale,
Wo die dunkeln Bäume stehn,
Nah bei jenem Wasserfalle
Wirst du eine Hütte sehn;
Geh durch Wälder, Bäch' und Wiesen,
Blicke sanft durchs Fenster hin,
So erblickest du Elisen,
Aller Mädchen Königin. (...)

Mond, du Freund der reinsten Triebe,
Schleich dich in ihr Kämmerlein;
Sage ihr, daß ich sie liebe,
Daß sie einzig und allein
Mein Vergnügen, meine Freude,
Meine Lust, mein alles ist,
Daß ich gerne mit ihr leide,
Wenn ihr Aug' in Tränen fließt!
Daß ich aber schon gebunden
Und, nur leider zu geschwind,
Meine süßen Freiheitsstunden
Schon für mich verschwunden sind;
Und daß ich nicht ohne Sünde
Lieben könne in der Welt,
Lauf und sag's dem guten Kinde,
Ob ihr diese Lieb' gefällt?«

(»An den Mond«,
Deutsches Volkslied um 1800)

»Willst du mich sogleich verlassen?
Warst im Augenblick so nah!
Dich umfinstern Wolkenmassen,
Und nun bist du gar nicht da.
Doch du fühlst, wie ich betrübt bin,
Blickt dein Rand herauf als Stern!
Zeugest mir, daß ich geliebt bin,
Sei das Liebchen noch so fern.

So hinan denn! Hell und heller,
Reiner Bahn, in voller Pracht!
Schlägt mein Herz auch schmerzlich
schneller,
Überselig ist die Nacht.«

(Johann Wolfgang von Goethe:
Dem aufgehenden Vollmonde [1828])

»Nacht liegt auf den fremden Wegen,
Krankes Herz und müde Glieder;
Ach, da fließt wie stiller Segen,
Süßer Mond, dein Licht hernieder.

Süßer Mond, mit deinen Strahlen
Scheuchest du das nächt'ge Grauen;
Es zerrinnen meine Qualen,
Und die Augen übertauen.«

(Heinrich Heine, 1797–1856)

»An des Balkones Gitter lehnte ich
Und wartete, du mildes Licht, auf dich!
Hoch über mir, gleich trübem Eiskristalle,
Zerschmolzen schwamm des Firmamentes Halle;
Der See verschimmerte mit leisem Dehnen
Zerfloßne Perlen oder Wolkentränen?
Es rieselte, es dämmerte um mich,
Ich wartete, du mildes Licht, auf dich!
(…)

Da – auf die Wellen sank ein Silberflor,
Und langsam stiegst du, frommes Licht, empor;
Der Alpen finstre Stirne strichst du leise,
Und aus den Richtern wurden sanfte Greise;

Der Wellen Zucken ward ein lächelnd Winken,
An jedem Zweige sah ich Tropfen blinken,
Und jeder Tropfen schien ein Kämmerlein,
Drin flimmerte der Heimatlampe Schein.

O, Mond, du bist mir wie ein später Freund,
Der seine Jugend dem Verarmten eint,
Um seine sterbenden Erinnerungen
Des Lebens zarten Widerschein geschlungen,
Bist keine Sonne, die entzückt und blendet,
In Feuerströmen lebt, im Blute endet –
Bist, was dem kranken Sänger sein Gedicht,
Ein fremdes, aber o! ein mildes Licht.«

(Annette von Droste-Hülshoff: Mondesaufgang [1844])

»So rote Dunkelglut des Sichelmonds –
So tief stehst du, so fern mein Mond im Untergang.
Ist keine Sonn, kein Stern, der mir so wehe tut
Wie dein Versinken und die dumpfe Glut,
Oh meine Nacht ist lang, und du gehst früh!
Schon hinterm Wald stehst du, schon hinterm
düstern Wald,
Am schwarzen Horizont verschwelt dein Glühen.
Du sinkst noch nicht so tief als höchster Bäume Kron;
Von meinem einsamen, hochhängenden Balkon
Seh ich den Wald noch und viel Lichter in den Häusern und
Dich seh ich nicht mehr, Mond, so löscht dich Nacht
und Not.
Mein Mond ist tot, die Nacht geht hoch,
Die Sterne stehen lautlos und die Straßenlichter brennen.«

(Otto zur Linde, 1873–1938: Vorstadt)

»Als Gott den lieben Mond erschuf,
gab er ihm folgenden Beruf:

Beim Zu- sowohl wie beim Abnehmen
sich deutschen Lesern zu bequemen,

ein a formierend und ein z,
daß keiner groß zu denken hätt.

Befolgend dies ward der Trabant
ein völlig deutscher Gegenstand.«

(Christian Morgenstern: Der Mond [1905])

Guter Mond, du gehst so stille
Durch die Abendwolken hin;
Deines Schöpfers weiser Wille
Hieß auf jener Bahn dich ziehn.

Leuchte freundlich jedem Müden
In das stille Kämmerlein!
Und dein Schimmer gieße Frieden
Ins bedrängte Herz hinein!

(Theodor Enslin, 1787–1851: An den Mond)

Willkommen, lieber Mondenschein,
so traulich und so hold,
kommst du zu mir ins Kämmerlein
und schmückst es aus mit Gold.

Und fließen Tränen – du bist mein –,
ich hab so meine Ruh,
und nur die Träne, die man weint,
schließt heiße Sehnsucht zu.

Und immer geht's in dieser Welt
gar gravitätisch zu:
Man weint, man lacht, man steigt, man fällt,
und legt sich dann zur Ruh.

(Johann am Bühl: Der Mondenschein [1778])

Sieh, dort kommt der sanfte Freund gegangen,
Leise, um die Menschen nicht zu wecken;
Kleine Wölkchen küssen ihm die Wangen,
Und die schwarze Nacht muß sich verstecken.
Nur allein
Wer mit Pein
Liebt, den kühlet sein lieblicher Schein.

Freundlich küsset er die stillen Tränen
Von der Liebe schwermutsvollen Blicken,
Stillt im Busen alles bange Sehnen,
Alles Leiden weiß er zu erquicken.
Liebe eint,
Wenn erscheint
Unvermutet die Freundin dem Freund.

Auch mich kleinen Knaben siehst du gerne,
Kommst mit deinen Strahlen recht geschwinde,
Mir zu leuchten aus der blauen Ferne,
Wenn ich Tiliens seidne Locken winde.
Zuzusehn,
Bis wir gehn,
Wenn die kühleren Nachtwinde wehn.

(Clemens Brentano, 1778–1842: An den Mond)

Es war, als hätt' der Himmel
Die Erde still geküßt,
Daß sie im Blütenschimmer
Von ihm nun träumen müßt.

Die Luft ging durch die Felder,
Die Ähren wogten sacht,
Es rauschten leis die Wälder,
So sternklar war die Nacht.

Und meine Seele spannte
Weit ihre Flügel aus,
Flog durch die stillen Lande,
Als flöge sie nach Haus.

(Joseph Freiherr von Eichendorff,
1788–1857: Mondnacht)

Kapitel 5

Mondrezepte

In diesem Kapitel stellen wir ein paar Möglichkeiten vor, im Angesicht des Mondes oder schlicht mit Bezug auf ihn kleine Köstlichkeiten zu bereiten.

China-Mond

Der Mond ist für die Chinesen immer besonders bedeutsam gewesen, und den Mond Mitte August – vergleichbar dem Ernte-Mond im Westen – hält man für den schönsten aller Monde.

Das ist die Zeit des Mond-Festes, wenn die Leute sich abends ins Freie setzen, um den Mond anzusehen, Gedichte zu schreiben oder zu lesen – und Mondkekse zu essen. Es sind dies runde Kekse aus Weizenmehl und braunem Zucker, mit einer süßen Füllung.

Im Norden gibt es nur zweierlei Füllungen: weiße Zuckerpaste oder braune Dattelpaste. Im Süden werden die Kekse mit Schinken, Datteln oder getrockneten Aprikosen, Walnüssen, Schweineschmalz und Wassermelonenkernen gefüllt.

Viele Feste finden in Japan und China zu Ehren des Mondes statt. Die Chinesen haben sogar spezielle Mondkuchen für ihn erdacht.

Mondkuchen

Dieses Mondkuchen-Rezept stammt aus Schanghai. Am besten bäckt man die Kuchen in chinesischen Mondkuchenformen, die gleich das traditionelle Chrysanthemenmuster und die passenden chinesischen Schriftzeichen aufprägen. Man kann sie natürlich auch leicht selbst formen; sie sollten einen Durchmesser von etwa 7 cm haben. Man braucht dazu:

4 Tassen Mehl
4 Eßlöffel braunen Zucker
1/2 Teelöffel Salz
110 g Margarine
1 Ei
1 Teelöffel Sesamöl

Für die Füllung nimmt man:

2 Eßlöffel Erdnüsse
2 Eßlöffel Sesamkörner
2 Eßlöffel Walnüsse oder Pinienkerne
2 Eßlöffel weichgekochte Kastanien oder geschälte Mandeln
2 Eßlöffel Sultaninen oder andere getrocknete Früchte (zerkleinert)
2 Eßlöffel zerkleinerte getrocknete Aprikosen
4 Eßlöffel braunen Zucker
2 Eßlöffel Margarine
2 Eßlöffel Reismehl oder Mohnsamen

Dies ergibt etwa 16 kleine Kuchen. Den Ofen auf 200 °Celsius (Gas: Stufe 6) vorheizen. Das Mehl sieben, Zucker und Salz hinzugeben. Die Margarine in Flöckchen darüber verteilen und alles miteinander verkneten. Genügend heißes Wasser (etwa 1/2 Tasse) hinzugeben, um einen Tortenteig bereiten zu können. Mit einem Tuch abdecken. Die Erdnüsse 2 Minuten lang in einer heißen Pfanne rösten. Sesamsamen hinzufügen und den Deckel aufsetzen, damit sie nicht aus der Pfanne hüpfen. Nochmals 2 Minuten lang rösten. Erdnüsse und Sesam in einen Mixer füllen und mit den anderen Nüssen zermahlen. Zu den übrigen Füllungszutaten geben und mixen. Den Teig auf einer mehlbestäubten Fläche ausrollen. Mit einem Teigroller kreisförmige Stücke ausschneiden, die in jeweils eine Form – so vorhanden – gegeben werden; ansonsten formt man daraus Küchlein. Die Form ist bereits mit Margarine ausgestrichen, der Teig wird nun gut über Boden und Seiten verteilt. Einen Eßlöffel Füllung dazugeben. Leicht andrücken. Den Teigrand in der Form etwas anfeuchten und mit einem zweiten Teigkreis als Deckel bedecken. Verschließen und aus der Form nehmen (wenn eine benutzt wird). Alle fertigen Kuchen auf einem eingefetteten Backblech arrangieren. Eier und Sesamöl verrühren und die Kuchen damit bestreichen. Etwa 30 Minuten lang im vorgeheizten Ofen backen, bis die Kuchen goldbraun sind. (Jack Santa Maria: *Chinesische vegetarische Küche;* London 1983).
Als Dankopfer für den Mond legt man in China übrigens – neben eben diesen Mondkuchen – auch reife Melonen, grüne Sojabohnen und Früchte im Garten aus.

Soyabohnen werden während eines Monddankfestes in den chinesischen Gärten ausgestreut.

Mond-Schein

Dieses Rezept für »Mond-Schein« stammt aus dem englischen Kochbuch *The Art of Cookery Made Plain and Easy* von Mrs. Glasse (18. Jahrhundert). Das Rezept ist gar nicht sonderlich klar und einfach, sondern ziemlich ausgefallen. Wir haben es als Kuriosität aufgenommen, aber man kann das ausgefeilte Fleischrezept auch mit einem anderen Grundstoff benützen. Man braucht in jedem Falle eine große, halbmondförmige Backform, sowie eine große und zwei oder drei sternförmige Förmchen.

»Koche zwei Kalbshaxen in 5 Liter Wasser; bis auf einen Liter einkochen lassen; seihe es durch und schöpfe, wenn es kalt geworden ist, alles Fett ab, nimm die Hälfte des Gallerts, füge Zucker nach Belieben hinzu, schlage das Eiweiß von vier Eiern. Rühre alles über kleiner Flamme zusammen, bis es kocht, dann seihe es durch einen Flanellbeutel, damit es klar wird, fülle es in eine saubere Sauciere, nimm 30 g süße geschälte Mandeln und zermahle sie fein in einem Marmormörser, mit zwei Teelöffeln Rosenwasser und zwei von Orangenblütensaft; seihe alles durch ein grobes Tuch, verrühre es mit dem Gallert, hebe vier Eßlöffel Sahne unter, rühre alles, bis es kocht, dann hab den Teller zur Hand, auf den alles letztlich kommen soll, lege die Halbmondform in die Mitte, dann gieße die obige Blanc-manger auf den Teller, und nimm, wenn sie kalt geworden ist, die Formen wieder weg, mische die andere Hälfte des Gallerts mit einem Viertelliter gutem Weißwein und dem Saft von zwei oder drei Zitronen, mit einem Zuckerhut, bis es süß genug ist, und mit dem Eiweiß, feingeschlagen; rühre alles über kleinem Feuer, bis es kocht, dann seihe es durch einen Flanellbeutel, so daß es klar wird, hinein in eine Porzellanschüssel, und fülle dann ganz vorsichtig die Stellen, wo du die Formen herausgenommen hast; laß es stehen, bis es kalt geworden ist, und laß es servieren. Nebenbei: Man kann zur Abwechslung den Teller auch mit einer feinen dicken Mandelcreme füllen; und, wenn sie erkaltet ist, den Halbmond und die Sterne mit klarem Gelee füllen.«

Mondkekse

Mondkekse werden traditionell mit dem Wein, der während eines Zieh-den-Mond-auf-die-Erde-Rituals gesegnet worden ist, gegessen. Sie sind halbmondförmig; ganze Haselnüsse in ihnen verkörpern den kommenden Vollmond. Man nehme:

250 g geschroteten Weizen, 75 g feinen braunen Zucker,
175 g Butter, eine gute Handvoll Haselnüsse

Man heize den Ofen auf 150 °Celsius (Gas: Stufe 2). Die Butter mit dem Zucker schaumig schlagen. Mehl hinzugeben und beides zu Teig verrühren. Auf mehlbestäubter Unterlage durchkneten. Die ganzen Haselnüsse allmählich hineinwalken. Ausrollen auf eine Dicke von etwa 1,5 cm. Falls ein Mondbackförmchen vorhanden ist, steche man damit die Kekse aus. Originellere Formen kommen jedoch heraus, wenn man die Monde mit einem kleinen scharfen Messer ausschneidet. Dabei lassen sich auch ein paar Gesichtszüge oder Mondsymbole hineinritzen. Man arrangiere die Kekse auf einem Backblech und lasse sie im Ofen, bis sie goldbraun gebacken sind.

Kapitel 6

Pläne für den Mond

Es ist mehr als zwanzig Jahre her, daß der erste Mensch den Mond betreten hat. Dieses eine historische Ereignis hat unsere Art, den Mond zu betrachten, grundlegend verändert. Manche sagen, die große Mondgöttin sei durch unseren Besuch entehrt worden, die Poesie des Mondes sei verschwunden. Aber ist das wirklich so? Und werden wir jemals wieder unseren Fuß dorthin setzen?

Es gibt immer noch viele Dinge, die die Wissenschaftler über den Mond herausfinden wollen, um Fragen wie die folgenden zu beantworten: Gab es einst Leben auf dem Mond, und wenn ja, welcher Art? Entwickelten sich Mond und Erde unabhängig voneinander oder als Paar? Gibt es dort noch unbekannte Erze und Mineralien zu entdecken? Gibt es auf dem Mond irgendwo, wo der Mensch noch nicht gewesen ist, Wasser – vielleicht in der Gegend des Nordpols?

Bemannte Mondfahrten könnten dereinst wieder durchgeführt werden. Die Raumfahrtpolitik der USA skizziert die Zukunft der Raumfahrt. Unter den zur Auswahl stehenden Möglichkeiten finden sich die Fortsetzung der Erforschung des

Oben: Mondgesteinsproben, wie diese hier, von Apollo 11 mitgebracht, haben uns einige Geheimnisse des Mondes verraten.
Rechts: Aber wenn wir uns die Zeit nehmen, den Mond zu betrachten, finden wir vielleicht doch noch ein paar mehr.

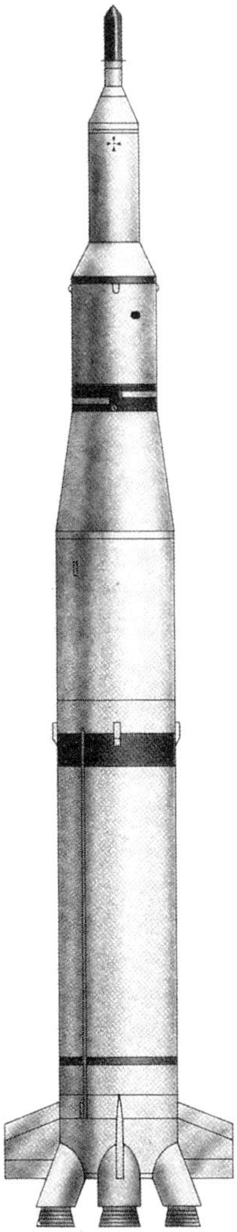

Sonnensystems, bemannte Expeditionen auf den Mars und der Aufbau einer Mondstation. Diese letztere Möglichkeit mag nicht eben spektakulär erscheinen, da der Mensch bereits auf dem Mond gewesen ist, doch sie könnte die interessantesten Informationen liefern. Falls sie verwirklicht wird, werden die Astronauten ihr Raumschiff vermutlich an einer Raumstation andocken, bevor sie sich in die Mondlandefähre setzen; sie werden wohl jeweils zwei Wochen lang auf dem Mond bleiben, vielleicht nach Sauerstoffverbindungen graben und eine Mondstation errichten, in der dreißig Menschen mehrere Monate lang leben können.

Man hat sogar vorgeschlagen, eines Tages ein gigantisches Teleskop (vielleicht aus auf dem Mond hergestelltem Glas) auf der dunklen Rückseite des Mondes zu

Es ist zwanzig Jahre her, daß der Mensch auf dem Mond gelandet ist; wenn er es in naher Zukunft überhaupt noch einmal tun sollte, könnte es zur Vorbereitung einer Raumkolonie sein.

bauen – dem naheliegendsten Ort, um die Tiefen des Raumes zu beobachten. Der Mond wäre auch ein geradezu ideales »Labor«, um mehr beispielsweise über Supraleitfähigkeit und die Anpassung an die Lebensbedingungen auf anderen Planeten herauszufinden.

Eine andere Zukunftsvision sieht den Mond als Materiallager für den zukünftigen Bau und Unterhalt einer Raumkolonie. Das wäre billiger und einfacher, als alles von der Erde zu holen, denn auf dem Mond gibt es Eisen, Aluminium, Titan und Magnesium. Verdichtetes Material würde nach utopischen Vorstellungen auf eine Art Schlitten gepackt und dann mit gewaltigem Schub auf Aluminiumschienen ins All »katapultiert« werden.

Hat die Mondlandung endlich die Vorstellung widerlegt, auf dem Mond gebe es Leben … oder doch nicht? Nicht ganz offenbar! Es scheint, als fiele es uns schwer, unseren Glauben aufzugeben. UFO-logie wird die moderne Version der alten, mehr als phantasievollen Geschichten hin und wieder genannt, und selbst nach vollbrachter Mondlandung ist noch beschrieben worden, wie ein außerirdisches Raumschiff um den Mond fliege und auf dessen Rückseite eine Atmosphäre, Wasser, Wälder und Siedlungen finde!

Vielleicht sollte man das letzte Wort an dieser Stelle C. G. Jung überlassen. Unser Wunsch, an das Leben auf anderen Planeten zu glauben, sagte er schon vor Jahrzehnten, ist nur Projektion. Das Leben auf der Erde ist hart und wird immer

Nach wie vor studieren wir den Mond: Wissenschaftler haben noch viele unbeantwortete Fragen zu seinem Ursprung und seinem Aufbau.

stärker von globalen Katastrophen bedroht. Kein Wunder, daß wir nach himmlischen Rettern Ausschau halten oder zumindest nach einer gastlichen Zivilisation, zu der wir uns eines Tages flüchten können. Und falls die schreckliche Apokalypse tatsächlich stattfindet, was wird dann mit dem Mond sein? In der Offenbarung des Johannes heißt es:

»Und ich sah: Als er das sechste Siegel auftat, da ward ein großes Erdbeben, und die Sonne ward finster wie ein schwarzer Sack, und der Mond ward wie Blut, und die Sterne des Himmels fielen auf die Erde, gleichwie ein Feigenbaum seine Feigen abwirft, wenn er von großem Wind bewegt wird.« (Offenbarung 6, 12–13)

Doch dort steht auch, daß wir den Mond nicht brauchen werden:

»Und die Stadt bedarf keiner Sonne noch des Mondes, daß sie ihr scheinen; denn die Herrlichkeit Gottes erleuchtet sie, und ihre Leuchte ist das Lamm.« (Offenbarung 21, 23)

So beschreibt die Bibel das Ende der Zeit, die von Sonne und Mond bestimmt wird, und das Kommen des Königreiches Gottes, in dem alle Gegensätze aufgehoben sind. Möglicherweise wird diese Apokalypse aber vorerst nicht stattfinden.

Es gibt zunehmendes Interesse an der Großen Mutter, der Mondgöttin – was für einen Namen wir dem kreativen, sensiblen, tief verwurzelten Teil unserer selbst auch geben mögen.

Die Mondgöttin ist gewiß nicht in Vergessenheit geraten: Sie ist durch die Zeitalter lebendig geblieben, manchmal verborgen wie der Mond als Neumond. Doch sie ist immer da, zieht immer unser innerstes Wesen an, berührt uns mit ihrer Schönheit, ihrer Fruchtbarkeit, ihrem Geheimnis. Jetzt nimmt sie wieder zu, sie tritt hervor, damit wir sie alle sehen, da wir die Notwendigkeit verspüren, die versteckten »weiblichen« Teile in uns zu entwickeln, die wir so lange vernachlässigt haben. Vielleicht wird uns Isis, Diana, Artemis – was für einen Namen man auch wählt – noch retten; denn eines der wichtigsten Ergebnisse der Mondlandung ist eben nicht, was wir über diesen fernen Ort gelernt haben, sondern wie er uns unsere eigene Heimat gezeigt hat.

»Das Licht des Mondes ist geliehen, es wird nur zurückgeworfen. Es wird auch von der Erde zurückgeworfen; man muß nur weit genug weg sein, um das zu sehen. Die Astronauten konnten die Schönheit der Erde nicht fassen, als sie sie vom Mond aus sahen. Der Mond war ganz gewöhnlich. Nicht einmal Gras wächst dort, kein Wasser, keine majestätischen Berge, keine Bäume, keine Vögel, kein Leben … Doch wenn man von dort auf die Erde blickt, schimmert die Erde so herrlich, so schön.«[95]

8

Teil III

MONDWISSENSCHAFT

Kapitel 1

Der wirkliche Mond

»Er machte seine Freunde glauben, der Mond sei aus Magermilchkäse.« [96]

Der Mond ist von allen Himmelskörpern der Erde am nächsten, und seine starre Welt hat Beobachter zu allen Zeiten fasziniert. Man kann diese Welt schon mit einem kleinen Teleskop, wie jenem Galileis, beobachten. Das erste Mal, da er den Mond auf diese Weise betrachtet, bleibt einem jeden unvergeßlich. Plötzlich sieht man ihn als eine Welt, eine Kugel, nicht nur als flache, leuchtende Scheibe. Der »Rand« des Mondes hebt sich fransig und uneben gegen die schwarze Leere des Himmels ab; da stellt sich die Frage nach seiner wahren Natur, die uns so lange verborgen geblieben ist. Wie sieht er wirklich aus, woraus besteht er, wie groß, wie weit entfernt ist er? Viele dieser Rätsel sind heute keine mehr; nach Jahrtausenden faszinierender Spekulationen wissen wir endlich tatsächlich etwas über unseren nächsten Nachbarn. Einige Fragen mögen noch zu beantworten sein, aber eines ist schon klar: Der Mond ist nicht aus Magermilchkäse!

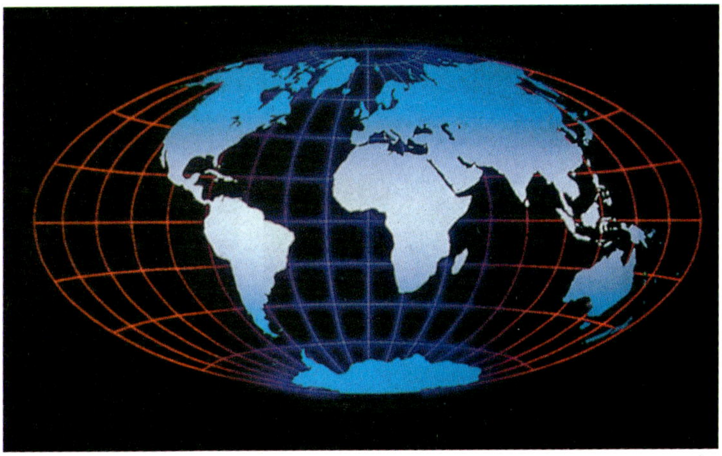

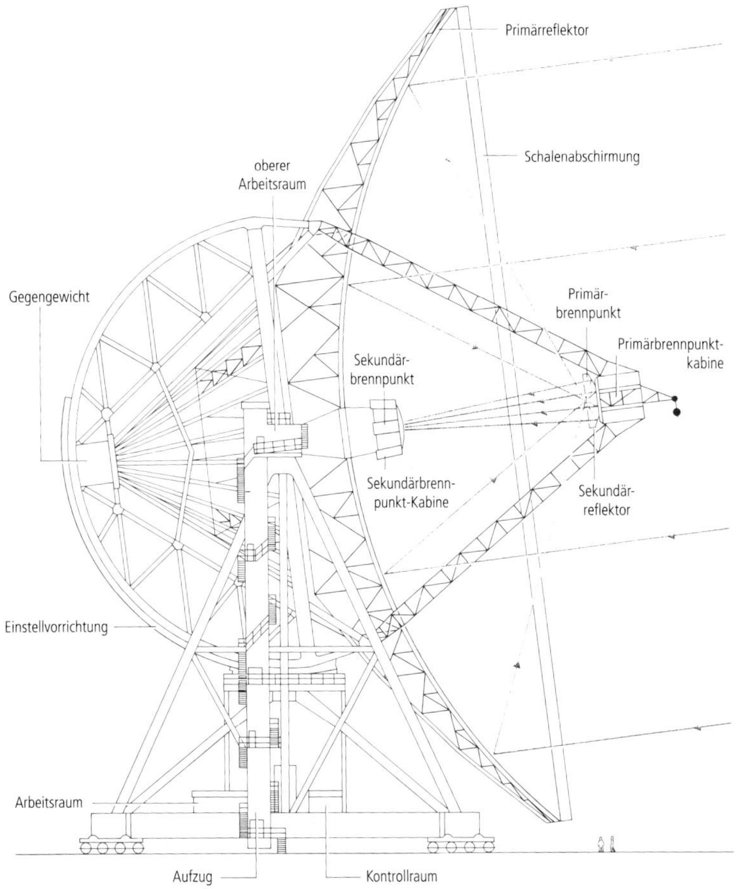

So bezaubernd der Mond in einer hellen, sternenklaren Nacht erscheinen mag, sollten wir uns, während wir voll Sehnsucht hinaufsehen, doch erinnern, daß er keine irdischen Freuden zu bieten hat. Er röstet in der Sonne und fröstelt im ewigen Schatten. Die Mittagstemperaturen an seinem Äquator erreichen 130 ° Celsius. Und um Mitternacht übersteigt die Kälte unsere Vorstellungskraft – sie beträgt etwa –160 ° Celsius. Die unzähligen irdischen Freuden, an die wir uns vollständig gewöhnt haben – die unendliche Vielfalt des Lebens, der Landschaften, der Pflanzen –, fehlen auf der öden, sich so gut wie nie verändernden, ungastlichen Ober-

Oben: Das Radioteleskop zeigt die ungastliche Ansicht der Mondoberfläche (rechts) im Detail. Die Ansicht trügt nicht, denn die öde Landschaft ist abwechselnd Frost und Hitze ausgesetzt.

Von der Erde aus gesehen, scheint der Mond seine Größe zu verändern. Seine Umlaufbahn hat die Form einer Ellipse; an ihrer schmalsten Stelle ist er uns um 18 % näher als an ihrer Spitze.

fläche des Mondes völlig, denn er hat – vor allem wegen seiner geringen Anziehungskraft – keine Atmosphäre. Was, bittesehr, sollte am Mond bezaubernd sein?

Werfen wir einen Blick auf den Mond im Verhältnis zur Erde. Die mittlere Entfernung des Mondes von der Erde beträgt 384.400 km. Das ist fast dreißigmal der Erddurchmesser oder hundertdreißigmal die Strecke Paris – Moskau. Anders gesagt: Der Mond ist etwas über eine Lichtsekunde (die Entfernung, die Licht in einer Sekunde zurücklegt) von der Erde entfernt. Im Vergleich dazu gibt es Galaxien, die einige Milliarden Lichtjahre von uns entfernt sind. Noch anders gesagt: Es müßte ein Viertel aller Chinesen einander auf den Schultern stehen (bei einem Höhengewinn von 1,20 m pro Mann), damit der oberste die Mondoberfläche berühren könnte!

Der Mond ist bekanntlich im galaktischen Sinn unser nächster Nachbar. Venus, der nächstgelegene Planet, ist 105mal so weit entfernt wie der Mond, und Neptun ist uns nie näher als die 11.208-fache Entfernung Erde – Mond. Die Strecke von der Erde zum Mond kann heute bis auf 30 cm genau ermittelt werden – dank hierzu hergestellter Reflektoren für Laserstrahlen, die die Astronauten von Apollo 11 auf dem Mond zurückgelassen haben.

Erde und Mond sind aber nicht ständig gleich weit voneinander entfernt. Die Strecke variiert um mehr als 17 % der geringsten Entfernung, da die Umlaufbahn des Mondes um die Erde elliptisch ist. Wenn er uns am nächsten ist, ist er bis auf 345.410 km an uns herangekommen (Perigäum); sein weitester Abstand beträgt 406.700 km (Apogäum). Die Entfernung schwankt also um gut 60.000 km, je nachdem, ob sich der Mond auf der Wölbung oder der Spitze seiner Umlaufellipse befindet. Seine Umlaufbahn hat diese Form, weil er gleichermaßen von der Erde wie von der Sonne angezogen wird.

Durchschnittliche Umlaufgeschwindigkeit:
1,03 km pro Sekunde

Oberfläche:
37,96 Millionen km² – weniger als 1/13 der Erdoberfläche

Dichte:
3,34-fache Wasserdichte

Helligkeit:
etwa ein Millionstel der Sonnenhelligkeit

Größe im Vergleich:
kleiner als jeder Planet im Sonnensystem

Durchmesser:
3.476 km – wenig mehr als ein Viertel des Erddurchmessers

Masse:
weniger als ein Achtzigstel der Erdmasse

Volumen:
rund ein Fünfzigstel des Erdvolumens

Umfang:
etwa 1.738 km beziehungsweise das 0,2725-fache des Erdumfanges

Anziehungskraft auf der Oberfläche:
ein Sechstel der Erdanziehung

Atmosphäre:
keine; daher auch keine Wolken, kein Wetter, kein Schall. Spuren von Wasserstoff, Helium, Neon und Argon.

Alter:
4,6 Milliarden Jahre

Die Maße des Mondes

Wie verhalten sich die Daten des Mondes zu denen der Erde? Er wiegt rechnerisch 81 Trillionen Tonnen, das entspricht dem Gewicht von etwa viereinhalb Millionen Millionen Millionen 18-Tonnen-Lastwagen! Doch selbst dieses enorme Gewicht stellt nur 1,23 % der Erdmasse dar.

Der Durchmesser des Mondes beträgt 3.576 km, und damit etwa ein Viertel des Erddurchmessers (12.875 km). Das entspricht der Entfernung zwischen San Francisco und Cleveland. Genau genommen paßt der Mond gerade einmal in die USA hinein. Oder anders ausgedrückt: Hätte die Erde die Größe eines menschlichen Kopfes, wäre der Mond so klein wie ein Tennisball.

In unserem Sonnensystem nimmt unser Mond hinsichtlich seiner Größe nur den sechsten Platz aller Monde ein, aber in bezug auf die Größe der umkreisten Planeten ist er der bei weitem größte Satellit. Wenn beispielsweise der größte Planet, Jupiter, einen Satelliten von im Verhältnis gleicher Größe hätte, wäre dieser so groß wie der Planet Neptun. Man könnte Erde und Mond im weitesten Sinn als ein Zwillingssystem bezeichnen, einzigartig im Sonnensystem.

Wir sehen immer nur eine Seite des Mondes, weil er sich um seine Achse dreht und uns so immer die gleiche Seite zuwendet, welche mal mehr, mal weniger von der Sonne, seiner himmlischen Partnerin, angestrahlt wird. Deshalb sehen wir auch, unabhängig von den verschiedenen Mondphasen, immer die gleichen Züge an der gleichen Stelle.

Um eine Vorstellung davon zu bekommen, wie sich der Mond um die eigene Achse dreht und uns trotzdem immer die gleiche Seite zuwendet, kann man folgenden Versuch machen: Man stellt sich vor, man sei die Erde und hält in der Hand einen Ball, auf den ein Kreuz gezeichnet ist. Dreht man sich nun langsam um sich selbst, so wird das Kreuz auf dem Ball die ganze Zeit sichtbar bleiben, während man eine vollständige Umdrehung um sich selbst macht. Doch das Kreuz wird dabei auch nacheinander allen vier Wänden zugewandt sein – und in dieser Weise rotiert eben auch der Mond innerhalb eines Monats.

Oben: Die Größe des Mondes im Vergleich zur Erde.
Rechte Seite: Aber wie klein auch die Erde aussehen kann ... Blick aus Apollo 12 und 50.000 km Entfernung auf unseren Planeten und einen Stern.

N
80° N
70° N
60° N
50° N
40° N
30° N
20° N
10° N
0
10° S
20° S
30° S
40° S
50° S
60° S
70° S
80° S
S
Mouchez
Main
Challis
Scoresby
Euctemon
Petermann
Cusanus
Anaximenes
Philolaus
Anaxagoras
Baillaud
Barrow
Meton
Cleostratus
Xenophanes
PYTHAGORAS
Anaximander
Herschel
Nelson
Peters
Moigno
Arnold
Schwabe
Strabo
Galvani
Repsold
Babbage
Robinson
Oenopides
South
Epigenes
Birmingham
Fontenelle
W. Bond
Timaeus
Kane
Democritus
Thales
GARTNER
DE LA RUE
HUMBOLDT
ENDYMION
Horrebow
MARE
Archytas
Sheepshanks
FRIGORIS
Protagoras
Galle
Gerard
Dechen
SINUS
RORIS
Harpalus
Foucault
Bouguer
La Condamine
Bianchini
Maupertuis
PLATO
Harding
Lavoisier
Sharp
JURA
SINUS
IRIDUM
ARISTOTELES
Egede
HERCULES
ATLAS
LACUS MORTIS
Burg
Oersted
Shuckburgh
OCEANUS
Mairan
MARE
Pico
ALPS
Eudoxus
Plana
Mason
Williams
Cepheus
Hooke
Franklin
Helicon
Le Verrier
Cassini
PALUS NEBULARUM
Callipus
Grove
LACUS
Lichtenberg
LUNA 17
IMBRIUM
Mts
HERCYNIENS
Gruithuisen
Herschel
SPITZBERG
CAUCASE
Aristillus
Daniell
SOMNIORUM
POSIDONIUS
G. Bond
Briggs
Delisle
Mts
HARBINGER
ARCHIMEDES
LUNA 2
MARE
Schiaparelli
Diophantus
PALUS PUTREDINIS
Seleucus
Aristarchus
Lambert
Timocharis
Le Monnier
LUNA 21
Romer
LUNA 13
Herodotus
Euler
APOLLO 15
SERENITATIS
Vasco de Gama
PROCELLARUM
Krafft
Pytheas
APENNINE
Bessel
APOLLO 17
Maraldi
Cardanus
MOUNTAINS
KARPATES
Dawes
Vitruvius
Franz
Marius
ERATOSTHENES
MARE
Manilius
Plinius
MARE
Galilaei
LUNA 7
COPERNICUS
SINUS AESTUUM
VAPORUM
Olbers
LUNA 8
LUNA 9
Reiner
Kepler
Boscovich
Julius Caesar
RANGER 6
Cavalerius
Hortensius
Hyginus
Arago
TRANQUILLITATIS
Hevelius
Encke
Kunowsky
Reinhold
SURVEYOR 2
Triesnecker
Agrippa
SINUS MEDII
RANGER 8
Gambart
SURVEYOR 6
Godin
SURVEYOR 5
APOLLO 11
Lohrmann
Hermann
SURVEYOR 4
Turner
Mösting
ORBITER 5
SURVEYOR 1
LUNA 5
APOLLO 14
Lade
Delambre
Flamsteed
SURVEYOR 3
APOLLO 12
Réaumur
Spörer
Riccioli
Damoiseau
Fra Mauro
Saunder
Taylor
Torricelli
Lubbock
Mts
MARE
HIEMIS
Wichmann
Euclides
Bonpland
Parry
HIPPARCHUS
APOLLO 16
Zöllner
Isidorus
Capella
Gutenberg
PTOLEMAEUS
Kant
THEOPHILUS
Gaudibert
D'ALEMBERT
Hansteen
Letronne
RANGER 7
Guericke
RANGER 9
ALBATEGNIUS
Descartes
Abulfeda
MARE
PYRENEES
MARE
AUTUMNI
Rocca
Sirsalis
Billy
ALPHONSUS
Vogel
Tacitus
MARE
AESTATIS
Fontana
GASSENDI
Lubiniezky
MARE
ARZACHEL
Almanon
NECTARIS
MARE
VERIS
Thebit
Beaumont
Catharina
Bouillaud
Abenezra
Azophi
FRACASTORIUS
CORDILLERAS
Mersenne
MARE
Wolf
NUBIUM
Lœwy
Hippalus
Playfair
Sacrobosco
Darwin
Prosper Henry
Paul Henry
Cavendish
Liebig
HUMORUM
Kies
PURBACH
Werner
Apianus
Pons
Byrgius
De Gasparis
Campanus
Mercator
Hesiodus
Pitatus
Pontanus
Mts
Eichstädt
Doppelmayer
Vitello
Dunthorne
PALUS EPIDEMIARUM
Weiss
Deslandres
Aliacensis
Weinek
Piccolomini
ROOK
Fourier
Lepaute
Capuanus
Cichus
Gauricus
WALTER
Zagut
Goodacre
Lindenau
Neander
Reichenbach
Gemma Frisius
Rabbi Levi
Stiborius
Lexell
Nonius
Fernelius
Sasserides
Miller
Büsching
Riccius
Clausius
Heinsius
Orontius
STÖFLER
Buch
Rheita
Lagrange
SURVEYOR 7
MAUROLYCUS
Brenner
Drebbel
Hainzel
Epimenides
TYCHO
Saussure
Faraday
Nicolai
Mellius
Piazzi
Lacroix
Mee
Wilhelm
Pictet
Barocius
Spallanzani
Lockyer
Fabricius
Montanari
Street
Proclus
Licetus
Clairaut
SCHICKARD
LONGOMONTANUS
MAGINUS
Heraclitus
Idefer
Dove
JANSSEN
Bouvard
Bayer
Cuvier
Baco
Steinheil
Watt
Noggerath
Wargentin
SCHILLER
Deluc
Lilius
Pitiscus
Inghirami
Nasmyth
Jacobi
Asclepi
Hommel
Vlacq
PHOCYLIDES
Rost
CLAVIUS
Rosenberger
Biela
Weigel
Scheiner
Rutherford
Zach
Kinau
Nearch
MARE
PARVUM
Segner
Zuchius
Blancanus
Pentland
MUTUS
Bettinus
Cysatus
Gruemberger
Curtius
MANZINUS
Pontécoulant
Kircher
Klaproth
MORETUS
Hausen
CASATUS
Simpelius
BOGUSLAWSKY
Boussingault
HELMHOLTZ
BAILLY
Short
NEWTON
Mts
DOERFEL
Legentil
Schomberger
Neumayer
Demonax
Cabœus
Malapert
Mts
LEIBNITZ

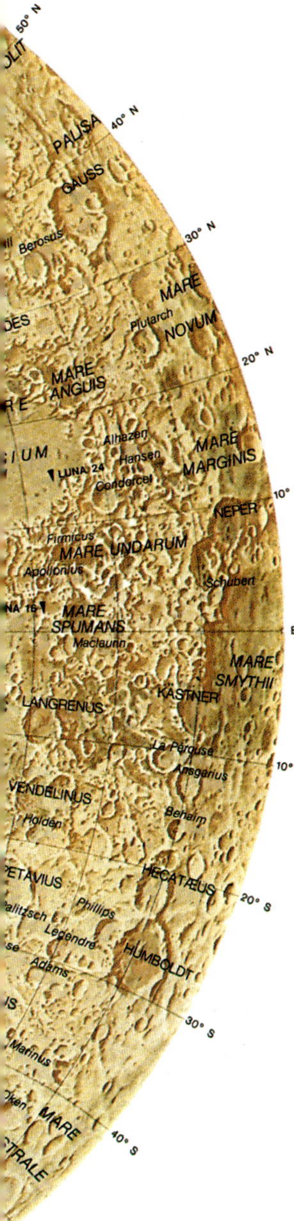

Kapitel 2

Der Ursprung des Mondes

Selbst heute wissen wir nicht mit absoluter Sicherheit, von woher der Mond kam und wie er dazu kam, sich mit uns im All zu drehen, obwohl wir zumindest eine recht gute Vorstellung davon haben, seit die Gesteinsproben, die die Apollo-Missionen mitbrachten, analysiert worden sind.

Es gibt drei wichtige Theorien über den Ursprung des Mondes:

1. Die Abtrennungstheorie. Sie besagt, daß sich die Erde kurz nach ihrer »Geburt« enorm schnell drehte (alle drei Stunden eine Umdrehung) und daß dadurch ein Teil der Oberfläche abgeplattet wurde. Ein Teil der damaligen Erde löste sich auf Höhe des Äquators und wurde ins All geschleudert, wo er von der Erdanziehung auf eine Umlaufbahn gezwungen und eben ein Mond wurde.

Eine verlockende Erklärung – sogar sehr romantisch, diese Vorstellung: ein Teil von uns, so fern und doch noch immer mit uns verbunden –, die aber wahrscheinlich nicht stimmt. Wissenschaftler haben gezeigt, daß sie nicht mit der Art und Weise übereinstimmt, auf die der Mond um die Erde kreist, und daß das Mondgestein chemisch gesehen zu verschieden von dem der Erde ist und vermutlich auch älter.

2. Die Trümmer- oder Zweiplaneten-Theorie. Sie besagt, daß sich der Mond zur gleichen Zeit wie die Erde aus im All herumfliegenden Trümmern gebildet hat. Diese Theorie ist noch nicht völlig widerlegt, hat aber durch die Mondflüge ein paar Rückschläge erlitten. Wiederum paßt die Umlaufbahn nicht für einen Satelliten, der in Erdnähe entstanden sein soll. Sollte die Theorie stimmen, müßten zudem beide Himmelskörper doch annähernd die gleiche Dichte aufweisen, was aber nicht der Fall ist.

3. Die Einfangtheorie. Dies ist derzeit die bevorzugte Theorie. Ihr zufolge hat sich der Mond anderswo im Sonnensystem gebildet und wurde dann von der Anziehungskraft der Erde eingefangen wie ein Ball in einem Netz. Aber woher kam er? Die Analyse des Mondmaterials legt nahe, daß er ursprünglich um Merkur, den sonnennächsten Planeten, gekreist sein könnte. Das paßt auch zu der Tatsache, daß Merkur keinen Mond hat, obwohl seine Anziehungskraft durchaus dafür ausreichen würde.

Vielleicht waren die Umlaufbahnen von Merkur und seinem Mond zunächst kreisförmig; dann kamen sie zu nahe an die Sonne und dadurch wurde die Bahn des Mondes elliptisch. Diese Bahn brachte ihn in die Nähe der Erde, wobei der Mond auf seine derzeitige elliptische Bahn um die Erde abdriftete.[97]

Es mag sich seltsam anhören, aber die Geburt eines Mondes ist nichts Außergewöhnliches. Es gibt 34 Monde in unserem Sonnensystem; einige Planeten haben nämlich mehr als einen.

Was die Wirkung auf die Erde angeht, kann man feststellen, daß Sonne und Mond einander beeinflussen. Der Mond bremst die Erde. Die Gezeitenströme, die der Mond verursacht, bewirken eine Reibung auf dem Boden der Ozeane. Diese wiederum verlängert die Zeitspanne, die die Erde für eine Drehung um sich selbst braucht, innerhalb von 50.000 Jahren um eine Sekunde. Das bedeutet auch, daß vor etwa 400 Millionen Jahren die Tage statt 24 nur 22 Stunden lang waren. In 35.000 Jahren wird ein Tag dann voraussichtlich 25 Stunden haben – vermutlich zur Freude aller Arbeitswütigen!

Die Erde wird indes nicht nur langsamer, sondern sie entfernt sich dadurch auch weiter vom Mond. Die Entfernung zwischen beiden wird jedes Jahr um 3 cm größer. Vor etwa 1,2 Milliarden Jahren ist der Mond uns wahrscheinlich am nächsten gewesen; in einer Entfernung von nur 20.000 km muß er wie ein großer Ballon ausgesehen haben, zweiundzwanzig Mal so groß wie heute.

Anders als die Erde hat der Mond nur einen kleinen Kern. Das fand man durch Untersuchungen des Mondgesteins heraus, das ganz anders zusammengesetzt ist als Erdgestein.

Mondgestein, das Apollo-Kapseln mitbrachten, zeigt, daß der Mond mit 4,6 Milliarden Jahren etwa genauso alt ist wie die Erde. Die Erde hat sich, seit ihrer Entstehung, ständig weiterentwickelt. Die Oberflächengestalt des Mondes dage-

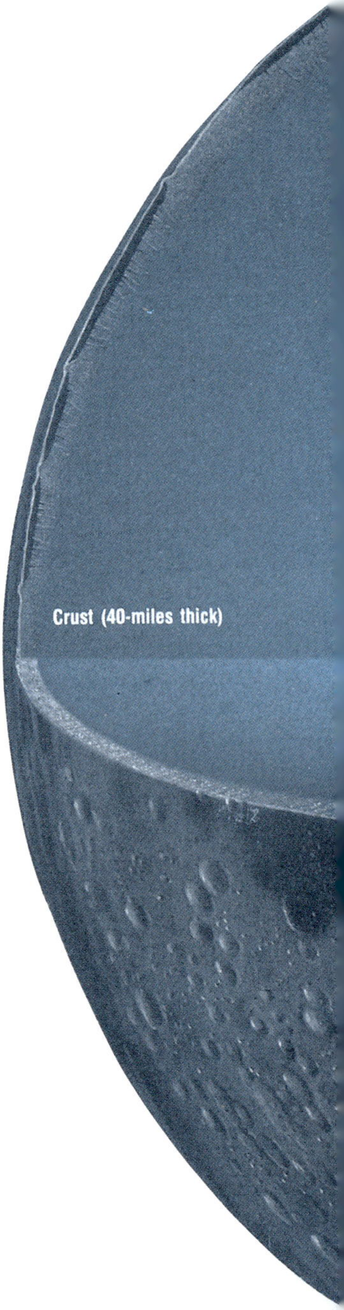

Die Beschaffenheit des Mondes konnte durch die bemannte Raumfahrt klarer bestimmt werden. Es gilt nun als wahrscheinlich, daß der Mond einen – im Vergleich zu dem der Erde – kleinen Kern besitzt.

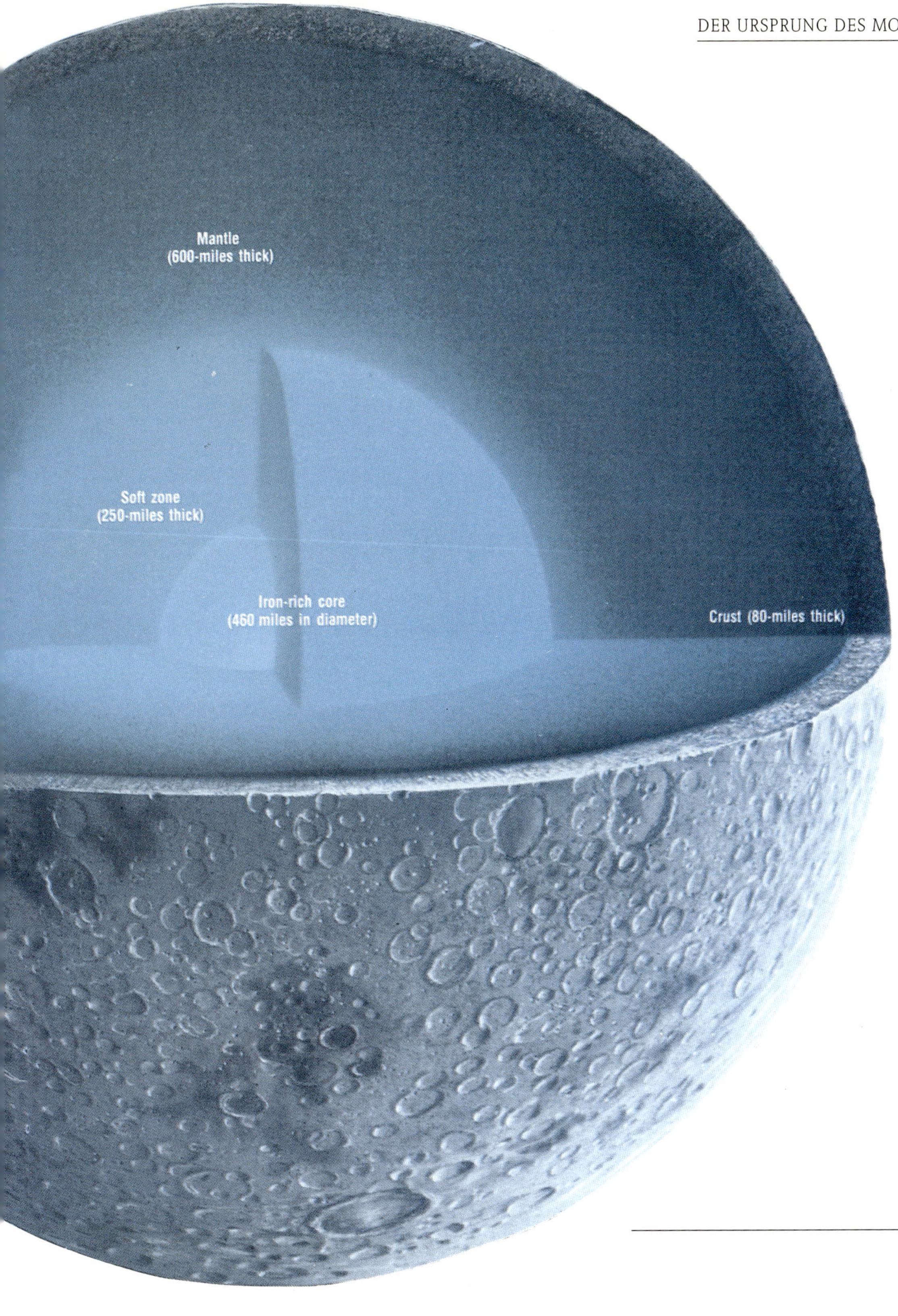
Mantle
(600-miles thick)
Soft zone
(250-miles thick)
Iron-rich core
(460 miles in diameter)
Crust (80-miles thick)

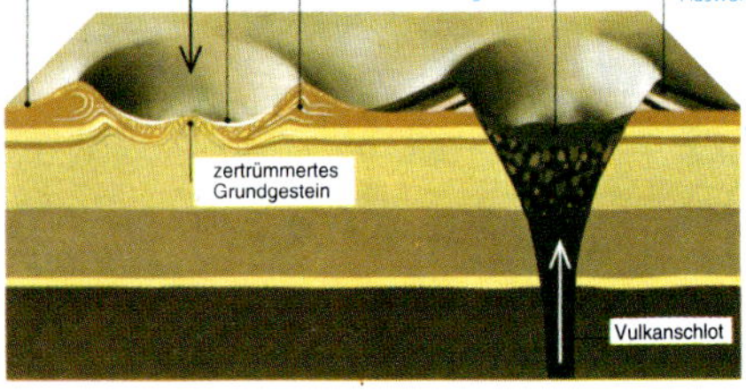

Die Krater in ihrer heutigen Form sind vermutlich durch Meteoriteneinschlag und Lavafluß entstanden.

Die wichtigsten Elemente der Mondoberfläche sind Meere, Krater, Verwerfungen und Kuppen.

gen ist in der ersten Milliarde Jahre seiner Existenz entstanden, in der er heftigem Meteoritenbeschuß ausgesetzt war, und sie hat sich seitdem nicht wesentlich verändert. Vielleicht ist es von daher auch ein Gefühl der Zeitlosigkeit, das uns, die wir dem ständigen Wandel unterliegen, so an ihm fasziniert. Der Grund für den geringen Wandel des Mondes ist fast ausschließlich die kaum vorhandene Atmosphäre. Die Triebwerke von Apollo 11 hinterließen mehr (Ab-)Gase, als auf dem Mond jemals zuvor existiert hatten.

Obwohl der Mond keine Atmosphäre hat, sind auf seiner Oberfläche gelegentlich nebelartige Gebilde beobachtet worden. Sie erscheinen hauptsächlich, wenn der Mond der Erde am nächsten oder am weitesten von ihr entfernt ist, und hängen vielleicht mit einer gewissen seismischen Aktivität zusammen – dann handelte es sich um Staub, der von Mondbeben aufgewirbelt wird.

Wie erwähnt, erscheint es uns, als ob wir immer nur eine Hälfte des Mondes zu Gesicht bekämen. Genaugenommen stimmt das zumindest nicht ganz. Obwohl uns der Mond immer nur eine Seite zuwendet, dreht er sich dabei im Verhältnis zu uns doch etwas, und zwar sowohl von Nord nach Süd als auch von Ost nach West. So bekommen wir mit der Zeit doch mehr als die Hälfte, nämlich etwa 59 % seiner Oberfläche, zu sehen.

Der Mond reflektiert weniger als 10 % des Lichtes, das die Sonne auf ihn wirft. Durch die Rauheit seiner Oberfläche, die unterschiedliche Schatten wirft, variiert seine Helligkeit seinen Phasen entsprechend. Der Vollmond ist für uns, wenn sich Sonne, Erde und Mond annähernd auf einer Linie befinden, zehnmal so hell wie der Mond im ersten Viertel.

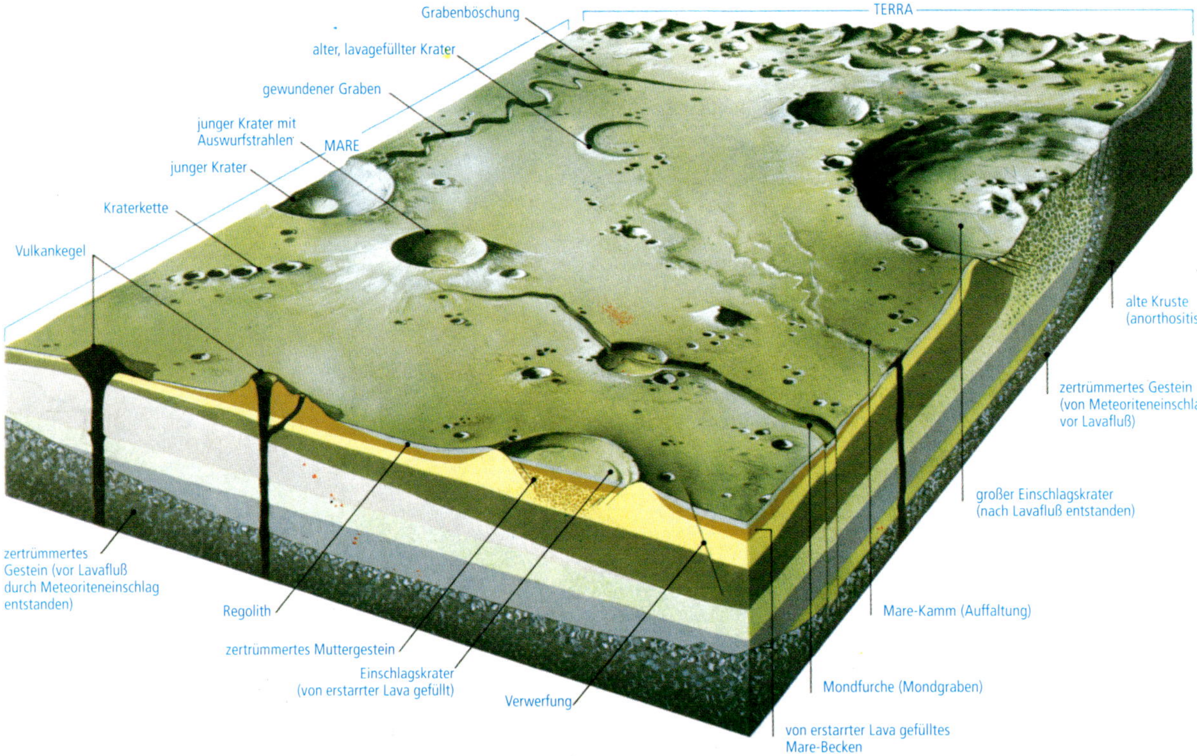

Gravitation

Was bindet die Erde an den Mond? Sie kreisen beide um das Massezentrum des Erde-Mond-Systems. Man kann sich das so vorstellen: Wenn zwei verschieden schwere Menschen auf einer Schaukel sitzen, wird der schwerere stets näher am Gravitationszentrum sitzen, eben weil seine Masse stärker »ins Gewicht fällt«.

Da der Mond einundachtzigmal so weit vom gemeinsamen Gravitationszentrum entfernt ist wie die Erde, kann seine Masse – schon theoretisch – nur ein Einundachtzigstel der Erdmasse ausmachen.

Der Mond kreist also keineswegs um den Erdmittelpunkt! Jeder der beiden Körper kreist in einer Ellipse um das Massezentrum. Dieses Massezentrum liegt – in Richtung Mond – etwa 4.645 km vom Erdmittelpunkt entfernt.

Der Mond ist wie die Erde keine vollkommene Kugel. Die Erdanziehung zerrt

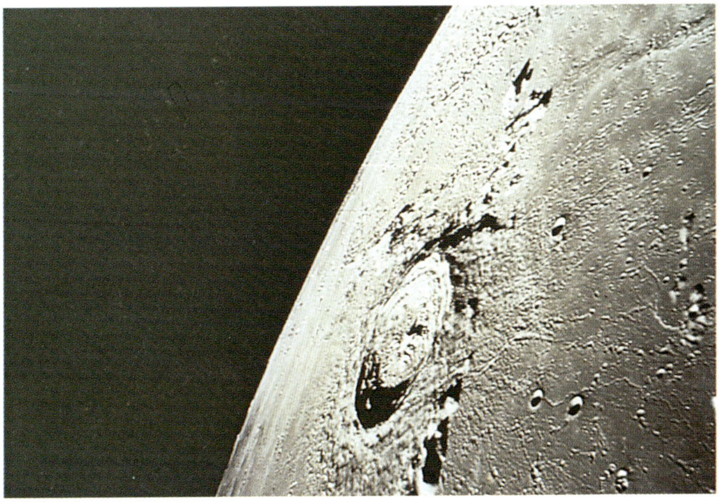

an ihm und hat entlang der Mondachse, die auf die Erde weist, eine eiartige Ausbuchtung. Diese beeinflußt natürlich wieder seine Rotation.

Wer zum Mond fährt, verliert Gewicht. Auf dem Mond hat man nur ein Sechstel seines irdischen Gewichts, weil der Mond eine kleinere Masse und einen geringeren Durchmesser hat als die Erde, und seine Oberflächengravitation daher nur ein Sechstel der irdischen beträgt. Wenn man also auf der Erde einen Meter hoch springen kann, erreicht man auf dem Mond locker 6 m; auf dem Mars wären es ungefähr 2,5 m, auf dem Jupiter etwa 40 cm, und auf der Sonne würde man gar nur 3 cm schaffen.

Wenn ein Weltrekordler im Gewichtheben auf der Erde 256 kg zur Hochstrecke gebracht hat, könnte er auf dem Mond mit der gleichen Anstrengung mehr als 1500 kg stemmen – das entspricht zwei Kleinwagen. Die Ausrüstung eines Astronauten weist aber die gleiche Masse auf, wie auf der Erde, und es kostet die gleiche Anstrengung, beispielsweise stehenzubleiben. Man fühlt sich wie ein Taucher, schwebt in einer Art Schwerelosigkeit. Darum erscheinen Astronauten in der Bewegung auch so schwerfällig und langsam.

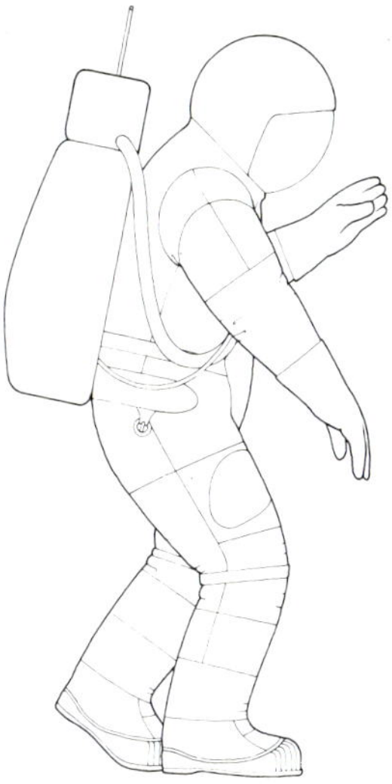

Oben links: Eratosthenes, einer der größeren Krater im westlichen Teil des Mondes, hat einen Durchmesser von 61 km.

Mondphasen

»Der Mond ist ein herumstreunender Dieb und sein bleiches Feuer stiehlt er der Sonne.« [98]

Der Mond scheint nicht selbst; alles Licht, das er uns zu verstrahlen scheint, kommt von der Sonne. Die eine Hälfte des Mondes ist immer im Sonnenlicht, doch der beleuchtete Teil, den wir von der Erde aus sehen können, verändert sich jeden Tag. Zwischen zwei Neumonden vergehen 29 Tage, 12 Stunden, 44 Minuten und 3 Sekunden.

Es gibt verschiedene Methoden, die Phasen des zunehmenden und abnehmenden Mondes zu unterteilen – üblicherweise tut man es in zwei, vier oder acht getrennte Perioden.

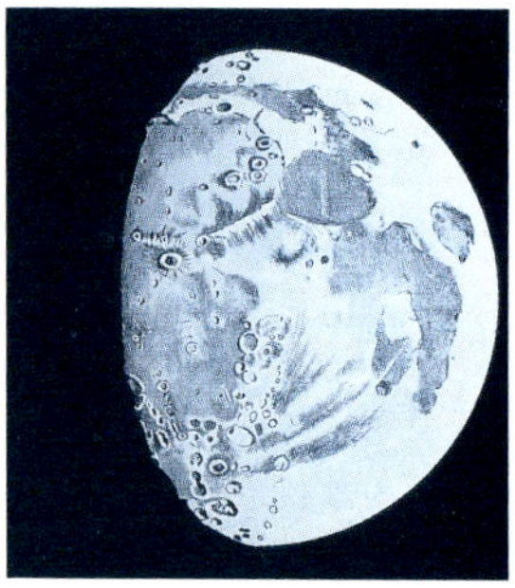

Zwei Perioden:
zunehmend, wachsend, neu, hell
abnehmend, schrumpfend, alt, dunkel

Vier Perioden (astrologisch):
0 – 90° nach der Konjunktion (0° an Vollmond)
90 – 180°
180 – 270°
270 – 360°

oder:	*oder:*
erstes Viertel	Neumond
zweites Viertel	erstes Viertel
drittes Viertel	Vollmond
viertes Viertel	letztes Viertel

Acht Perioden:	*oder:*
Neumond	Neumond
Sichel	zunehmender Sichelmond
erstes Viertel	Halbmond, erstes Viertel
gewölbt	zunehmender gewölbter Mond
Vollmond	Vollmond
streuend	abnehmender gewölbter Mond
letztes Viertel	Halbmond, letztes Viertel
balsamisch	abnehmender Sichelmond

Die Veränderungen in der Form des Mondes ergeben sich aus seinen sich verändernden Positionen in bezug zur Erde, und in beider Stellung zur gleichbleibenden Richtung der Sonnenstrahlung. Wenn sich der Mond – von der Erde aus gesehen – in annähernd der gleichen Richtung befindet wie die Sonne, liegt seine uns abgewandte Seite im Sonnenschein und wir sehen höchstens kurz nach Sonnenuntergang eine dünne Sichel, den neuen Mond.

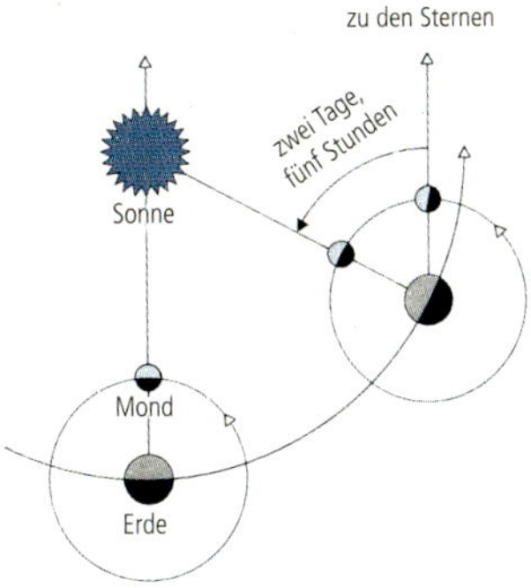

Eine Woche später hat der Mond das erste Viertel seines Weges um die Erde zurückgelegt und die Sonne bescheint zur Hälfte seine verborgene und zur Hälfte seine sichtbare Seite.

Das erste Viertel beginnt, wenn Sonne und Mond, von der Erde aus gesehen, auf einer Linie liegen. Zuerst kann man den Mond nicht sehen, denn er geht gemeinsam mit der Sonne auf. Doch gegen Ende des ersten Viertels ist kurz nach Sonnenuntergang über dem westlichen Horizont ein Lichtsplitter wahrzunehmen, bevor auch der Mond untergeht.

Das zweite Viertel spielt sich zwischen Neumond und Vollmond ab. Die rechte Hälfte des Mondes ist sichtbar – beziehungsweise die linke, wenn man sich auf der Südhalbkugel der Erde befindet. Zu Beginn des zweiten Viertels geht er gegen Mittag auf und leuchtet uns von der Dämmerung an, bis er um Mitternacht untergeht. Jetzt unterscheiden sich die Positionen von Sonne und Mond für uns um einen Winkel von 90°.

Eine Woche vergeht und das dritte Viertel beginnt mit dem Vollmond. Der Mond befindet sich jetzt auf der der Sonne entgegengesetzten Seite der Erde und wird aus unserer Sicht vollständig angestrahlt. Man sieht ihn im Osten, von seinem Aufgang bei Sonnenuntergang bis zu seinem Untergang bei Sonnenaufgang. Er geht jeden Abend etwas später auf.

Das vierte Viertel ist das Stadium auf halbem Weg zwischen Vollmond und Neumond. Die Positionen von Sonne und Mond schließen aus unserer Sicht wieder einen rechten Winkel ein. Der Mond geht jetzt gegen Mitternacht auf und ist während der letzten Stunden der Nacht im Osten zu sehen, bis die Sonne aufgeht. Die leuchtende Scheibe ist auf einen Halbkreis zusammengeschmolzen. Eine Woche später ist der Monat vorbei und der Kreislauf beginnt von neuem.

Jene Linie, die den beleuchteten vom unbeleuchteten Teil des Mondes trennt, wird Terminator genannt. Abgesehen von den Erhebungen und Vertiefungen der Mondoberfläche ist sie elliptisch, denn es handelt sich um ein Kreissegment, das in Projektion gesehen wird. Letztlich wird sie immer wieder zu einem Teil jenes Vollkreises, der den Rand von Vollmond und Neumond bildet.

Der Mond hat drei Formen: rund; zunehmend, mit den Hörnern nach Osten; abnehmend, mit den Hörnern nach Westen. Er scheint, genau wie Sonne und Sterne, im Westen unterzugehen, obwohl seine tatsächliche Bewegung von West

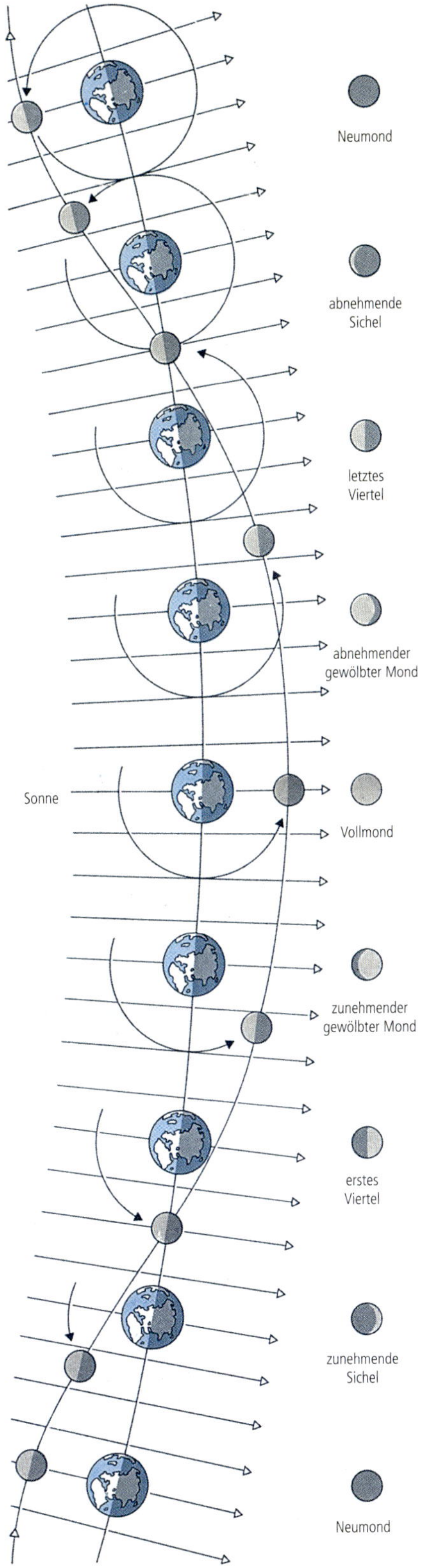

Links: Es gibt verschiedene Arten, den Mondzyklus zu messen. Der siderische Monat ist etwa 2 Tage kürzer als der synodische Monat.
Linke Seite: Der Mondzyklus. Sonne, Mond und Erde ändern während des Zyklus ihre Position im Verhältnis zueinander.

nach Ost verläuft. Daß uns dies so erscheint, kommt daher, daß sich auch die Erde von West nach Ost dreht – nur eben entsprechend schneller.

Der Mond geht, wegen seiner Umlaufbewegung, aus irdischer Sicht jeden Tag etwa 50 Minuten später auf als zuletzt.

Mondzyklen

Wir kennen alle das regelmäßige Zunehmen und Abnehmen des Mondes. Doch der Mond hat auch noch einen verborgenen Zyklus.

Im 5. Jahrhundert v. Chr. errechnete ein gewisser Meton in Athen, daß die Mondphasen alle 19 Jahre beziehungsweise alle 235 Monde auf das gleiche Datum fallen. Dieser Zyklus heißt seitdem Metonscher Zyklus oder Kleiner Zyklus. Ihm wurde in alter Zeit große Bedeutung zugemessen: Öffentliche Gebäude im alten Athen trugen goldene Inschriften, die die Daten der Vollmondnächte über neunzehn Jahre angaben. Jedem Jahr wurde eine »goldene Zahl« zugeschrieben; im »goldenen« Jahr 1 fällt der erste Neumond auf den 1. Januar, im Jahr 2 auf den 2. Januar und so weiter.

Meton war aber noch nicht genau genug gewesen. Der griechische Astrologe Callippos überarbeitete sein Werk im 4. Jahrhundert v. Chr. Er nahm für den Zyklus sechsundsiebzig Jahre an und zog sicherheitshalber am Ende einen Tag ab. Dies, sagte er, werde Neumond und Vollmond immer zur gleichen Stunde und am gleichen Tag erscheinen lassen. Doch selbst er lag etwas daneben – ein ganzer Tag geht nur alle 553 Jahre verloren! Der Metonsche Zyklus hat als solcher überlebt, obwohl man seine Dauer heute mit 18,6 Jahren berechnet hat. Er ist genau genug für den Hausgebrauch. In diesem Zeitraum geht der Mond zunächst an extrem nördlichen und südlichen Positionen auf beziehungsweise unter. Dann bewegt er sich von diesen Extrempunkten für 9,3 Jahre in die eine und anschließend für wiederum 9,3 Jahre wieder in die andere Richtung. An jedem Extrempunkt kann man ein paar Tage lang eine geringe Störung, die »Libration«, beobachten.

Einmal in jedem Mondzyklus von 18,6 Jahren erreicht der Mond, von der Erde aus gesehen, seine maximale Höhe. Diese Höhe erreicht er dann, für mehr als ein

Rechte Seite: Der sich ewig wandelnde Mond zeigt uns seine Gesichter.
Links unten und rechts oben: Neumond.
Links oben: Acht Tage alter Mond.
Rechts unten: Mondsichel, die sich im Dunkel zur ganzen Gestalt des Mondes ergänzt.

	Neumond	Erstes Viertel	Vollmond	Letztes Viertel
Ansicht	●	◐	○	◑
Position am Himmel	unweit der Sonne	90° von der Sonne	der Sonne gegenüber	90° von der Sonne
Aufgang	im Morgengrauen	mittags	bei Sonnenuntergang	um Mitternacht
Untergang	bei Sonnenuntergang	um Mitternacht	im Morgengrauen	mittags
Zeit der Sichtbarkeit	nicht sichtbar	am späten Nachmittag und abends	die ganze Nacht	zweite Nachthälfte und früher Morgen

Jahr, einmal in jedem Monat. Ein Nebeneffekt davon ist, daß sich der Mond, zwei Wochen nach jedem Höchststand, nur sehr wenig erhebt. Wenn man ihn also von einem nördlichen Breitengrad aus beobachtet, scheint der Mond in der höchsten Position kaum unterzugehen, während er sich zwei Wochen später nur knapp über der Horizontlinie bewegt.

Den innersten Punkt des 18,6-Jahres-Zyklus erreicht der Mond gut neun Jahre nach dem äußersten Extrempunkt. Dann erhebt er sich für eine Reihe von Monaten nur auf seine Minimalhöhe. Die Natur der Mondbewegung ist ziemlich kompliziert – das bestätigt uns auch eine Autorität auf diesem Gebiet: Newton selbst sagte einmal, sie sei das einzige Problem, das ihm Kopfschmerzen mache![99]

Gezeiten

Moskau hebt und senkt sich zweimal am Tag um 50 cm. Das bewirken die Gezeiten, diese geheimnisvollen Ströme, die sichtbar die Ozeane der Erde bewegen – und vielleicht noch vieles mehr –, und die ihrerseits von unserem Freund, dem Mond, bewirkt werden.

Der Mond wirkt als anziehende Kraft auf die Erde ein und zwingt die Wasser auf sich zu. Der Grund, warum beispielsweise Moskau auf diese außergewöhnliche Art steigt und fällt, liegt darin, daß die Erde wie ein gigantischer Schwamm arbeitet, der Wasser aufsaugt und wieder abgibt.

Der allgemeine Gezeitenrhythmus sieht so aus, daß an den Küsten täglich zwei Höchst- und zwei Niedrigststände von Flut und Ebbe festzustellen sind, die jeweils im Abstand von etwa 12 Stunden und 25 Minuten aufeinander folgen. Ein vollständiger Gezeitenzyklus umfaßt also 24 Stunden und 50 Minuten.

Was läßt die Wasser an- und absteigen? Die Anziehungskraft des Mondes wirkt auf das Land und auf das Wasser. Die Erde wird als Ganzes angezogen, als ob ihre ganze Masse in ihrem Zentrum konzentriert sei. Doch nicht so das Wasser. Es kann sich frei bewegen, und so ergeben sich die Gezeiten aus dem Umstand, daß die Landmasse starr verharrt, während die Wasser der Masse des Mondes fließend entgegenzustreben vermögen. Die Gezeiten drücken sich daher vor allem in zwei Wasserbergen in den Ozeanen aus, die sich an gegenüberliegenden Punkten der Erde befinden. Das dem Mond zugewandt liegende Wasser wird heftiger angezogen als die Erde selbst, die wiederum stärker angezogen wird als das Wasser auf der abgewandten Seite. Die Wasserberge liegen, wegen der Reibung, freilich nicht exakt auf einer Linie mit dem Mond. Das bremst, wie erwähnt, die Erde in ihrer Drehung um sich selbst langsam ab. An manchen Orten, wie dem Mittelmeer, spürt man die Gezeiten nicht; an anderen Orten zeigen sie komplexe Ausprägungen. Das liegt daran, daß die Erde kein gleichmäßig runder Ball, sondern von Kontinentalplatten und Ozeanbecken bedeckt ist, die ihre eigenen Effekte haben.

Der Mond zieht die Wasser der Erde an und bewirkt damit die gigantische Gezeitenbewegung der Ozeane.

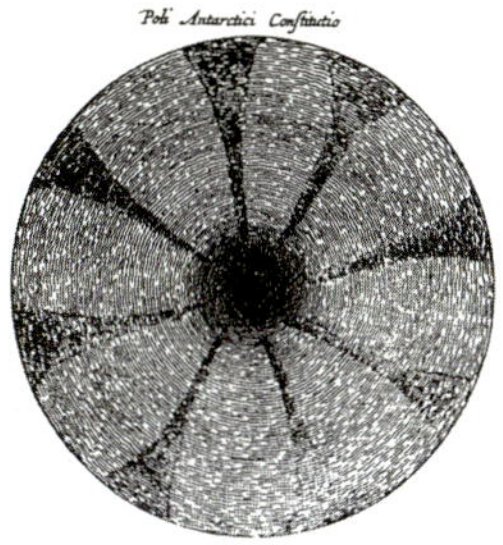

Eine verbreitete Theorie des 17. Jahrhunderts besagte, daß die Meere aus dem Südpol hervorquellen und dadurch am Nordpol starke Strömungen verursachen.

Auch die Anziehungskraft der Sonne trägt ihren Teil zu den Gezeiten bei, allerdings weitaus schwächer als der Mond. Zu Neumond und Vollmond addieren sich die Mond- und die Sonnenanziehung und bewirken dadurch ein höheres Hoch- und ein niedrigeres Niedrigwasser. Die höchste Flut, die Springflut, entsteht, wenn Sonne und Mond in eine Richtung ziehen; die niedrigste, Nippflut genannt, wenn Sonne und Mond im rechten Winkel zueinander Zug ausüben.

Der Mond wendet etwa 1.500.000.000 PS auf, um die Gezeiten über die Erde zu ziehen. Er zieht auch an der Atmosphäre. Die Luft ebbt und flutet genauso wie das Wasser – die Luftmassen über uns ändern ständig den Luftdruck auf die Erde. In einigen Gebieten der Erde spürt man das mehr, in anderen weniger, genau wie die Gezeiten der Ozeane.

Wie der Mond auf der Erde die Gezeiten bewirkt, bewirkt auch die Erde Gezeiten im starren Körper des Mondes. Die Gezeitenkräfte verursachen eine bleibende Distorsion – eine Erhebung von etwa 900 m Höhe in Richtung Erde. Diese Beule ist näher an der Erde als der Rest des Mondes und wird deshalb auch stärker angezogen – und bleibt uns daher immer zugewandt. Die »Gezeiten« auf dem Mond haben seine Rotationsgeschwindigkeit so lange gebremst, bis diese mit seiner Erdumlaufgeschwindigkeit synchron verlief. Darum wendet uns der Mond auch immer die gleiche Seite zu, abgesehen von einer leichten Schwankung.

Auf dem Mond gibt es jedes Jahr tausende kleiner Beben, zusätzlich zu den durch Meteoriteneinschlag verursachten. Die meisten Beben werden durch den wechselnden Gezeitenzug der Erde verursacht. Die Kräfte wirken am stärksten, wenn der Mond der Erde am nächsten ist.

Phasen der totalen Mondfinsternis im September 1978, photographiert in Frankreich. Der Mond tritt langsam aus dem Erdschatten heraus.

Wenn der Mond die Ozeane anziehen kann, wie steht es dann mit kleineren Wasserflächen? Mit hochempfindlichen Instrumenten ist bewiesen worden, daß selbst eine Tasse Kaffee den Gezeiten unterliegt.[100]

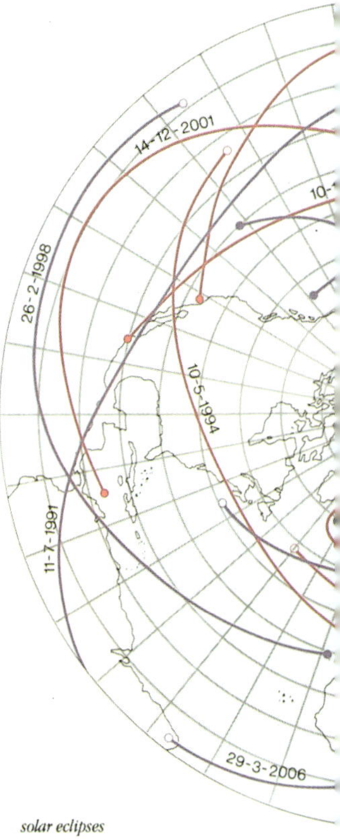

Verfinsterungen

»Dunkelheit bedeckte die Erde und die hellsten Sterne kamen zum Vorschein. Und man konnte die Scheibe der Sonne sehen, öde und lichtlos; nur ein schmaler, schwacher Glanz legte sich kreisförmig, wie ein schmales Band, um den Rand der Scheibe. Allmählich glitt die Sonne am Mond vorbei (denn der Mond lag genau vor uns), sandte ihre eigenen Strahlen aus und füllte die Erde wieder mit Licht.« So beschreibt Leo Diaconus im Jahre 968 v. Chr. eine totale Sonnenfinsternis.

Eklipsen, eben Sonnen- und Mondfinsternisse, sind zu allen Zeiten als Zeichen göttlichen Zornes oder kommender Katastrophen gefürchtet worden. Aber der Mensch hat sie auch genutzt: Die Astronomen im alten Ägypten kannten einen Zyklus von 18 Jahren und 11 Tagen, den Saros, mit dem sie Eklipsen vorhersagen konnten. Die Priester hielten den Saros geheim, was ihnen die scheinbare Kontrolle über den Himmel gab. Eine Sonnenfinsternis entsteht, wenn der Mond genau zwischen Erde und Sonne gerät und so – von der Erde aus gesehen – die Sonne verdeckt. Wo die Erde nur teilweise vom Mond beschattet wird, sieht man eine partielle Sonnenfinsternis. Totale Sonnenfinsternis herrscht dort, wo der Kernschatten des Mondes auf die Erde fällt.

Man spricht von einer ringförmigen Sonnenfinsternis, wenn der Mond nicht die ganze Sonnenscheibe bedeckt und er daher optisch von einem Ring aus Sonnenlicht umgeben ist. Daß der Mond die Sonne mal mehr, mal weniger abdeckt, hängt mit der elliptischen Form seiner Bahn um die Erde zusammen; von der Erde

aus gesehen, scheint er mal größer, mal kleiner zu sein. Die ringförmige Sonnenfinsternis tritt folglich dann ein, wenn der Mond zu weit von der Erde entfernt ist, um die Sonne vollständig zu verdecken. Solche Eklipsen sind genauso häufig wie totale, und in den meisten Jahren wird eine von jeder Art irgendwo auf der Erdoberfläche zu sehen sein.

Während einer Mondfinsternis steht die Erde zwischen Sonne und Mond und verdunkelt mit ihrem Schatten den Mond gänzlich oder zum Teil.

Es ist ein erstaunlicher Zufall (manche mögen es auch nicht für Zufall halten), daß Sonne und Mond, die verschieden groß sind, sich gerade in einer solchen Entfernung zur Erde bewegen, daß vollständige Eklipsen möglich sind. Von der Erde aus gesehen, scheinen beide Himmelskörper die gleiche Größe zu haben. Die Sonne ist – in bezug auf den Durchmesser – 400mal so groß wie der Mond, aber da sie sich mit diesem verglichen in der 390fachen Entfernung von der Erde befindet, erscheint sie uns kaum größer als der Mond.

Wenn der Mond im gleichen Rhythmus um die Erde kreiste wie die Erde um die Sonne, könnte es jeden Monat zwei Eklipsen geben – eine Sonnenfinsternis zu Neumond und eine Mondfinsternis bei Vollmond. Das passiert aber schon deshalb nicht (und Eklipsen sind viel seltener), weil die beiden Ebenen der Umlaufbahnen nicht genau übereinstimmen. Von jedem einzelnen Punkt der Erde aus kann man nur etwa alle 300 Jahre eine totale Sonnenfinsternis beobachten. Wenn man also 1000 Jahre auf einem Fleck bliebe, könnte man in dieser Zeit vielleicht drei totale und vier ringförmige Sonnenfinsternisse beobachten. Totale Mondfinsternisse sind dagegen auf der ganzen Erde zu sehen, und die meisten Menschen können während ihres Lebens einige davon beobachten.

Eine totale Sonnenfinsternis kann bis zu 7 Minuten 58 Sekunden lang währen, nämlich im Juli, wenn sich die Erde im Aphel (dem sonnenfernsten Punkt) befin-

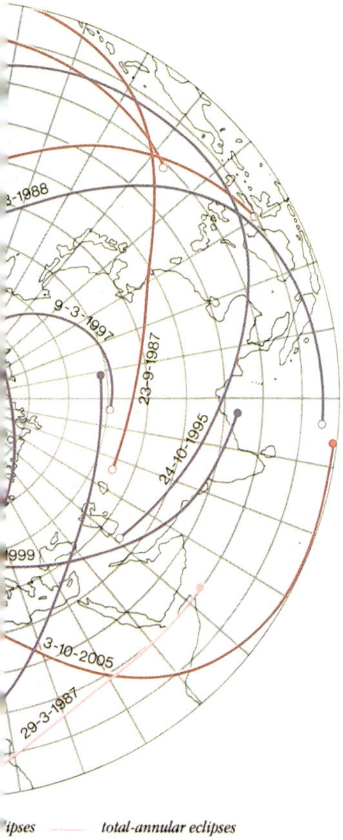

Eklipsenbeobachtung: Die Linien zeigen an, wo bis zum Jahr 2006 in der nördlichen Hemisphäre totale und ringförmige Sonnenfinsternisse beobachtet werden können.

det und der Mond im Perigäum (dem erdnächsten Punkt), und die Sonnenfinsternis vom Äquator aus beobachtet wird. Doch normalerweise ist sie nur wesentlich kürzer zu beobachten. Während der Mondfinsternis hat der Mond eine kupferrote Farbe, im Unterschied zu seinem sonstigen Silber- oder Goldton.

In einem Jahr finden nie mehr als drei Mondfinsternisse statt, aber es kann insgesamt bis zu fünf Eklipsen geben, nämlich vier Sonnen- und drei Mondfinsternisse oder fünf Sonnen- und zwei Mondfinsternisse.

Zeit

Der Weg des Mondes durch den Himmel wird schon seit langem von Menschen aufgezeichnet. Der Mond könnte als erste Uhr bezeichnet werden, und selbst heute bemerken noch viele Menschen Neu- oder Vollmond. Wie lang ist aber nun ein Mondmonat? Die Antwort auf diese scheinbar leichte Frage ist in der Tat schwierig zu geben.

Es gibt verschiedene Möglichkeiten, den Lauf des Mondes um die Erde zu messen. Der Mond umkreist die Erde in 27,32 Tagen. Wenigstens geht man davon aus, wenn man von einem siderischen Monat spricht. Werfen wir einen Blick auf die verschiedenen Möglichkeiten, die Zeit zu messen, je nachdem, ob der Mond in Bezug zur Sonne, zu den Sternen, zum Erdäquator oder zur Erdumlaufbahn gesetzt wird.

Siderischer Monat:
27 Tage 7 Stunden 43 Minuten 11 Sekunden

Synodischer Monat:
29 Tage 12 Stunden 44 Minuten 3 Sekunden

Tropischer Monat:
27 Tage 7 Stunden 43 Minuten 5 Sekunden

Anomalistischer Monat:
27 Tage 13 Stunden 18 Minuten 33 Sekunden

1. Siderischer Monat: Er wird berechnet, indem man Fixsterne als Bezugspunkte nimmt. Es ist die tatsächliche Zeit, die der Mond für einen Umlauf um die Erde braucht. Doch in einem siderischen Monat bewegt sich die Sonne auf ihrer Bahn am Himmel um etwa 27° nach Osten; der Mond braucht zwei Tage, um diese zusätzliche Strecke auszugleichen. Daher beträgt die Gesamtzeit von Neumond zu Neumond oder Vollmond zu Vollmond, in der der Mond auf die Sonne täglich etwa 12° gutmacht, 29½ Tage, was gemeinhin als ein synodischer Monat bezeichnet wird.

2. Synodischer Monat: Dieser Monat wird aufgrund der Mondphasen berechnet. Es gibt etwas mehr als 12 synodische Monate im Jahr – von allen Berechnungsarten kommt hierbei der »natürlichste« Monat heraus. Man nennt den synodischen Monat auch Lunation oder Mondmonat.

3. Tropischer Monat: Er wird von dem Zeitpunkt an gemessen, an dem der Mond durch die Ebene des Erdäquators läuft, und bis zu dem Zeitpunkt, an dem er die gleiche Ebene wieder in der gleichen Richtung durchquert. Dieser Monat wird von der Internationalen Astronomischen Vereinigung benutzt. Das tropische Jahr ist die Zeit, die die Sonne benötigt, um auf den exakt gleichen Punkt zurückzukehren, an dem sie sich zur letzten Tagundnachtgleiche (Äquinoktium) befunden hat.

4. Anomalistischer Monat: Dies ist die Zeit zwischen Perigäum und Perigäum – wenn also der Mond der Erde am nächsten ist.

Und als ob all diese Definitionen nicht schon verwirrend genug wären, sind auch noch die Zahlenangaben für jeden Monatstypus nur Näherungen, weil die Bewegungen der Planeten und ihrer Satelliten ja nicht gleichförmig ausfallen. Die Bewegungen des Mondes um die Erde und des Erde-Mond-Systems um die Sonne verändern sich laufend und machen die Zeitmessung schwierig. Für den, dem selbst das noch nicht reicht, hier noch ein anderes System: Der Punkt, an dem der Mond die Ekliptik (den Kreis, den die Sonne scheinbar im Laufe eines Jahres am Himmel beschreibt) zur nördlichen oder südlichen Himmelshälfte hin überquert, wird aufsteigender beziehungsweise absteigender Knoten genannt und der Zeitraum zwischen zwei Querungen drakonitischer Monat. Er heißt so nach dem alten Glauben, Eklipsen würden durch einen Drachen verursacht, der Sonne oder Mond verschlingt. Er dauert 27,212 Tage.

Zeit ist also dehnbar und es kommt nur darauf an, welches System man zu seiner Festlegung benutzt! Die Differenz innerhalb eines Monats beträgt mehr als 2 Tage, wenn man den synodischen Monat mit dem tropischen Monat vergleicht. Anders gesagt: Wenn der Mond einen Umlauf um die Erde, in Bezug zu den Sternen, vollendet hat, ist das Erde-Mond-System in seinem Umlauf um die Sonne um 7,5 % der gesamten Bahn vorangekommen. Deshalb ist die Zeit zwischen zwei Neumonden oder Vollmonden (selten Syzygien genannt) länger als ein siderischer Monat und wird durch die Linie Erde-Sonne bestimmt.

Trotz dieser Komplikationen war die Messung der Bewegungen von Erde, Mond und Sonne das erste Verfahren, das der Mensch zur Zeitbestimmung verwenden konnte. Selbst vor tausenden von Jahren kannte man schon die genaue Länge der Basiseinheiten Tag, Monat und Jahr, obwohl man den Hintergrund noch nicht ganz verstand. Besonders der Mond wurde dafür benutzt, Messungen von Zeitabschnitten zwischen einem Tag und einem Jahr vorzunehmen. Seine Zunahme und Abnahme bot und bietet beständig ein Maß für Zeitberechnungen, das viel genauer ist als andere natürliche Bewegungsabläufe etwa der Sterne.

Normalerweise läßt man den Mondmonat beim ersten Auftauchen des neuen Mondes am westlichen Abendhimmel beginnen. Das funktioniert, doch es gibt Schwierigkeiten, sobald man auf diese Weise Jahre berechnen möchte: 12 Mond-

Der regelmäßige Lauf des Mondes durch den Himmel ließ ihn zu einem der ersten Zeitmesser werden.

monate haben 354,4 Tage, also 11 Tage weniger als das Sonnenjahr. Sonnen- und Mondkalender passen nicht ganz zusammen.

Es wurden freilich schon Versuche unternommen, beide zusammenzubringen. Die Babylonier fügten ihrem Kalender alle zwei bis drei Jahre einen Monat hinzu. Griechen, Römer und Moslems legten ihr Jahr auf zwölf Monate fest, die abwechselnd aus 29 und 30 Tagen bestanden. Schließlich unterteilte Julius Caesar um 45 v. Chr. das Jahr einfach in zwölf, vom Mond unabhängige Kalendermonate. Nun konnte der Neumond auf jeden beliebigen und nicht mehr nur auf den ersten Tag des Monats fallen.

Die Zahl der Tage in einem Jahr ist von Kultur zu Kultur verschieden. Jahre mit 365 oder 366 Tagen basieren auf dem Sonnenkalender. Das Jahr der Moslems hat dagegen 354 oder 355 Tage, denn es richtet sich nach den zwölf Mondzyklen, von denen jeder 29,5 Tage dauert. Auch der Kalender der alten Babylonier war lunar – der Monat begann, wenn der neue Mond kurz nach Sonnenuntergang erstmals zu sehen war. Deshalb begann der babylonische Tag offiziell auch erst am Abend, auch wenn uns das merkwürdig vorkommt. Eine Zeitlang benutzten die Babylonier einen Sechsmonatskalender, der auf den Mondfinsternissen beruhte.

Auch das jüdische Jahr ist ein lunares, schon zu Sauls Zeiten wurde der neue Mond gefeiert. In Jerusalem, der Hauptstadt der jüdischen Welt, sandte man Boten aus, sobald man den ersten Strahl des neuen Mondes zu Gesicht bekam, um die Geburt des neuen Mondes zu verkünden. Der Vollmond war ebenfalls sehr wichtig. Das Pessachfest fand am Vollmond zu oder kurz nach Frühlingsanfang statt. Heute haben manche Jahre, damit die Zeitrechnung mit dem Sonnenkalender Schritt hält, zwölf Monate (mit 353, 354 oder 355 Tagen), andere dreizehn (mit 383, 384 oder 385 Tagen).

Die alten Ägypter berechneten die Zeit nach dem Nil, der Sonne und den Sternen, aber sie hatten auch einen Mondkalender für ihre regelmäßigen Feiertage. Sie fanden heraus, daß 309 Lunationen fast gleichbedeutend mit 25 Jahren sind.

Die alten Maya in Mittelamerika kannten zwar das Rad noch nicht, aber sie verfügten bereits über ein erstaunlich ausgefeiltes mathematisches System zur Berechnung ihrer heiligen Tage. Der Mond spielte dabei eine wichtige Rolle. Ihre Resultate waren überraschend genau. Zum Beispiel muß die Berechnung der Mondmonate auf Grundlage der Beobachtung von 405 Vollmonden, das heißt

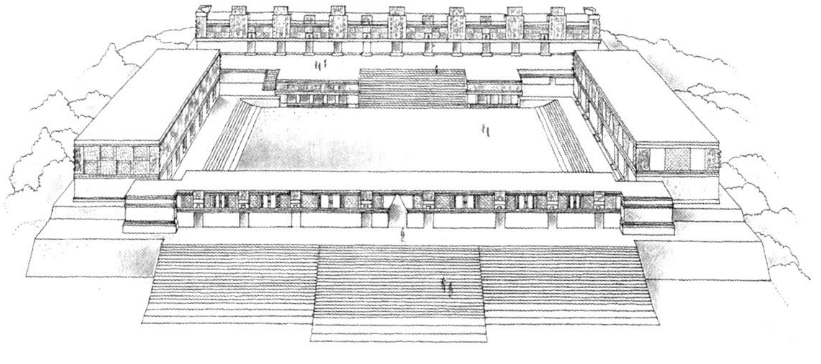

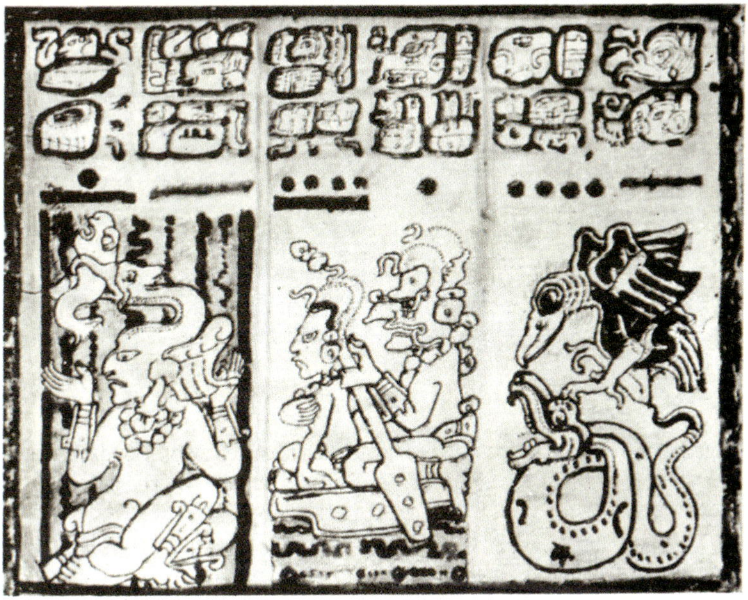

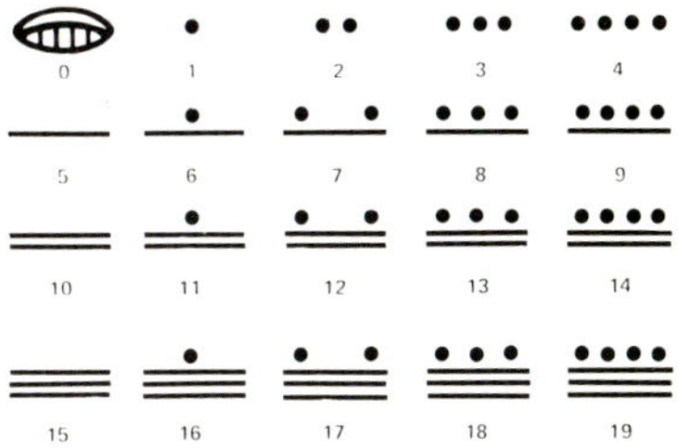

Man ersann sogar einen genauen Kalender, um die Tage religiöser Feste vorausbestimmen zu können.

über mehr als 32 Jahre hinweg erfolgen. Die Maya errechneten, daß 405 Vollmonde in einer Zeitspanne von 11.960 Tagen auftreten. Heutige Astronomen sind auf 11.959,88 Tage gekommen, die Maya lagen also nur um einen Tag in 292 Jahren oder um weniger als 5 Minuten pro Jahr daneben!

Weil der Mondmonat etwa 28 Tage lang ist, wurde dieser Zeitraum mit der Zeit maßgebend. Dies galt wahrscheinlich in besonderem Maße für Nomadenvölker, die oft in der Kühle der Nacht weiterzogen und daher zu ihrer Orientierung auf den Mond angewiesen waren. Die christliche Welt übernahm nach und nach Caesars Methode, doch selbst heute noch schleicht sich der Mond in unsere regulierte Zeit ein. Ostern, ein hohes Fest im christlichen Kalender, wird am ersten Sonntag nach dem ersten Vollmond nach Frühlingsanfang (21.3.) gefeiert, womit dieses Fest wechselnd auf irgendeinen Tag zwischen dem 23. März und dem 25. April fällt.

Die Siebentagewoche, eine Unterteilung des achtundzwanzigtägigen Mondmonats, ist ein Überrest der alten, lunaren Art der Zeitmessung.

Zeit ist relativ, es kommt schlicht darauf an, woran man sie mißt. Wenn wir auf dem Mond lebten, würde unser Tag so lang sein wie ein Monat auf der Erde, weil sich der Mond so viel langsamer um seine Achse dreht.

Links: Die alte Maya-Kultur führte mit ihrem mathematischen System erstaunlich präzise Berechnungen der Mondmonate durch.

Oberfläche

Schon mit bloßem Auge kann man erkennen, daß die Mondoberfläche uneben ist. Dunkle Flächen bilden Muster, denen Mythen und Legenden entsprungen sind. Diese Flächen sind die *maria*, die Meere – so nannte sie Galilei, als er sein Teleskop zum ersten Mal auf sie richtete. Sie enthalten – wie sich später herausstellte – kein Wasser, aber die Bezeichnung ist geblieben.

Das andere Hauptmerkmal des Mondes sind die Krater, die überall verstreut sind und Durchmesser von dem einer Münze bis zu mehr als 200 km aufweisen. Über die Krater ist viel spekuliert worden. Wie sind sie entstanden? Wachsen sie noch? Und wir haben erst mit den Apollo-Missionen vieles über die öde Oberfläche des Mondes herausgefunden. Die meisten *maria* befinden sich in der nördlichen Hälfte jenes Teils des Mondes, der uns zugewandt ist. Sie liegen etwa 3 km unter dem »Meeresspiegel« des Mondes und erscheinen darum dunkler als die übrige Oberfläche. Man nennt sie auch lunare Tiefebenen, während man ihre Umgebungen als Hochländer bezeichnet. Die *maria* sind teils untereinander verbunden und weisen eine glattere Oberfläche auf als die helleren, von Kratern durchsetzten Regionen. Wir wissen heute, daß sie durch Lavaströme entstanden sind, und zwar, nachdem sich die Mondkruste und einige Krater gebildet hatten.

Die Krater (abgeleitet vom griechischen Wort für Becher oder Schale) sind auf der ganzen Oberfläche entstanden. Der größte hat etwa die Fläche Korsikas. Obwohl sie sich in ihrer Größe stark unterscheiden, haben sie gemeinsame Merkmale: Sie sind rund, haben schmale Wände und ihr Boden liegt tiefer als das umgebende Land. Darüber hinaus macht der Boden um die Krater herum den Eindruck, als sei er gerade einer Explosion ausgesetzt gewesen.

Wie sind sie entstanden? Dafür gibt es zwei wesentliche Theorien: Die Meteoritentheorie besagt, es habe Meteoriteneinschläge auf der Mondoberfläche gegeben; die Plutonische Theorie schreibt die Krater Vulkanausbrüchen zu. Die zweite Theorie wurde im 19. Jahrhundert favorisiert, jedoch setzt sie voraus, daß der Mondkern heiß genug für die Entstehung von Lava wäre. Wir wissen aber heute, daß das nicht der Fall ist. Daher ist nun die Meteoritentheorie allgemein anerkannt. Strahlen, die sich um die Krater herum ausbreiten, legen ohnehin einen äußeren Einfluß näher als vulkanische Tätigkeit. Um die Sonne kreisende Partikel sind zu einer gewissen Zeit dem Mond nahe genug gekommen, um von seiner Anziehungskraft eingefangen zu werden. Daß in jüngerer Zeit keine größeren Krater entstanden sind, war den Wissenschaftlern im übrigen ein weiteres Indiz für die Altersbestimmung des Mondes.

Wie sieht die Mondoberfläche aus, wie fühlt sie sich an? Überraschend glatt. Alle Bodenproben, die die Apollo-Missionen zurückbrachten, wiesen einen hohen Anteil runder Glasstücke auf, die den Boden glatt machen.

Diese Proben – zweifellos die teuersten wissenschaftlichen Proben aller Zeiten – gaben uns viele neue Informationen über die Natur der Mondoberfläche. Die

Die düstere, unwirtliche Oberfläche des Mondes ist mit »Meeren« und Kratern bedeckt, die mit großer Wahrscheinlichkeit durch äußere Einwirkung entstanden sind.

Krater können Durchmesser von mehreren Kilometern aufweisen, wie dieser hier im »Meer der Ruhe«.

oberste Schicht ist im allgemeinen porös und besteht aus feinen Partikeln (Mondboden) und aus gröberem Felsgestein.

Das Felsgestein läßt sich in drei Typen unterteilen: dunkle, feinkörnige Brocken aus Magnesium-Eisen-Silikat; heller, körniger Staub, Anorthosit genannt, aus Aluminium-Kalzium-Silikat; und Brekzien, zusammengebackene Fels- und Mineralteilchen. Sie ähneln in einigen Punkten irdischem Trümmergestein, aber es gibt auch einen großen Unterschied: Irdisches Gestein enthält Wasser, Mondgestein ist dagegen absolut trocken.

Was haben uns die Gesteinsuntersuchungen über den Mond sagen können? Sie haben gezeigt, daß er vor etwa 4,6 Milliarden Jahren entstanden ist. Bald nachdem er sich gebildet hatte, erstarrten die heutigen Hochländer – vor etwa 4 Milliarden Jahren. Durch Vergleich des Gesteins aus verschiedenen Gebieten wissen wir, daß die *maria* sich anschließend durch Lavafluß bildeten.

Das Innere des Mondes ist, verglichen mit dem Erdinneren, ein friedlicher Ort! Es gibt nur selten Mondbeben; Seismographen, die von den Astronauten auf dem Mond aufgebaut wurden, zeigen, daß es sich dabei um ganz kleine Beben handelt, die in großer Tiefe vonstatten gehen. Das heißt, bis in etwa 1000 Meter Tiefe hinunter ist der Mond kalt und starr.

Und darunter? Wir wissen nicht, ob es einen als solchen zu unterscheidenden Kern gibt, aber Messungen der Hitze, die aus dem Mondinneren zur Oberfläche steigt, haben gezeigt, daß es dort ziemlich heiß sein muß. Das Innerste des Mondes kann nicht aus Eisen-Nickel sein, wie das der Erde, denn dafür ist das Magnetfeld des Mondes zu schwach; doch seine Temperatur könnte 1500 Kelvin (das entspricht annähernd 1200 °C) erreichen. Es ist nicht zu bestreiten: Auch heute hat der Mond noch immer ein paar Geheimnisse für uns parat.

Kapitel 3

Leben auf dem Mond

Wir mögen schon lange die Idee aufgegeben haben, auf dem Mond Mondwesen oder andere Zivilisationen zu finden, aber warum soll es dort nicht doch irgendeine Art Leben geben?
Weil der Mond eine zu geringe Masse hat, um eine Atmosphäre zu binden, die Leben ermöglicht.

Aber wie wäre es mit Leben auf der anderen Seite des Mondes? Lange Zeit hat es Spekulationen darüber gegeben, ob dort Landeplätze für außerirdische Zivilisationen zu finden seien. Sie wurden ad absurdum geführt, als ein sowjetisches Raumschiff die entlegene Seite des Mondes photographierte, und diese sich als genauso öde herausstellte wie die Vorderseite. Seit der Mensch 1969 erstmals auf dem Mond gelandet ist, wurden über 400 kg Mondgestein zur Erde gebracht. Am gespanntesten war man darauf, festzustellen, ob sich darin irgendeine Spur irgendeiner Art Leben feststellen ließe.

Die Antwort war ein klares Nein. Über 3000 verschiedene Tests wurden allein mit den Apollo-11-Funden durchgeführt, aber man fand noch nicht einmal höhere Wasserstoff- und Kohlenstoffverbindungen. Die winzigen Kohlenstoffspuren, die gefunden wurden, waren vermutlich durch Meteoriten und Sonnenwinde auf den Mond gelangt. Diese desillusionierenden Entdeckungen führten dazu, daß sich Astronauten ab der dritten Landung bei ihrer Rückkehr keiner Quarantäne mehr unterziehen mußten.

Es sieht heute in der Tat so aus, als gebe es kein Leben auf dem Mond. Beinahe. Denn 1969 brachte Apollo 12 eine Kamera aus Surveyor 3 mit, der zweieinhalb Jahre zuvor selbstgesteuert auf dem Mond gelandet war. Wissenschaftler entdeckten daran Streptokokken, die den Aufenthalt überdauert hatten. Also können irdische Bakterien eine gewisse Zeit auf dem Mond überleben, obwohl die Temperaturen täglich zwischen +120 °Celsius und −180 °Celsius schwanken. Der alte Knabe könnte doch etwas Leben in sich haben.

Sieht man die Farben des Mondgesteins unter dem Mikroskop schillern, fällt es schwer zu glauben, daß es auf dem Mond kein Leben geben soll. Jedoch haben Tests gezeigt, daß in all den Proben keine höheren Verbindungen von Kohlenstoff oder Wasserstoff vorhanden sind.

Kapitel 4

Der Flug zum Mond

»Amerika sollte sich dem Ziel verschreiben, einen Menschen den Mond betreten und sicher zur Erde zurückkehren zu lassen, noch ehe das Jahrzehnt vorüber ist.«
(Präsident John F. Kennedy, 1961)

Von Dezember 1968 bis Dezember 1972 flogen 24 Menschen zum Mond. Zwölf von ihnen landeten und wanderten auf seiner Oberfläche umher. Seitdem ist niemand mehr dort gewesen.

Die erste Mondlandung fand am 20. Juli 1969 um 15.18 Uhr (Ortszeit Houston) statt. Etwa 600 Millionen Menschen auf der ganzen Welt beobachteten sie auf dem Fernsehschirm – damals war das etwa ein Fünftel der Weltbevölkerung. Die Mondlandung löste merkwürdig gemischte Reaktionen aus. Präsident Nixon nannte es »die wichtigste Woche der Geschichte seit der Schöpfung«. Andere waren skeptischer, angesichts der 40-Milliarden-Dollar-Rechnung, des Vietnam-Krieges und der großen sozialen Ungerechtigkeiten im Lande.

Wieder andere bezweifelten, daß der Mensch überhaupt auf dem Mond gelandet war. Der PR-Offizier der NASA schürte schelmisch diese Zweifel, indem er angab, daß Filme vom Astronautentraining in einer »Mondlandschaft« Michigans nicht von Aufnahmen der echten Mondlandung zu unterscheiden seien. Vielleicht wollten die Menschen ihre Illusionen einfach nicht begraben; sie wollten sich das poetische Bild einer unberührbaren Göttin über uns erhalten.

> *»Wir werden eine gigantische Rakete, fast 100 Meter hoch, zum Mond schicken, mehr als 360.000 Kilometer vom Kontrollzentrum in Houston, gebaut aus neuen Metallegierungen, von denen einige noch gar nicht erfunden sind und die in der Lage sein werden, Hitzeeinflüssen zu widerstehen, die um vieles stärker sind als alles bisher bekannte ... auf eine unbekannte Reise zu einem unbekannten Himmelskörper.«*
>
> (Präsident John F. Kennedy)

Die Geschichte begann eigentlich schon hundert Jahre früher, als Jules Verne zeigte, daß man eine Reise zum Mond ernsthaft in Erwägung ziehen konnte. Ein paar Jahre später schlug ein Russe, Konstantin Ziolkowski, vor, zu diesem Zweck mit Flüssigkeit gefüllte Raketen zu benutzen, und so begann ein Jahrhundert der Forschungen und Entdeckungen.

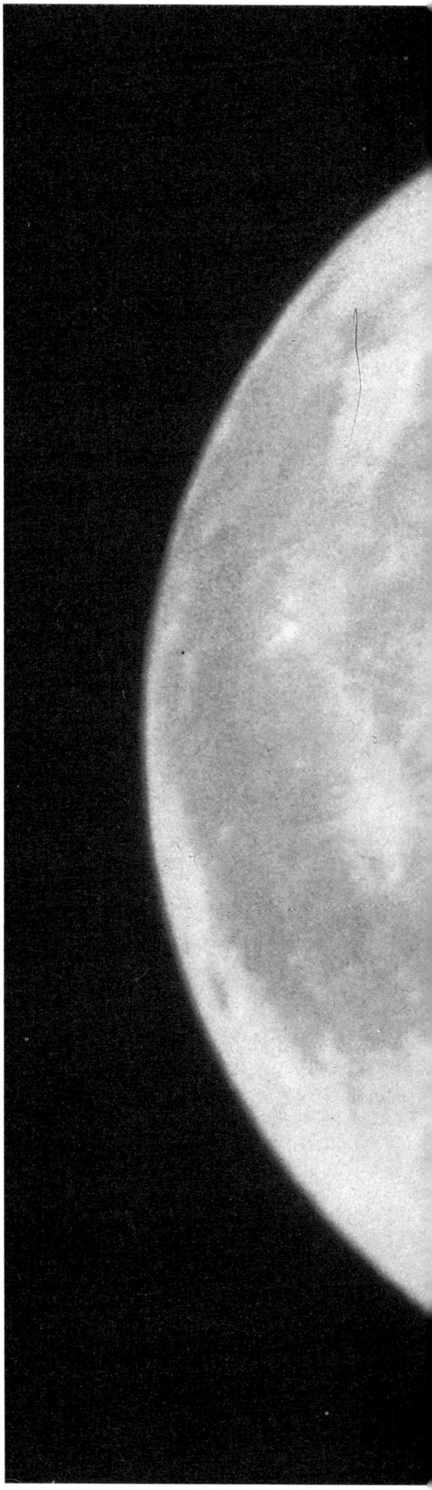

»Da wir die Segel setzen, erbitten wir Gottes Segen für das waghalsigste und gefährlichste und größte Abenteuer, auf das sich der Mensch jemals eingelassen hat.«

(Präsident John F. Kennedy, 1962)

Apollo 11 hob am 16. Juli 1969 ab. Drei mutige Männer – Neil Armstrong, Edwin »Buzz« Aldrin und Michael Collins – bildeten die Besatzung, die dem Abenteuer ihres Lebens entgegenflog, getrieben von der Begeisterung und dem technischen Know-how eines Planeten, der schnell kleiner wurde, während sie mit hoher Geschwindigkeit auf eine direkte Bahn zu jener unbekannten Welt, dem Mond, einschwenkten.

Die Reise zum Mond, über 380.000 km in $2^1/_2$ Tagen, verlief reibungslos, als ob hier, vor unseren Augen, gar kein technisches Wunder stattgefunden hätte. Vier Kurskorrekturen waren geplant, aber man brauchte nur eine.

Das Leben an Bord der Apollo 11 war eine Übung ganz eigener Art. Alles Essen bestand aus abgepacktem, gefriergetrocknetem Granulat: »Man wußte nicht, was man aß, wenn man nicht auf den Beipackzettel sah«, so Charles Duke von Apollo 16. Die Entsorgung menschlicher Ausscheidungen war noch weniger appetitlich: Man benutzte dazu Plastiktüten; da aber, wo es keine Schwerkraft gibt, auch nichts auf den Boden einer Tüte fällt, erzielte man oft verheerende Ergebnisse! Es war auch extrem schwierig, sich zu waschen, und die Luft im Raumschiff wurde nicht dadurch verbessert, daß die Nahrungsmittel Blähungen verursachten.

Aldrin berichtet: »Es wurde so heftig, daß ein Scherzbold vorschlug, wir sollten unsere Höhenkontrolldüsen abschalten und das selbst besorgen!«

Während der Reise verlor die Crew das Zeitgefühl, wie Mike Collins bemerkte. »Da die Menschen unter Nacht im allgemeinen die Zeit verstehen, in der sich unser Planet zwischen unseren Augen und der Sonne befindet, muß dies wohl Tag genannt werden, aber durch viele meiner Fenster sieht es einfach aus wie Nacht.«

Die Schwerelosigkeit gab den meisten Astronauten ein euphorisches Gefühl der Freiheit. Die fehlende Schwerkraft bewirkte aber auch, daß sich ihre Gesichtszüge langsam veränderten. Am verwirrendsten war vielleicht, daß es keine Möglichkeit gab, die Fortbewegung im Raum zu verfolgen. Alan Bean, Apollo 12, notierte: »Man kommt an nichts vorbei, man schwebt eigentlich nur dahin und sieht zu, wie die Erde kleiner und kleiner wird – und plötzlich ist man auf dem Mond. Die Abwesenheit von Wegmarkierungen gab der Reise etwas Magisches oder Mystisches.«

Am 19. Juli verschwand Apollo 11 hinter dem Mond und zündete den ersten von zwei heiklen Bremsstößen zum Eintritt in die Mondumlaufbahn. Hätte dieses Bremsmanöver nicht funktioniert, wären sie entweder auf dem Mond zerschellt oder in die Tiefen des Raumes entschwunden. Ed Michael, Apollo 14: »Zum ersten Mal auf dem gesamten Flug waren wir ganz auf uns gestellt. Wir mußten die Zündung korrekt ausführen und wieder auf der anderen Seite des Mondes herauskommen.«

In Houston und überall auf der Welt wartete man nervös darauf, daß die Spit-

Als sich der Mensch auf die Reise zum Mond begab, sah er nicht nur jene Welt in neuem Licht:
»Die Raumfahrt hat uns wieder Achtung vor der Erde gelehrt. Wir begreifen, daß die Erde etwas Besonderes ist. Wir haben sie aus der Ferne gesehen, wir haben sie vom Mond aus gesehen.«
(James Irwin, Apollo 15)

ze von Apollo über dem Mondhorizont sichtbar würde. Als sie auftauchte, war die Erleichterung groß – aber auch die Bestürzung, als die Verbindung nicht sofort wieder hergestellt werden konnte: Eine Antenne war ausgefallen.

Die Astronauten konnten, da sie nicht mehr von der Sonne geblendet wurden, den Mond erstmals klar erkennen. Der Anblick war überwältigend: Die Korona der Sonne ließ ihn, wie bei einer Sonnenfinsternis, im Gegenlicht erscheinen. Der Mond wurde nur durch einen Widerschein von unserem Planeten, dem »Erdschein«, beleuchtet. Auf Mike Collins wirkte das wie ein Spuk: »Eine massige, dreidimensionale Wölbung, fast geisterhaft in ihrem blassen Weiß. Sie war sehr, sehr groß, und hing vollkommen still und unbeweglich in unserem Fenster; man glaubte zu spüren, wie sie einen zurückwies.« Doch andere Astronauten, bei-

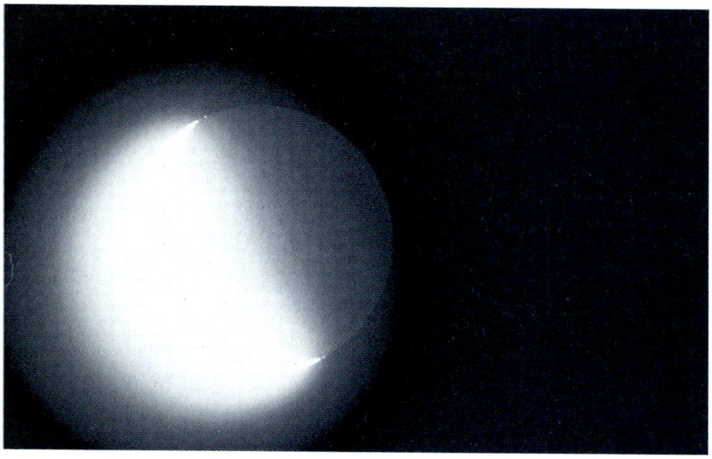

Rechte Seite: Die »Eagle« ist noch nicht gelandet. Man fühlt die Zerbrechlichkeit der winzigen ersten Mondlandefähre in der Unendlichkeit des Raumes.

spielsweise Gene Cernan, empfanden es ganz im Gegenteil gerade so, daß sie »seit Millionen von Jahren auf uns gewartet« habe.

In der Mondumlaufbahn angekommen, übermittelte die Besatzung Fernsehbilder von der Mondoberfläche. Der geplante Landeplatz, das Meer der Ruhe, wurde gesichtet, und Fernsehzuschauer auf der ganzen Erde gewöhnten sich schnell an die Namen der Mondgebilde: »Boot Hill«, »Diamond-Head-Rille«, »US Highway One«... Als sie hinter dem Mond hervorkamen, erlebten die Astronauten einen spektakulären Erdaufgang, den Mike Collins so beschreibt: »[Die Erde] stülpt ihre blaue Mütze über den felsigen Rand des Mondes ... und steigt mit einer unerwarteten Flut aus Farben und Bewegung über den Horizont. Sie ist, aus mehreren Gründen, ein willkommener Anblick: Sie ist von natürlicher Schönheit; sie bildet einen krassen Gegensatz zu dem Pockengesicht unter uns; und sie ist uns Heimat und Stimme.«

Im nächsten Schritt mußte Aldrin die Mondlandefähre besteigen, alles auf seine Funktionsfähigkeit hin überprüfen und Ausrüstungsgegenstände aus dem Mutterschiff in die Fähre schaffen. Drinnen gab es so viel Platz wie in zwei Tele-

fonzellen, und man konnte sich nicht setzen. Sie näherten sich dem Moment, auf den alle gewartet hatten – doch erstmal brauchten sie etwas Schlaf.

Als sie wieder aufgewacht waren, begaben sich Armstrong und Aldrin in die Mondfähre, um sie noch einmal durchzuchecken. Dann koppelte die Fähre ab und sie waren unterwegs. Von nun an lautete ihr Rufname »Eagle«, während das Mutterschiff, das mit Collins an Bord zurückblieb, als »Columbia« angefunkt wurde. Das Manöver selbst geschah auf der Rückseite des Mondes.

Das Okay aus Houston kam, nachdem Collins die Mondfähre auf Beschädi-

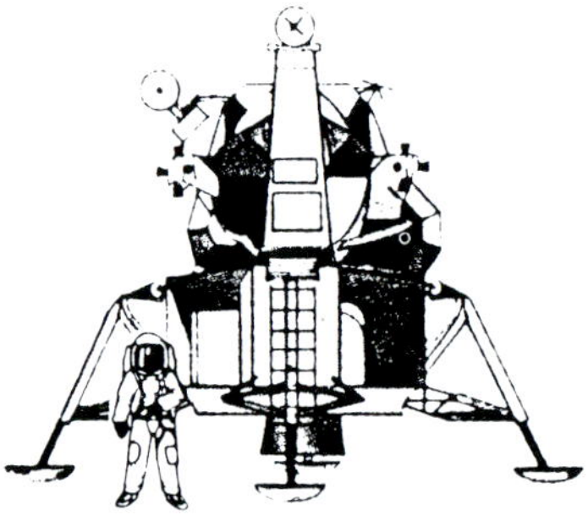

gungen hin angesehen hatte. Die Abstiegsrakete wurde während der dreizehnten Umrundung des Mondes gezündet, die Eagle bremste und der Sinkflug zur Mondoberfläche begann. Als das Mutterschiff wieder hinter dem Mond hervorkam, funkte Collins: »Hör mal, Baby, alles klappt wie geschmiert, ganz wundervoll«.

Noch zwei Minuten, und auch die Eagle kam wieder zum Vorschein. Bald danach gab es eine neue Nachricht von Collins: »Eagle, hier Columbia. Sie haben gerade das Okay für PDI gegeben« (PDI = Power Descent Initiation, also Zündung der den Abstieg einleitenden Raketen). Nach weiteren fünf Minuten hatte die Eagle das »Einfallstor« erreicht, 20 km über dem Mond und 400 km vom Landepunkt entfernt.

Als sich die Fähre dem Mond näherte, nahm sie eine aufrechtere Position ein und wurde mit einem Stoß aus der Abstiegsrakete abgebremst. Das war der gefährlichste Teil des Fluges. Die daran Beteiligten und hunderte Millionen Menschen, die es auf der ganzen Erde verfolgten, standen unter einer unbeschreiblichen Spannung. Als die Eagle nur noch 8 km vom Landepunkt entfernt war, übernahm Armstrong die manuelle Steuerung, um einem flachen, mit Geröll gefüllten Krater von der Größe eines Fußballfeldes auszuweichen.

Nur wenige Menschen auf der Erde bemerkten, wie knapp die Eagle einer Katastrophe entkam.

Um das Geröll herumzusteuern bedeutete, mehr Treibstoff zu verbrennen – Aldrin berechnete, daß sie nur noch 10 Sekunden fliegen könnten. Die Welt wußte davon nichts, schaute beseelt zu und lauschte:

»Wir sind unterwegs! Bleibt dran. Wir sind unterwegs.«

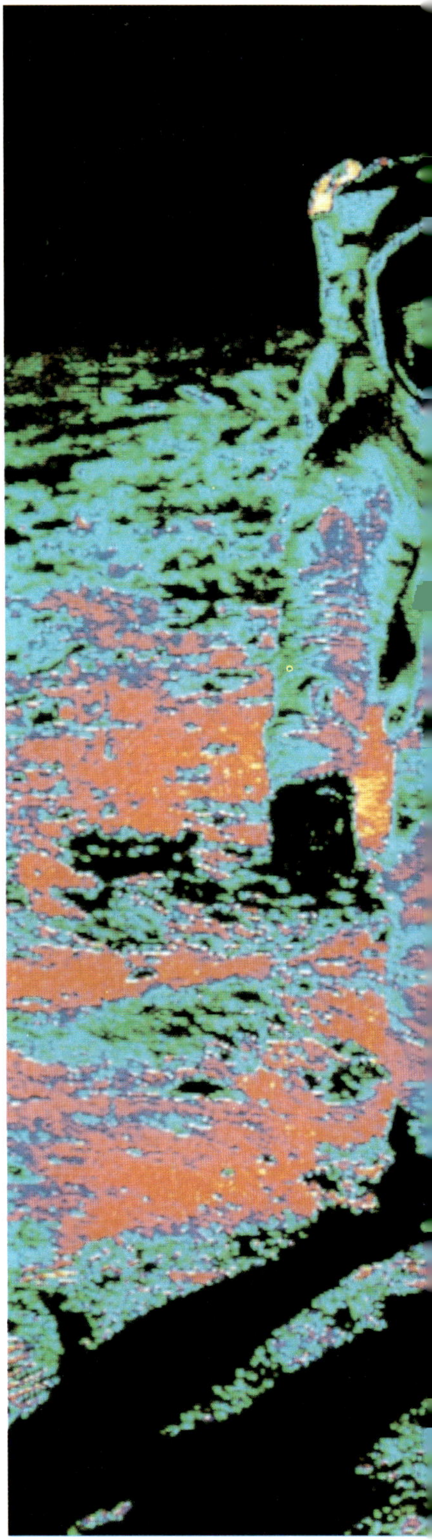

Mann im Mond – »Buzz« Aldrin.

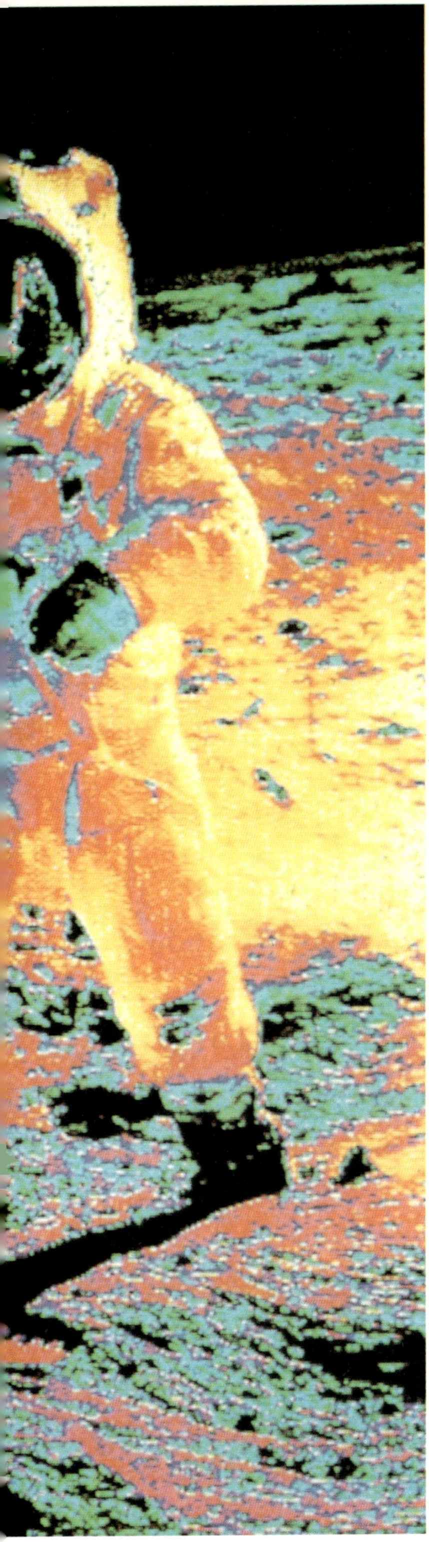

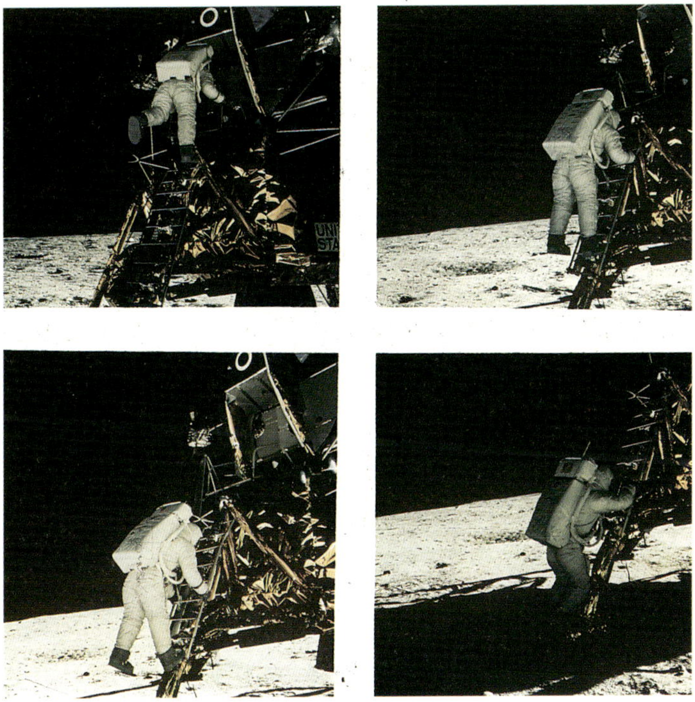

»Ein kleiner Schritt für einen Menschen«. Neil Armstrong tritt aus der Landefähre auf den Mond und in die Geschichtsbücher.

»Siebenhundert Fuß, einundzwanzig nach unten, dreiunddreißig Grad ... Lichter an. Zweieinhalb nach unten. Vorwärts. Vorwärts. Gut. Zwölf Meter, zweieinhalb nach unten. Da wirbelt Staub hoch ...« Dann die berühmten Worte: »Houston, hier Tranquility Basis. Die Eagle ist gelandet.« Aldrin behauptete später, daß er die ersten Worte auf der Mondoberfläche gesprochen habe: »Leichtes Aufkommen!« Aber wie auch immer, der Mensch war auf dem Mond gelandet.

Armstrong beschrieb den Anblick der neuen Welt, bevor er die Fähre verließ: »... recht eben, mit ziemlich vielen Kratern bedeckt, die einen Radius von 1,5 bis 15 Metern und eine Wandhöhe von schätzungsweise 6 oder 9 Metern haben, und tausende von kleinen, halbmeterhohen Kratern ... ich würde sagen, die Farbe entspricht etwa der, die wir aus der Umlaufbahn beobachtet haben ... Alles ist ziemlich farblos hier. Es ist grau, ein sehr weißes, kreidiges Grau ... Manche der Steine hier in der Nähe, die durch den Raketenausstoß zerschlagen oder hinwegbefördert worden sind, sind außen mit diesem Hellgrau überzogen, aber wenn sie zerbrochen sind, zeigen sie einen dunklen, sehr dunklen Kern.« Ursprünglich war für die Zeit unmittelbar nach der Landung etwas Schlaf eingeplant gewesen, aber die Astronauten waren – wer hätte das gedacht – viel zu aufgeregt dafür. So wurde der erste Mondspaziergang um vier Stunden vorgezogen. Bevor sie die Tür öffneten, zelebrierte Aldrin das christliche Abendmahl (ein Vorgang, den die NASA nicht veröffentlichte). Armstrong merkte an, daß die Mondoberfläche sehr einladend aussah – sie schien ihm warm genug für ein Sonnenbad! Doch statt Badehosen zogen sie ihre Raumanzüge an, deren Rucksäcke das tragbare Lebenserhaltungssystem mit Sauerstoff, Kühlsystem und Funkgerät enthielten. Dann ließen sie den Luftdruck aus der Mondfähre entweichen. Armstrong meldete, er stehe auf der Schwelle. Eine Fernsehkamera an der Außenseite der Fähre übertrug den historischen Moment zur Erde. Man konnte sehen, wie er langsam die Leiter hinabstieg.

»Ich bin jetzt am Fuß der Leiter. Die Beine der Fähre haben sich nur etwa zweieinhalb bis fünf Zentimeter in den feinen Grund gegraben.« Und dann: »Dies ist ein kleiner Schritt für einen Menschen – aber ein gewaltiger Sprung für die Menschheit«.

Er begann, umherzugehen und zu beschreiben, was er sah: »Der Boden ist sehr fein und pulverig. Er bleibt wie Kohlenstaub an meinen Stiefeln kleben ... es scheint nicht schwierig zu sein, sich zu bewegen, wie wir erwartet hatten.«

Aldrin, der ebenfalls herauskam, bemerkte: »Wunderschön. Wunderschön ... Überwältigende Einöde.« Sie begannen, sich in der »Sechstelschwerkraft« fortzubewegen und Proben zu sammeln. Sie bauten Versuchsanordnungen auf, auch einen Laserreflektor zur Messung der Entfernung Erde-Mond, passiv angelegte seismographische Experimente zur Messung der Meteoriteneinflüsse und der Mondbeben, aber auch ein Sonnenwindexperiment, für das sie eine dünne Aluminiumfolie in das Vakuum hängten, um von der Sonne stammende Partikel einzufangen. Aldrin hißte die US-Flagge, die zwar speziell präpariert war, damit sie im Vakuum »flatterte«, sich aber nur schwer im Boden verankern ließ. Die ersten Männer auf dem Mond ließen folgende Inschrift zurück: »Hier setzten Menschen vom Planeten Erde erstmals ihren Fuß auf den Mond. Juli 1969 AD. Wir kamen in Frieden für die ganze Menschheit.«

Von der Erde aus gratulierte Präsident Nixon den beiden Astronauten und vergaß offensichtlich den armen Mike Collins, den sie in der Columbia zurückgelassen hatten. Seine Aufgabe, allein den Mond zu umkreisen, war aber genauso gefährlich wie die seiner Kameraden. Das wird oft vergessen. Armstrong war zweieinhalb Stunden lang auf der Mondoberfläche gewesen, als ihm Houston, wo man fürchtete, ihm werde die Luft ausgehen, den Befehl gab, wieder in die Fähre zurückzukehren. Armstrong und Aldrin bestiegen die Eagle, bewerkstelligten das kritische Startmanöver ohne Probleme und dockten wieder an das Mutterschiff an.

Die beiden Astronauten kletterten durch den Umsteigetunnel, begrüßten Collins und schafften die Kästen mit Mondgestein und die belichteten Filme hinein. Dann wurde die Eagle abgekoppelt und blieb in der Mondumlaufbahn. Die lange Heimreise war, im Vergleich zur Landung, eine eher entspannte Sache.

»Es gibt einen Anblick, den ich niemals vergessen werde«, sagte Armstrong später.« Als ich im Meer der Ruhe stand und hinauf zur Erde sah, war ich beeindruckt von der Bedeutung dieses kleinen, zerbrechlichen, fernen Planeten.«

120 km über der Erde begann das Wiedereintrittsmanöver, 2000 km vom angepeilten Wasserungspunkt entfernt. Auch die letzte Antriebsstufe der Apollo-Rake-

te war abgekoppelt worden. Die Astronauten saßen in ihrer kleinen, dreieinhalb Meter hohen, sechs Tonnen schweren Kapsel – das war alles, was von der hundert Meter hohen, dreitausend Tonnen schweren Apollo mit ihrer Saturn-V-Rakete übriggeblieben war, die acht Tage zuvor Cape Kennedy verlassen hatte.

Die Kapsel näherte sich der Erde mit über 36.000 km/h, geschützt von einem Hitzeschild. Sie mußte mit absoluter Präzision in einen schmalen Korridor eintreten: Etwas zu flach, und sie würde an der Atmosphäre vorbeischrammen und im All verschwinden; etwas zu steil, und der Hitzeschild würde mitsamt Kapsel und Mannschaft verbrennen. In 7,2 km Höhe war die Kapsel langsam genug geworden, daß Bremsfallschirme benutzt werden konnten. In 3 km Höhe bremsten die drei mächtigen Hauptfallschirme die Kapsel auf ihre Landegeschwindigkeit ab. Die Wasserung erfolgte nur eineinhalb Kilometer vom Zielpunkt entfernt und zehn Sekunden vor der geplanten Landezeit.

Postskriptum zum Post-Mond-Leben der drei Astronauten: Neil Armstrong wurde Professor für Ingenieurwesen an der Universität von Cincinnatti, mied bald die Presse und sagte: »Ich will nur ein Professor sein, der seinen Forschungen nachgehen kann«. Buzz Aldrin wurde depressiv – wie Mike Collins sagt: »Ein Astronaut kommt nicht so leicht auf die Erde zurück«. Mike schrieb ein Buch, *Carrying the Fire*, in dem es heißt: »Die Erde dreht sich weiter um ihre Achse und ich lasse mich viel weniger von dem beeindrucken, was ich oder andere tun, um sie in dieser ruhigen Bewegung zu stören«.

Die anderen Apollo-Missionen konnten von vornherein nicht so aufregend sein wie diese allererste, aber sie zeitigten jede ihr eigenes erstaunliches Ergebnis. Die Landung von Apollo 12 war so präzise bestimmt worden, daß die Astronauten Teile der Surveyor-Sonde zurückbringen konnten. Apollo 13 war wissenschaftlich

Viele Experimente wurden von den Astronauten, die den Mond betraten, durchgeführt. Das größte Experiment aber war die Reise selbst.

gesehen ein Desaster, doch es war auch der Flug, der uns am deutlichsten die menschliche Größe des Unternehmens vor Augen hielt. Etwa 290.000 km von der Erde entfernt, beschädigte eine Explosion den Raketenteil. Die Landung wurde abgeblasen. Alles wurde daran gesetzt, die drei Astronauten sicher nach Hause zu bringen. Schiere Wunder der Technik und des Erfindungsreichtums wurden vollbracht, bis die Kapsel Odyssey sicher gewassert hatte.

Apollo 15 war eine spektakuläre Mission. Erstmals kam ein Mondauto zum Einsatz; es fuhr zur großen Hadley-Rille, einer riesigen Mondspalte. Apollo 17 brachte im Dezember 1972 zum letzten Mal einen Menschen auf den Mond. Mit den letzten Schritten von Commander Eugene Cernan auf dem Mond ging eine außergewöhnliche Epoche zu Ende. Für die Bestrebungen, den Mond zu erreichen, kann es eigentlich nur die eine alte Rechtfertigung geben: »weil er eben da war«. Oder, wie Neil Armstrong es ausdrückte: »Es liegt in der tiefsten, innersten Natur des Menschen. Ja, wir müssen diese Dinge tun, wie der Lachs den Strom hinaufschwimmen muß.« Doch viele Nebeneffekte der Raumforschung, die Computerentwicklung, Transistoren, Farbfernsehen, integrierte Schaltkreise und neuartige Kunststoffe spielen heute noch eine Rolle in unserem Leben.

Das Zeitalter der bemannten Mondexpeditionen ist zu Ende, zumindest für die nächste Zukunft. Vielleicht sind wir ihm noch zu nahe, um seine ganze Bedeutung zu ermessen – auch Kolumbus' Entdeckung wurde zu seinen Lebzeiten nicht in ihrer ganzen Tragweite erkannt. Überlassen wir das letzte Wort einigen der Männer, die dort waren und für die das Leben niemals wieder so sein wird, wie es vorher war. Denn sie haben alle eines gemeinsam: Sie haben das Wunder unseres Planeten aus riesiger Entfernung gesehen.

> *»Die Raumfahrt hat uns wieder Achtung vor der Erde gelehrt. Wir begreifen, daß die Erde etwas Besonderes ist. Wir haben sie aus der Ferne gesehen, wir haben sie vom Mond aus gesehen. Wir haben erkannt, daß die Erde die einzige natürliche Heimat des Menschen ist, die wir kennen, und daß wir sie besser schützen sollten.«* (James Irwin, Apollo 15)

> *»Die Erde sah so blau und so rund aus, so winzig und so kostbar. Ein Haus für alle Menschen, von dem Schaden abgewendet werden muß.«*
> (Alexej Leonow, der erste Spaziergänger im All)

> *»Ich hätte mir gewünscht, daß die Leute mich nach meiner Rückkehr gefragt hätten, wie es da draußen gewesen ist. Wie ich mit der glänzenden Schwärze der Welt fertig wurde und was für ein Gefühl es war, als Stern die Erde zu umkreisen.«* (Reinhard Furrer, Shuttle 1985)

> *»O, ich entwich der finsteren, irdischen Fessel*
> *Und tanzte himmelan auf silbern lachender Schwinge;*
> *Ich stieg zur Sonne und fiel freudig in den Kessel*
> *Der Wolken, die die Sonne teilte, und tat hundert Dinge,*
> *Von denen du nicht einmal träumtest ...*
> *Und, während ich mit ruhiger, aufgehobener Seele trotte*
> *Durch hohe, nie durchmessene Heiligkeit des Raums,*
> *Streck ich die Hand aus und berühr' dein Antlitz, Gott.«*[101]

Anhang

Eine Chronologie der Mondfahrt

1924
Hermann Oberth veröffentlicht die erste ernstzunehmende technische Abhandlung über das Raketenprinzip.

1926
Der Amerikaner Robert H. Goddard schießt die erste mit flüssigem Treibstoff betriebene Rakete ab. Sie erreicht binnen 2,5 Sekunden eine Höhe von 55 Metern.

1927
Die Deutsche Gesellschaft für Raumfahrt wird gegründet, sie soll den Raketenantrieb weiterentwickeln.

1943
An der Ostsee wird die deutsche Rakete V 2 getestet. Sie fliegt 196 km weit.

1949
Cape Canaveral in Florida, später auch Cape Kennedy genannt, wird als amerikanische Raketenabschußbasis eingeweiht.

1957
Am 4. Oktober startet die UdSSR *Sputnik 1*, den ersten künstlichen Erdsatelliten. Damit beginnt das Raumfahrtzeitalter. *Sputnik 1* funkt 21 Tage lang und bleibt bis 1958 in seiner Umlaufbahn. *Sputnik 2* startet am 4. November mit der Hündin Laika an Bord, die damit zum ersten Säugetier im All wird. Beim Wiedereintritt in die Atmosphäre (April 1958) wird der Satellit zerstört; Laika war schon lange vorher gestorben.

1958
Die Amerikaner starten ihren ersten Satelliten *Explorer 1* am 31. Januar von Cape Canaveral.

1959
Start der sowjetischen *Lunik 1*, die sich dem Mond nähert. Am 12. September landet *Lunik 2* als erstes Raumfahrzeug auf dem Mond (harte Landung). Im Oktober funkt *Lunik 3* die ersten Bilder von der Rückseite des Mondes.

1960
Die Sonde *Lunik 1*, die am Mond vorbeigeflogen ist, wird zum ersten künstlichen Satelliten der Sonne. Erstmals wird eine Raumkapsel aus dem All wieder zurückgeholt und landet im Pazifik (*Discoverer 13*). Auf diese unbemannte folgt bald auch eine mit tierischer Besatzung (*Sputnik 5*).

1961
Der sowjetische Kosmonaut Juri Gagarin ist der erste Mensch im All. Er kreist am 12. April an Bord der *Wostok 1* einmal um die Erde. Am 5. Mai folgt der Ameri-

kaner Alan Shepard in sub-orbitaler Höhe (187 Kilometer). Ein weiterer Russe, Gherman Titow, fliegt am 6. August in 24 Stunden siebzehnmal um die Erde *(Wostok 2)*.

Präsident Kennedy genehmigt das Apollo-Programm.

1962
Die Amerikaner haben nun auch einen Mann in der Umlaufbahn (John Glenn, *Friendship 7*, 20. Februar) und eine Raumsonde, die auf dem Mond landet (*Ranger 4*, 26. April). Die Sowjets starten ihre erste Marssonde, verlieren aber bald den Kontakt zu ihr.

1963
Am 16. Juni fliegt die erste Frau ins All: die sowjetische Kosmonautin Valentina Tereschkowa.

1964
Der amerikanische *Ranger 7* sendet erstmals hochaufgelöste Fernsehbilder vom Mond (Start: 28. Juli). Die Sowjets starten am 12. Oktober *Woschod 1* mit drei Mann Besatzung.

1965
Alexej Leonow (UdSSR) verläßt die *Woschod 2* und unternimmt den ersten, zehnminütigen »Raumspaziergang« (18. März). *Ranger 9* sendet, ebenfalls im März, Fernsehbilder der Hochländer. Erster bemannter *Gemini*-Testflug. Ed White ist der erste amerikanische Raumspaziergänger (3. Juni, *Gemini 4*). Das erste Treffen im All findet am 16. Dezember statt, als sich *Gemini 6* bis auf dreißig Zentimeter *Gemini 7* nähern kann.

1966
Am 31. Januar erfolgt die erste weiche Landung auf dem Mond: *Luna 9* schickt Panoramabilder und Nahaufnahmen zur Erde. Erstmals docken zwei Raumfahrzeuge aneinander an (*Gemini 8* an *Agena*, 16. März). Am 30. Mai landet die erste amerikanische Mondsonde weich auf dem Mond (*Surveyor 1*) und übermittelt Bilder zur Erde. *Luna 13* folgt im Dezember auf *Luna 9*, um die Bodenbeschaffenheit auf dem Mond zu prüfen.

1967
Erste Raumfahrtkatastrophen: Am 27. Januar verbrennen die amerikanischen Astronauten Ed White, Gus Grissom und Roger Chaffee beim Start der *Apollo 1*; am 24. April stirbt der sowjetische Kosmonaut Wladimir Komarow beim Absturz der *Sojus 2*. *Surveyor 3* gräbt am 17. April einen Graben auf dem Mond, *Surveyor 5* analysiert einen Mare-Boden des Mondes (8. September), *Surveyor 6* setzt diese Arbeit im November fort.

1968
Surveyor 7 vollbringt die erste weiche Landung in den Hochländern (7. Januar). Erstmals kehrt eine Mondsonde zur Erde zurück: Die sowjetische *Zond 5* landet am 21. September im Indischen Ozean. Im Oktober erfolgt der erste bemannte Testflug der *Apollo 7* in der Erdumlaufbahn. *Apollo 8* kreist mit drei Mann Besatzung, Frank Borman, James Lovell und William Anders, zehnmal um den Mond.

1969

Am 15. Januar dockt *Sojus 4* an *Sojus 5* an. Die Besatzungen wechseln, indem sie durch den Raum spazieren. Im März startet *Apollo 9*, im Mai *Apollo 10*; beide sind bemannt und kommen jeweils ein wenig näher an den Mond heran. Mit *Apollo 11* findet am 16. Juli im Mare Tranquilitatis die erste bemannte Mondlandung statt. Neil Armstrong betritt als erster Mensch den Mond, gefolgt von Edwin »Buzz« Aldrin, während Michael Collins im Mutterschiff den Mond umkreist. Die Landefähre *Eagle* hebt am 21. Juli vom Mond ab und dockt wieder an das Mutterschiff *Columbia* an. Am 24. Juli wassert die Kapsel glücklich im Pazifik. Danach kommen die Astronauten für 21 Tage in Quarantäne.
Der sowjetische Kosmonaut Valerij Kubasow schweißt erstmals im All Metalle zusammen (*Sojus 6*, Oktober). Am 14. November findet die zweite Mondlandung statt: Im Meer der Stürme landen Charles Conrad, Alan Bean und Richard Gordon von *Apollo 12*.

1970

Luna 16 ist die erste unbemannte Raumsonde, die Mondgestein auf die Erde zurückbringt. Zwei Monate später landet *Luna 17* im Regenmeer und setzt das erste Mondauto, *Lunakhod 1*, aus. Das achträdrige Fahrzeug wird von der Erde aus ferngesteuert – mit einer Verzögerung von drei Sekunden.

1971

Dritte Mondlandung, mit den Astronauten Alan Shepard, Stuart Ross und Edgar Mitchell von *Apollo 14* (Februar). Zugleich die erste bemannte Landung in einer Hochlandregion, Fra Mauro. Im Juli bringt ein Mondauto die Crew von *Apollo 15* zur Hadley-Rille. Sie arbeitet 18 Stunden draußen. Erstmals gibt es Live-Bilder eines Fährenstarts. Die Besatzung der *Sojus 11* stirbt, als beim Wiedereintritt ihres Satelliten in die Atmosphäre der Druckausgleich ausfällt.

1972

Die unbemannte *Luna 20* nimmt Bodenproben in den Hochländern (Januar). Im April findet die fünfte bemannte Mondlandung in der Hochlandregion Descartes statt. Die Astronauten Charles Duke und John Young von *Apollo 16* forschen 20 Stunden und 14 Minuten lang; Thomas Mattingly unternimmt mit 1 Stunde und 23 Minuten den längsten Mondspaziergang.
Mit *Apollo 17* kommen im Dezember die bisher letzten Menschen auf den Mond: Eugene Cernan, Ronald Evans und Harrison Schmitt. Sie landen im Meer der Heiterkeit (Mare Serenitatis), bleiben 75 Stunden und bringen 110 kg Gesteinsproben mit.

1973

Luna 21, eine unbemannte Sonde, landet im Krater Le Monnier (Januar).

1975

Erste gemeinsame sowjetisch-amerikanische Mission: Im Juli docken *Sojus 19* und *Apollo 18* in der Erdumlaufbahn aneinander an.

1976

Luna 24 vollführt eine weiche Landung im Meer der Gefahren, nimmt Bodenproben und kehrt zur Erde zurück (August).

Danksagung

Dieses Buch entstand nur durch die Liebe und mit der Hilfe anderer.
Mein Dank geht an:

meine Familie, für ihre Unterstützung; besonders an meine Eltern,
die mir den Namen gaben, der mir wert geworden ist;

Chetan, für seine Liebe;

jeden bei Labyrinth, für ihren Glauben und ihre Ermutigung;

Osho, den Herrn des Vollmonds – sein Finger hat mir den Mond gewiesen.

Bibliographie

1 John Milton: *Paradise Lost.*
2 F. K. Pizor, T. A. Comp (Hrsg.): *The Man in the Moon*; Sidgwick and Jackson, London 1971; S. 127.
3 In Jules Vernes *Round the Moon* von 1876.
4 In *From the Earth to the Moon.*
5 *H. G. Wells:* The First Men in the Moon (1901).
6 B. Branston: *Gods of the North*; Thames and Hudson, London und New York, 1955.
7 Pecock: *The Repressor of Over Much Blaming of the Clergy*; um 1449.
8 Hall, um 1595.
9 Charles Leslie, *Anthropology of Folk Religion*; Vintage, New York, 1969.
10 Jane C. Goodale, *Tiwi Wives*; University of Washington Press, 1971.
11 D. Amaury Talbot. *Woman's Mysteries of a Primitive People*; Frank Cass, London, 1968.
12 Wilhelm Dupre: *Religion in Primitive Cultures*; Ungarn, 1971.
13 Erich Neumann: *The Great Mother*; Princeton University Press, New York, 1963.
14 M. Eliade: *The Myth of the Eternal Return*; Princeton University Press, 1974.
15 B. Branston: *Gods of the North*; Thames and Hudson, London und New York, 1955.
16 A. Holmberg: *Nomads of the Long Bow*; Natural History Press, New York 1969.
17 Asen Balikci: *The Netsilik Eskimo*; Natural History Press, New York 1970.
18 Claude Levi-Strauss: *The Naked Man*; Jonathan Cape, London 1981.
19 Wilhelm Dupre: *Religion in Primitive Cultures*; Ungarn, 1971.
20 R. H. Lowie: *The Crow Indians*; Holt, Rinehart and Winston, New York 1956.
21 H. Butcher: *Spirits and Power*; Oxford University Press, Kapstadt 1980.
22 J. Middleton (Hrsg.): *Gods and Rituals*; Natural History Press, New York 1967.
23 Claude Levi-Strauss: *The Naked Man*; Jonathan Cape, London 1981.
24 M. Eliade: *The Myth of the Eternal Return*; Princeton University Press, 1974.
25 H. C. King: *The World of the Moon*; Barrie and Rockliff, London 1960.
26 Ben Johnson: *Cynthia's Revels*, um 1601.
27 I. Silverblatt: *Moon, Sun and Witches*; Princeton University Press, USA 1987.
28 A. Bancroft: *Origins of the Sacred*; Arkana, London 1987.
29 J. W. Slaughter, zitiert in P. Katzeff: *Moon Madness*; Citadel, USA 1981.
30 Shakespeare: *The Merchant of Venice*, V, I.
31 John Keats: *Endymion.*
32 Robert Graves: *Greek Myths and Legends*; Cassell, London 1960.
33 Charles Leland: *The Children of Diana, or: How the Fairies Were Born.*
34 Christopher Fry.
35 Sylvia Plath: *Childless Woman.*
36 Lyall Watson: *Supernature*; Hodder and Stoughton, London 1974.
37 John Pope: *The Rape of the Lock.*
38 Zen Master Dogen: *Moon in a Dewdrop*; Element Books, Kalifornien 1985.
39 Zen Master Dogen: *Direct Mind, Seeing the Moon, 16th Night.*
40 Zen Master Dogen: *On a Portrait of Myself.*
41 Osho: *No Water, No Moon.*
42 Osho: *Zen: The Path of the Paradox*; Band 3.
43 P. D. Ouspensky: *The Fourth Way*; Routledge and Kegan Paul, London 1957.
44 P. D. Ouspensky: *The Fourth Way*; Routledge and Kegan Paul, London 1957.
45 John Keats: *Endymion.*

46 D. Valiente: *An ABC of Witchcraft*; Robert Hale, London 1973.
47 D. Valiente: *An ABC of Witchcraft*; Robert Hale, London 1973.
48 J. G. Frazer: *The Golden Bough*; Macmillan, London 1922.
49 Margot Adler: *Drawing Down the Moon*; Beacon Press, Boston 1979.
50 *Aradia, or the Gospel of the Witches.*
51 *Aradia, or the Gospel of the Witches.*
52 Scott Cunningham: *Earth Power*; Llewellyn Publications, Minnesota 1982.
53 Scott Cunningham: *Magical Herbalism*; Llewellyn Publications, Minnesota 1986.
54 Joseph Campbell: *The Masks of God*, Band 4 *Creative Mythology*; Secker and Warburg, Großbritannien 1968.
55 Shakespeare: *Othello.*
56 Walton Brooks McDaniel, zitiert in P. Katzeff: *Moon Madness*; Citadel, USA 1981.
57 Walton Brooks McDaniel, zitiert in P. Katzeff: *Moon Madness*; Citadel, USA 1981.
58 Ben Johnson: *Devil's an Ass.*
59 John Dryden: *Amphitryon.*
60 H. J. Eysenck und D. K. B. Nias: *Astrology*; Penguin Books, London 1985.
61 Lyall Watson: *Supernature*; Hodder and Stoughton, London 1974.
62 D. Valiente: *Witchcraft for Tomorrow*; Robert Hale, London 1985.
63 A. Puharich: *Beyond Telepathy*; Darton, Longman and Todd, London 1962.
64 Wordsworth: *To the Moon.*
65 Sir Thomas More: *Utopia.*
66 Keith Thomas: *Religion and the Decline of Magic*; Weidenfeld & Nicolson, London 1971.
67 A. Bancroft: *Origins of the Sacred*; Arkana, London 1987.
68 A. L. Basham: *The Wonder that was India*; Sidgwick and Jackson, London 1979.
69 A. I. Berglund: *Zulu Thought Patterns and Symbolism*; Indiana University Press, USA 1976.
70 E. E. Evans-Pritchard: *Nuer Religion*; Oxford University Press, New York und Oxford 1956.
71 R. F. Fortune: *Sorcerers of Dobu*; Routledge and Kegan Paul, London 1969.
72 Claude Levi-Strauss: *The Origins of Table Manners*; Jonathan Cape, London 1978.
73 *Kodausha Encyclopedia of Japan*; Japan 1983.
74 Claude Levi-Strauss: *The Origins of Table Manners*; Jonathan Cape, London 1978.
75 I. Karp and C. J. Bird (Hrsg.): *Explorations in African Systems of Thought*; Indiana University Press, USA 1980.
76 D. Zahan: *The Religion, Spirituality and Thought of Traditional Africa*; University of Chicago Press, Chicago und London 1970.
77 Wayland D. Hand: *Magical Medicine*; University of California Press, USA 1980.
78 Aubrey Burl: *Rings of Stone*; Frances Lincoln, London 1979.
79 A. Bancroft: *Origins of the Sacred*; Arkana, London 1987.
80 R. Castleden: *The Stonehenge People*; Routledge and Kegan Paul, London und New York 1987.
81 M. Brennan: *The Stars and the Stones*; Thames and Hudson, London 1983.
82 J. und C. Bord: *The Secret Country*; Paladin, 1978.
83 P. Devereux und I. Thomson: *The Ley Hunter's Companion*; Thames and Hudson, London 1979.
84 Mark Twain: *Pudd'nhead Wilson's Calendar.*
85 Robert A. Millikan, 1924.
86 Fred Getting: *Visions of the Occult*; Rider, London 1987.
87 H. Blavatsky: *Isis Unveiled*; 1877.
88 Joni Mitchell: *Little Green.*

89 Lesley Gordon: *The Mystery and Magic of Trees and Flowers*; Webb and Bower, Exeter 1985.
90 *Llewellyn's Moon Sign Book*; Llewellyn Publications, USA 1988.
91 E. Maple: *The Secret Love of Plants and Gardens*; Robert Hale, London 1980.
92 *Llewellyn's Moon Sign Book*; Llewellyn Publications, USA 1988.
93 Dyer: *English Folk-Lore*; 1878.
94 Lyall Watson: *Supernature*; Hodder and Stoughton, London 1974.
95 Osho: *The Path of the Mystic*; Rebel Press, Deutschland.
96 Erasmus: *Adagia*; 1508.
97 R. Breuer und W. Freeman: *Contact With the Stars*; Oxford 1978.
98 Shakespeare: *Timon of Athens.*
99 A. Service und J. Bradbury: *Megaliths and their Mysteries*; Weidenfeld and Nicolson, London 1979.
100 Lyall Watson: *Supernature*; Hodder and Stoughton, London 1974.
101 John Gillespie Magee jr.: *High Flight.*

Register

Bildnachweis

Ancient Art and Architecture:
53, 54, 57, 58, 59, 64, 91 , 99, 138

Pictor International:
10, 14, 19, 22, 27, 32, 39, 42, 50/51, 60, 63, 83, 96, 106, 114/115, 119, 125, 126, 127, 135, 153, 158, 167, 186, 195, 198, 202, 208, 209, 324/235, 241, 243

Radio Times Hulton Picture Library:
227

Science Photo Library:
21, 95, 122, 130, 147, 154, 163, 166, 182, 188, 191, 194, 206, 215, 219, 220/221, 230